特定健康診査・特定保健指導の円滑な実施に向けた手引き

第4版

2024/3/7　ver4.1

巻頭解説及び参考資料収載

はじめに

「高齢者の医療の確保に関する法律」に基づき、平成20年度より医療保険者に実施が義務付けられた特定健診・特定保健指導は、制度開始から15年以上が経過し、令和6年度からは第4期が始まります。

第4期では、特定保健指導対象者を選定する特定健診の骨格は維持されますが、生活習慣病の予防という目的に立ち返り、個人の行動変容につながり成果が出たことを評価するアウトカム評価が導入されます。アウトカム評価の導入に伴い、より質の高い保健指導を実施できる仕組み作りのために特定保健指導の見える化も進められ、第4期の実績報告データが集まり次第、集計結果の分析が順次公表されていきます。第3期に引き続きICTの活用が推進されることとなり、遠隔地勤務等の多様なニーズに対応することが促進されます。また、喫煙・飲酒・保健指導に関わる質問項目の見直しや、中性脂肪に随時採血の基準値が追加される等の見直しも行われています。

マイナポータルで健診結果を本人が速やかに閲覧できることを目的として、保険者には特定健診結果受領後1カ月以内の随時提出が望ましいとされる通知も出ており、より効率的・効果的な実施に向けた仕組み作りが推進されています。

本書は、第4期を通じてご活用いただけるよう、厚生労働省の「特定健康診査・特定保健指導の円滑な実施に向けた手引き（第4.1版）」に加えて、巻頭解説として第4期の変更点等をまとめています。本書が特定健診・特定保健指導に関わる多くの方々の業務に、少しでもお役に立てることを願っております。

令和6年5月

社会保険出版社

目　次

巻頭解説

特定健康診査・特定保健指導の円滑な実施に向けた手引き（第4.1版）

第四期（2024年度以降）における変更点

1．特定健康診査

2．特定保健指導

付属資料　略

付属資料につきましては、厚生労働省ホームページ「特定健康診査・特定保健指導の円滑な実施に向けた手引き（第4.1版）」をご参照ください。
https://www.mhlw.go.jp/stf/seisakunitsuite/bunya/handbook_31132.html

参考資料

巻頭解説

1 特定健診・特定保健指導が導入されるまでの流れ

1）疾病構造の変化

かつて日本人の死因で最も多かったのは結核でした。戦後のさまざまな結核対策により、結核の死亡者数は著しく減少し、その一方で、脳血管疾患やがん（悪性新生物）、心疾患といったいわゆる「成人病」が死因順位の上位を占めるようになりました。

その後、高度経済成長を迎え、都市化や高齢化などが進み、健康に影響を与える要因は複雑かつ多様化していきました。また、運動不足や食生活の偏りから、高血圧や肥満を招き、成人病が死因に占める割合は増え続けて、疾病構造は成人病中心のものへと変化していきました。

このように国民生活の急激な変化や、成人病の増加など、健康を取り巻く情勢が大きく変化する中で、公衆衛生の分野では治療から予防に目が向けられるようになってきました。また、健康に関する価値観も「病気ではない」という消極的なものから、「精神・身体ともに健康である」という積極的なものへと変わっていったのです。そして、地域の特性に応じた保健医療体制を広めていくとともに、より積極的な健康増進対策を推進し、総合的に国民の健康水準を引き上げる行政への転換が必要だと考えられるようになりました。

2）国民健康づくり対策

昭和45年頃になると、健康づくりについて国民一人ひとりが「自分の健康は自分で守る」という自覚と認識を持つことが重要という考え方の下、国民健康づくり対策を取り上げ、総合的な施策を推進することとなりました。

(1) 第１次国民健康づくり対策

国民健康づくり対策は、健康な人はより良い健康を確保すること、高血圧、肥満等の人は疾病に陥ることを防いで、国民全てが健康な生活を送れることを目標とし、①生涯を通じる健康づくりの推進、②健康づくりの基盤整備、③健康づくりの普及啓発の３つを基本施策として、昭和53年度から10か年計画が策定されました。

これによって、健康診断の実施による疾病の早期発見・早期治療や市町村保健センター等の基盤整備など、国民の健康を守るための環境整備が進められました。また、健康づくりの普及啓発事業を重点的に行うようになり、それまで「治療」だけに力が入れられていた保健医療分野に、一次予防と二次予防を重視して自分の健康は自分で守るという自覚を国民に促すことと、行政はそれを支援すべきという新たな視点を導入しました。

(2) 第２次国民健康づくり対策

その後も日本の平均寿命は延び続け、昭和59年には、女性の平均寿命が80年を上回りました。この平均寿命の延伸によって、人生をより質の良いものにしていくためには単に健康を守るだけでなく、積極的に自らの健康を増進するよう取り組んでいくべきだという考え方が普及してきました。

その中で、80歳になっても身の回りのことができ、社会参加もできるようにするという趣旨で、「第2次国民健康づくり対策（アクティブ80ヘルスプラン）」が昭和63年度から10か年計画で開始され、従来の施策について一層の充実を図るとともに、これまでやや取り組みの遅れていた運動面からの健康づくりに力を入れ、運動指導者の養成などが行われました。

3）「成人病」から「生活習慣病」へ

「成人病」という概念は、「主として、脳卒中、がん、心臓病などの40歳前後から死亡率が高くなり、しかも全死因の中でも上位を占め、40～60歳くらいの働き盛りに多い疾病」として厚生省が昭和30年代に使ったのが始まりで、その後、加齢に伴って罹患率が高くなる疾患群という意味で国民の間に定着していきました。

当時は主に二次予防を中心とした対策が取られていましたが、そののちに、成人病はある時期に突然発症するのではなく、病原体や有害物質などの外部環境因子や生まれつきの遺伝要因の他に、若い頃からの食生活や運動、睡眠、喫煙、飲酒、ストレスなどといった生活習慣の積み重ねによって発症することが多く、生活習慣も深く関係していることが明らかになってきました。

これに伴い、平成8年に公衆衛生審議会において、「食習慣、運動習慣、休養、喫煙、飲酒等の生活習慣が、その発症・進行に関与する疾患群」を「生活習慣病」と定義しました。これは、加齢という要素に着目した「成人病」から、新たに生活習慣という要素に着目して捉え直した「生活習慣病」という概念を導入することで、生活習慣の改善によって疾病の発症・進行が予防できるという認識を国民に持ってもらい、行動に結びつけていこうとするものでした。

4）健康日本21の策定

「第1次国民健康づくり対策」、「第2次国民健康づくり対策」は、疾病の早期発見・早期治療のための健診体制の充実や市町村保健センター等の施設の整備、保健師等の人材の育成・確保など、国民の疾病予防や健康づくりの推進に一定の成果を上げてきました。

一方で、疾病構造の変化に対応し、全ての国民が健やかで心豊かに生活できる活力ある社会とするために、生活習慣病やその原因となる生活習慣の改善等に関する課題についての目標などを選定し、国民が主体的に取り組める新たな健康づくり運動として、「21世紀における国民健康づくり運動（健康日本21）」が策定されました。

「健康日本21」は、壮年期死亡の減少、健康寿命の延伸及び生活の質の向上を実現することを目的に、平成12年度から平成24年度にかけて実施されました。これは、9分野からなる具体的な目標の提示などにより、健康に関連する全ての関係機関・団体等や国民が一体となった健康づくりに関する意識の向上や取り組みを促そうとするものでした。また、平成15年には、「健康日本21」を中核とする、国民の健康づくりをさらに積極的に推進する法的な基盤を整えるために「健康増進法」が施行されました。

5）健康日本21（第二次）の展開と次期国民健康づくり運動

健康日本21の最終評価等を踏まえて、平成25年度からは健康日本21（第二次）が始まりました。健康日本21（第二次）では、具体的な目標項目が設定され、地方公共団体や企業等と連携しながら、取り組みが進められてきました。53項目ある目標項目のうち、特定健診・特定保健指導に特に関連するものの中には、特定健診・特定保健指導の実施率等も含まれています。これらのうち、メタボリックシンドロームの該当者及び予備群をはじめとして、目標達成に至らなかった項目もあり、実効性のある取り組みのさらなる推進が求められています。

令和４年からは、健康日本21（第二次）の最終評価等を踏まえつつ、令和６年度より開始となる次期国民健康づくり運動について、準備が進められています。

2 特定健診・特定保健指導の導入

我が国では「第１国民健康づくり対策」、「第２次国民健康づくり対策」を経て、平成12年度からの「21世紀における国民健康づくり運動（健康日本21）」と健康づくりに取り組んできました。それとともに、健康診断、健康診査（健診）については、医療保険各法に基づき医療保険者が行う一般健診や、労働安全衛生法に基づき事業者が行う健診、老人保健法に基づき市町村が行う健診として実施されてきました。

しかし、平成17年に行われた健康日本21の中間評価では、糖尿病有病者・予備群の増加、肥満者の増加（20～60歳代男性）や野菜摂取量の不足、日常生活における歩数の減少のように、健康状態及び生活習慣の改善が見られない、もしくは悪化しているという状況でした。

このため、平成17年の厚生科学審議会地域保健健康増進栄養部会の「今後の生活習慣病対策の推進について」（中間取りまとめ）で、「生活習慣病予備群の確実な抽出と保健指導の徹底が不十分」、「科学的根拠に基づく健診・保健指導の徹底が必要」、「健診・保健指導の質の更なる向上が必要」等が、生活習慣病対策を推進していくための健診の課題として挙げられました。また、生活習慣病は、内臓脂肪の蓄積に起因する場合が多く、内臓脂肪型肥満に加えて、高血糖、高血圧、脂質異常のうちのいずれか２つ以上が重複した「メタボリックシンドローム」の場合に、脳卒中や心疾患の発症リスクが高くなることも分かってきました。こうしたメタボリックシンドロームが強く疑われる人、またはその予備群と考えられる人は、平成16年で40～74歳の男性の２人に１人、女性の５人に１人という状況でした。

これらの状況を踏まえ、平成20年４月から「高齢者の医療の確保に関する法律」に基づき、メタボリックシンドローム（内臓脂肪症候群）に着目した「特定健康診査・特定保健指導」が新たに導入されることになりました。

3 特定健診・特定保健指導の開始から現在まで

特定健康診査（特定健診）とは、医療保険者（国保・被用者保険）が実施主体となって、40～74歳の加入者（被保険者・被扶養者）を対象に、メタボリックシンドロームに着目して行われる健診です。それまでの老人保健事業に基づく基本健康診査は、個々の病気の「早期発見・早期治療」を目的としていました。特定健診は、生活習慣病の発症や重症化の「予防」を目的としており、生活習慣病の発症前の段階であるメタボリックシンドロームの該当者やその予備群を発見するための健診となっています。

また、特定健診と併せて開始された特定保健指導では、特定健診の結果により生活習慣病の発症リスクが高く、生活習慣の改善による生活習慣病の予防効果が多く期待できる人に対して、医師、保健師、管理栄養士等の専門家が対象者ごとの身体状況に合わせた生活習慣を見直すためのサポートを実施します。

特定健診・特定保健指導を保険者が効果的・効率的に実施し、事業評価ができるよう標準的な健診・保健指導プログラムが作成されました。プログラムは６年（第１期及び第２期は５年）ごとに見直しが行われ、実施状況や課題を踏まえた改定が行われてきました。

平成25年度の改訂では特定保健指導に係るポイント制の要件緩和等の運用見直し、平成30年度の改訂では検査項目に「血清クレアチニン検査」を追加するなどの運用見直しや特定保健指導のモデル実施の導入等がされています。

令和６年度から開始される第４期も、今までの実績や最新の科学的知見などをもとに、健診項目や特定保健指導の実施方法等が見直されています。個人の受診者の行動変容につながり、成果が出たことを評価する方針に沿って、特定保健指導の評価方法にアウトカム評価が導入されるほか、ICT活用の推進、保健指導の見える化なども行われます。今後、こうした特定保健指導の実施率を向上させていくことで、成果を重視した保健指導をより多くの人が受けられるような仕組みづくりが進められています。

4 第４期の主な変更点

1）特定健診・特定保健指導の健康増進に係る科学的な知見を踏まえた技術的事項について

(1) 質問項目の見直しについて

前回（第３期）見直し時の議論では、質問項目に関して、

・自らの問題点に気付いてもらうために重要であること
・健診時に受診者全員へ実施する質問項目は、保健指導時に対象者へ実施する質問項目とは目的を区別する必要があること
・データ活用の観点から継続性も考慮する必要があること
・受診者にとって質問の意図を理解しやすく、誤解のない表現とするべきであること
・項目数を増やすと保険者のシステム運用における負担が増えるため、項目数は現行と同等にすべきであること

が指摘されており、今回の見直しにおいても基本的な観点であることを確認しました。これらの指摘事項に加え、現時点での科学的なエビデンスや継続性等を踏まえて、質問項目・回答について見直しが行われました。

①喫煙に関する項目

		質問項目	回答
8	第3期	現在、たばこを習慣的に吸っている。 （※「現在、習慣的に喫煙している者」とは、「合計100本以上、又は6ヶ月以上吸っている者」であり、最近1ヶ月間も吸っている者）	①はい ②いいえ
	第4期	現在、たばこを習慣的に吸っていますか。 ※「現在、習慣的に喫煙している者」とは、条件1と条件2を両方満たす者である。 条件1：最近1ヶ月間吸っている 条件2：生涯で6ヶ月間以上吸っている、又は合計100本以上吸っている	①はい（条件１と条件２を両方満たす） ②以前は吸っていたが、最近１ヶ月間は吸っていない（条件２のみ満たす） ③いいえ（①②以外）

喫煙は、動脈硬化や脳卒中による死亡、虚血性心疾患による死亡、２型糖尿病等を発症するリスク因子です。禁煙をしてから時間が経過することによって、発症のリスクは低下していきますが、生涯非喫煙者（これまで全く喫煙していない者）と比較すると、過去喫煙者（過去に喫煙していたが、現在は喫煙していない者）は健康リスク及び喫煙リスク（喫煙を再開するリスク）が高いことが報告されています。

第３期までの回答選択肢では、「いいえ」と回答した者の中に、「生涯非喫煙者」に加えて、健康リスク及び喫煙リスクのある「過去喫煙者」が含まれており、両者を区別して把握する

ことが難しい状態でした。そのため、第４期からは「過去喫煙者」を区別するために、回答選択肢に「②以前は吸っていたが、最近１ヶ月間は吸っていない（条件２のみ満たす）」という選択肢が追加されました。また、「現在、習慣的に喫煙している者」の定義をより明確化するとともに、データ活用における継続性の観点から、第３期の定義を可能な限り維持した上で、分かりやすい表現に修正することとし、条件１・２も追加されています。

②飲酒に関する項目

		質問項目	回答
18	第3期	お酒（日本酒、焼酎、ビール、洋酒など）を飲む頻度	①毎日 ②時々 ③ほとんど飲まない（飲めない）
	第4期	お酒（日本酒、焼酎、ビール、洋酒など）を飲む頻度はどのくらいですか。 （※「やめた」とは、過去に月１回以上の習慣的な飲酒歴があった者のうち、最近１年以上酒類を摂取していない者）	①毎日 ②週5～6日 ③週3～4日 ④週1～2日 ⑤月に1～3日 ⑥月に1日未満 ⑦やめた ⑧飲まない（飲めない）
19	第3期	日本酒1合（180ml）の目安：ビール500ml、焼酎（25度（約110ml））、ウイスキーダブル1杯（60ml）、ワイン2杯（240ml）	①1合未満 ②1～2合未満 ③2～3合未満 ④3合以上
	第4期	飲酒日１日当りの飲酒量 日本酒1合（アルコール度数１５度・180ml）の目安：ビール（同5度・500ml）、焼酎（同25度・約110ml）、ワイン（同14度・約180ml）、ウイスキー（同43度・約60ml）、缶チューハイ（同5度・約500ml、同7度・約350ml）	①1合未満 ②1～2合未満 ③2～3合未満 ④3～5合未満 ⑤5合以上

飲酒が健康に与える影響は、曝露頻度（飲酒の頻度）と曝露量（飲酒量）で推計されます。第３期で用いられていた質問項目では、飲酒頻度・飲酒量ともに、項目18・19における回答選択肢が細分化されておらず、健康日本21（第二次）やWHOのガイドライン等に基づく「生活習慣病のリスクを高める量を飲酒している者」の一部について、適切に把握することが難しい状態でした。そのため、これらの飲酒に係るリスクのある者を把握できるよう、飲酒頻度についての回答選択肢「②時々」を、「②週５～６日」、「③週３～４日」、「④週１～２日」、「⑤月に１～３日」、「⑥月に１日未満」に修正し、飲酒量の回答選択肢に、「④３～５合未満」、「⑤５合以上」が追加されました。

また、最も多い禁酒の理由は、「健康障害（何らかの病気のために禁酒した）」であり、禁酒者は死亡リスクが非常に高いとの報告があります。第３期の項目18の回答選択肢では、

「③ほとんど飲まない」と回答した者の中に「禁酒者」が含まれており、過去から現在までほとんど飲酒をしていない者と区別して把握することが難しくなっていましたが、第４期では、「禁酒者」を飲酒に係るリスクがない群と区別するため、回答選択肢に「⑦やめた」という選択肢を追加しています。これらの修正により、生活習慣病や健康障害に係るリスクの詳細な評価や、必要に応じた適切な助言を行うことが可能になります。

さらに、質問項目の飲酒量の換算に関する補足説明について、回答者の理解を促すため、量（ml）にアルコール度数を併記する等の修正も行われました。

③保健指導に関する項目

		質問項目	回答
22	第3期	生活習慣の改善について保健指導を受ける機会があれば、利用しますか。	①はい ②いいえ
	第4期	生活習慣の改善について、これまでに特定保健指導を受けたことがありますか。	①はい ②いいえ

第３期で用いられていた質問項目では、積極的に保健指導を受けたいという希望の有無に関わらず、健診結果に基づいて基準を満たす場合には、特定保健指導の対象となることが理解されず、「②いいえ」と回答した者に対して、保健指導実施者が介入する際にトラブルが発生するケースがある等の指摘がありました。

このような誤解が生じる可能性を回避するとともに、特定保健指導の受診歴を確認することができる質問に変更することで、転職等のために保険者が変わり、新しい保険者が過去の特定保健指導の受診歴に係るデータを保有していない場合であっても、この質問項目から受診歴を把握し、過去の特定保健指導の受診歴に応じた対応方法の考慮が可能になります。また、データヘルスの観点からも特定保健指導の受診歴を踏まえた有効な分析が可能となります。

④「標準的な質問票の解説と留意事項」について

最新の科学的知見やガイドライン等を踏まえるとともに、より現場で使いやすいよう、「標準的な質問票の解説と留意事項」を改訂しています。

(2) 健診項目の見直しについて

健診項目の見直しに当たっては、科学的知見の整理を前提としつつ、これに加えて、生活習慣病対策全体を俯瞰した視点、実施体制、実現可能性と効率性、実施率、費用対効果といった視点を踏まえ検討を行うこととしました。また、労働安全衛生法に基づく定期健康診断との連携の観点や、健康診査等指針、第３期の期間内における特定健診・特定保健指導に関連した各学会のガイドラインの変更も踏まえて検討が行われました。

①中性脂肪

○「標準的な健診・保健指導プログラム」について「健診検査項目の保健指導判定値」を下記のとおり修正する。

保健指導判定値		
	第3期	第4期
中性脂肪	150mg /dl	空腹時150mg /dl 随時175mg /dl

○階層化に用いる標準的な数値基準を下記のとおり修正する。

追加リスク		
	第3期	第4期
②脂質異常	中性脂肪150mg /dl以上 又は HDLコレステロール40mg /dl未満	空腹時中性脂肪150mg /dl以上 （やむを得ない場合は随時中性脂肪175mg /dl以上） 又は HDLコレステロール40mg dl未満

脂質異常症診断基準について、従来の動脈硬化性疾患予防ガイドライン2017年版では、中性脂肪（トリグリセライド）150mg/dl以上と示されていましたが、動脈硬化性疾患予防ガイドライン2022年版では、非空腹時採血の基準が新たに設定され、中性脂肪（トリグリセライド）150mg/dl以上（空腹時採血※）・175mg/dl以上（随時採血※）とされました。

特定健診・特定保健指導における保健指導判定値等について、健診の実施のしやすさの観点から、第３期より、随時採血が認められた経緯等を踏まえ、ガイドラインの変更に伴い、食事の影響が大きい中性脂肪の基準値に、随時採血時の値が追加されました。また、これに伴い、「標準的な健診・保健指導プログラム（令和６年度版）」に掲載されているフィードバック文例集も最新の科学的知見やガイドライン等を踏まえて改訂されています。

※基本的に10時間以上の絶食を「空腹時」とする。ただし水やお茶などカロリーのない水分の摂取は可とする。空腹時であることが確認できない場合を「随時」とする。（動脈硬化性疾患予防ガイドライン2022年版）

(3) その他

①受診勧奨判定値について

健康増進には、「予防・健康づくり」と「重症化予防」が重要であり、特定健診・特定保健指導においては、医療機関への未受診者に対する受診勧奨等を行うことで、「予防・健康づくり」や「重症化予防」に結びつけていくことが可能となります。

受診勧奨判定値は、医療機関への受診を促すものとして設定されていますが、「受診勧奨判定値を超えるレベルの検査項目があった場合に、すぐに服薬等の治療が必要であると」誤解する健診受診者が一定程度生じているとの指摘があり、生活習慣の改善を図りながら、医療機関で経過を観察するようなケースもあることが、あまり認識されていないのではないかとの意見や、そのようなケースに対する医療機関側の対応についても留意が必要ではないか等の指摘がありました。

このようなことから、「健診検査項目の保健指導判定値及び受診勧奨判定値」に「判定値を超えるレベルの場合、再検査や生活習慣改善指導等を含め医療機関での管理が必要な場合がある。」という文言が追加されました。また、フィードバック文例集の活用が進むよう、「標準的な健診・保健指導プログラム（令和６年度版）」の構成も変更されています。

②医療機関持参用文書について

健診受診者と医療関係者間の健診及び医療機関等の受診に係る情報共有が円滑に進むことを支援するために、関係者への情報提供を目的とした医療機関持参用の文書が作成され、健診受診者が医療機関を受診する際等に持参・活用できるよう見直されました（標準的な健診・保健指導プログラム（令和６年度版）P.167 ～ 169）。健診受診者が医療機関の受診や産業医との面談等に際して、当該文書を活用することにより、健診受診者本人及び医療関係者が、受診目的等を共有することが可能となるとともに、医療関係者側への周知・啓発につながることが期待されます。

特定健康診査で血圧高値のため医療機関の受診を勧められています。
※医療機関受診時に、この用紙をご持参ください。

収縮期血圧（　　　　　　　）mmHg

拡張期血圧（　　　　　　　）mmHg

厚生労働省健康・保健衛生局の策定した「標準的な健診・保健指導プログラム（令和６年度版）」P.128 フィードバック文例集では、以下のように医療機関での対応をお勧めしています。

<table>
<tr><th colspan="3" rowspan="2">健診判定</th><th colspan="2">対応</th></tr>
<tr><th>肥満者の場合</th><th>非肥満者の場合</th></tr>
<tr><td rowspan="4">異常
↑
↓
正常</td><td rowspan="2">受診勧奨
判定値を
超えるレベル</td><td>収縮期血圧≧160mmHg
又は拡張期血圧≧100mmHg</td><td colspan="2">①すぐに医療機関の受診を</td></tr>
<tr><td>140mmHg≦収縮期血圧＜160mmHg
又は
90mmHg≦拡張期血圧＜100mmHg</td><td colspan="2">②生活習慣を改善する努力をした上で、数値が改善しないなら医療機関の受診を</td></tr>
<tr><td>保健指導
判定値を
超えるレベル</td><td>130mmHg≦収縮期血圧＜140mmHg
又は
85mmHg≦拡張期血圧＜90mmHg</td><td>③特定保健指導の積極的な活用と生活習慣の改善を</td><td>④生活習慣の改善を</td></tr>
<tr><td>保健指導
判定値
未満のレベル</td><td>収縮期血圧＜130mmHg
かつ拡張期血圧＜85mmHg</td><td colspan="2">⑤今後も継続して健診受診を</td></tr>
</table>

医療機関の受診に際しては、健診受診者の状態に応じて、受診する医療機関を適切に選択することが重要である点についても記載しています。また、産業医等の医療関係者に対して、生活習慣の改善指導等を含むメタボリックシンドロームに係る特定保健指導の取組について、引き続き周知・啓発に努めることも記載されています。

2）特定保健指導の実施方法の見直しについて

(1) 評価体系の見直し（アウトカム評価の導入）

生活習慣病予防に対する保健指導の第一の目的は生活習慣病に移行しないことです。そのための保健指導は、対象者自身が健診結果を理解して体の変化に気付き、自らの生活習慣を振り返り、生活習慣を改善するための行動目標を設定・実践でき、そのことにより対象者が自分の健康に関するセルフケア（自己管理）ができるようになることが目的とするとされています。

こうした保健指導のあるべき姿に立ち返れば、特定保健指導の評価に当たっては、対象者の状態の改善や行動変容を評価することが望ましいとされ、特定保健指導の成果を重視し、アウトカム評価（成果が出たことへの評価）を基本とする評価方法が導入されることになりました。その際、アウトカム評価を原則としつつも、プロセス評価（保健指導実施の介入量の評価）も併用して評価し、具体的には以下のような体系とされました。

・特定保健指導の実績評価におけるアウトカム評価については、モデル実施の結果（腹囲２cmかつ体重２kg 減を達成した者には翌年の健診結果でも改善傾向が認められたこと等）を踏まえ、主要達成目標を腹囲２cmかつ体重２kg 減（※）とされました。また、対象者自身の生活習慣を改善するための行動変容が特定保健指導の目的であることを踏まえ、生活習慣病予防につながる行動変容（食習慣の改善、運動習慣の改善、喫煙習慣の改善、休養習慣の改善、その他の生活習慣の改善）や腹囲２cmかつ体重２kg 減の過程である腹囲１cmかつ体重１kg 減を目標として設定し、アウトカム評価の評価時期は、初回面接から３ヶ月以上経過後の実績評価時とされました。行動変容については、生活習慣の改善が２ヶ月以上継続した場合に評価することとし、具体的には、「標準的な健診・保健指導プログラム（令和６年度版）」において評価者の判断を支援するため具体例を提示するとともに、「特定健康診査・特定保健指導の円滑な実施に向けた手引き（第4.1版）」において運用の詳細が提示されています。

※腹囲２cmかつ体重２kg 減少、又は当該年の健診時の体重の値に0.024を乗じた体重（kg）以上かつ同体重（kg）と同じ値の腹囲（cm）以上減少

・プロセス評価では、介入方法により個別（ICT含む）、グループ（ICT含む）、電話、電子メール・チャット等の評価が行われます。これらの介入については、時間に比例したポイント設定を見直し、介入１回ごとの評価とするとともに、１回の標準的な介入内容を「特定健康診査・特定保健指導の円滑な実施に向けた手引き（第4.1版）」で示し、介入の最低時間は引き続き設定されることとなりました。これに併せて、第３期で行われていた支援Ａと支援Ｂの区別は廃止されます。また、多様な働き方の対象者も含め、広く介入することを支援するため、ICTを活用した場合も同水準の評価がされます。さらに、特定保健指

導の早期介入が対象者の行動変容を促す上で重要であるため、特定健診実施後からの特定保健指導の早期実施が新たに評価されることとなりました。

・180ポイント（p）で特定保健指導終了とし、主要達成目標の腹囲２cmかつ体重２kg 減は180p に設定されます。腹囲２cmかつ体重２kg 減が未達成の場合においては、対象者の行動変容等のアウトカムを評価し、プロセス評価と合わせて180p になる構造となります。腹囲１cmかつ体重１kg 減と行動変容は20pとし、喫煙習慣の改善（禁煙）については、禁煙により一時的な体重増となる傾向があることから30pに設定されます。継続支援の介入は個別（ICT 含む）70p、グループ（ICT 含む）70p、電話30p、電子メール・チャット等30pに設定します。また、健診当日の初回面接を20p、健診後1週間以内の初回面接を10pとします。

こうした見直しが行われ、「標準的な健診・保健指導プログラム（令和６年度版）」にはアウトカム評価の導入に伴った、対象者の行動変容の目標設定例や継続的な取り組みの必要性についても追加されました。

特定保健指導には対象者が自らの健康状態、生活習慣の改善すべき点等を自覚し、生活習慣の改善に向けた自主的な取り組みを継続して行うことができる内容とすること、対象者の健康に関する考え方を受け止め、具体的に実践可能な行動目標について、優先順位を付けながら対象者と一緒に考え、対象者が選択できるよう支援すること、その結果として一定のアウトカムが得られるように、必要なプロセスを積み上げることが期待されます。

また、特定保健指導実施者には、特定保健指導の成果をより一層意識しながら、対象者個々人の特性に応じた特定保健指導を実施することが求められるようになります。

(2)「見える化」の推進

特定保健指導では、「見える化」を推進し、対象者の行動変容に係る情報等を収集して、保険者等がアウトカムの達成状況等を把握し、達成に至った要因の検討等を行って、対象者の特性に応じた質の高い保健指導を対象者に還元していく仕組みを構築していくことが重要です。

「見える化」において分析・評価する項目としては、特定保健指導の結果を評価できるように、特定保健指導対象者の腹囲２cmかつ体重２kg減達成割合や行動変容指標の改善割合、次年度以降の特定健診時の階層化や体重等の状況、喫煙者の次年度禁煙割合、リピーター（２年連続して特定保健指導の対象となる者）の特定保健指導の終了状況、複数年継続した健診結果の変化等が考えられます。

(3) ICTを活用した特定保健指導の推進

ICTを活用した遠隔面接については、保険者、保健指導対象者ともに活用する意欲が高くなっています。また、勤務形態（在宅勤務等）や立地（遠隔地等）によっては、ICTを活用しなければ特定保健指導の実施が困難な状況もあります。一方で、面接の事前調整や準備、対象者のICT環境やICTリテラシーが低い対象者への対応、指導者側のICTリテラシーが必要であるといった課題が挙げられており、こうした個々の課題に対応できるよう、「特定健康診査・特定保健指導の円滑な実施に向けた手引き（第4.1版）」や「標準的な健診・保健指導プログラム（令和６年度版）」に、ICTを活用した特定保健指導を行うに当たっての留意点等が追記されました。また、初回面接の最低時間については、ICT を活用した場合も対面の場合と同様に設定されました。

アプリケーションソフトウェアの活用については、腹囲や体重等のアウトカム指標や対象者が選択した行動目標や、歩数、食事内容等の行動計画に沿った指標を記録し、これらの記録が対象者に分かりやすい形で表示される機能等があると、対象者個々人に行動変容を促し、生活習慣の改善に資するものとなり、効果的であることが報告されています。「標準的な健診・保健指導プログラム（令和６年度版）」では、アプリケーション等を用いた効果的な特定保健指導の工夫などが記載されています。

(4) 保健指導の質の向上のための取り組みについて

「標準的な健診・保健指導プログラム（令和６年度版）」には以下の点が追加されています。

①人材育成体制の整備

「健診実施機関・保健指導実施機関の役割」を新たに追加し、保健指導の質の担保に努めること、より効果的な保健指導になるようデータ収集や分析を行うように努めることが記載されました。また、適切なアウトカム評価に向けて、研修等を充実させることが求められることが記載されました。

②最新の知見を反映した健診・保健指導内容の見直しのための体制整備

「保険者の役割」を新規に追加し、課題の優先順位を考慮し、健診・保健指導プログラムを効果的・効率的に実施していくことや、そのために事業評価を行い、常に事業を改善できる体制が求められることが記載されました。また、「保険者中央団体の役割」を新規に追加し、各保険者がデータを活用しながら健診・保健指導プログラムを効果的・効率的に実施していくための支援・研修を行うことが重要である旨も記載されました。

③健診・保健指導の研修ガイドライン

保健指導にもビデオ通話システムやアプリケーション等のICTを活用し、対象者が保健指導を受けやすい指導体制や環境整備を行えるように、ICTの推進に関する研修内容を追加しています。具体的には、保健指導スキル評価票に「保健指導においてICT（ビデオ通話システムやアプリケーション等）を活用できる」が追加されました。また、「業務遂行能力チェックリスト」の「初任者」、「中級以上」、「保健指導チームのリーダー的立場にある専門職」、「特定保健指導事業の運営責任者」のそれぞれにICTを活用した保健指導に関する項目が追加されています。

(5) その他の変更点

①特定健診実施後の特定保健指導の早期初回面接実施の促進

特定保健指導の初回面接については、特定保健指導の実施率の向上や対象者の負担軽減に資する観点からも、引き続き健診当日の実施が推進されます。一方で、健診当日の初回面接実施には、特定保健指導実施者の人材確保や保健指導対象者の時間確保が困難な場合もあり、実施体制の構築に関する課題が指摘されていました。

このため、特定健診実施日から１週間以内であれば初回面接の分割実施として取り扱えるよう条件を緩和し、初回面接の分割実施の柔軟な実施体制の普及を進めていくべきとされています。また、保険者、特定健診実施機関及び特定保健指導実施機関は互いに連携し、必要に応じて事業主等の協力を求めながら、受診者及び特定保健指導実施者が健診結果等をより早期に受け取れるようにすることで、特定保健指導を早期に実施できる体制の整備を進めていくことが期待されます。

②特定保健指導の実施者として看護師が保健指導を行える暫定期間の延長

特定保健指導の実施率向上のためには実施者の確保が重要です。平成20年度から一定の要件を満たして特定保健指導を実施している看護師は引き続き従事できるよう、暫定期間を令和11年度末まで延長することとなりました。

③糖尿病等の生活習慣病に係る服薬を開始した場合についての実施率の考え方

特定健診の質問票で服薬中と回答した者は特定保健指導の対象外となっていますが、特定健康診査実施後及び特定保健指導開始後に服薬を開始した者については、特定保健指導の対象者として、実施率の計算において分母に含むこととされていました。しかし、こうした者についても、医師の指示の下で生活習慣の改善や重症化予防に向けた取り組みが進められており、引き続きそうした医学的管理下で指導がなされれば、別途に保健指導を行う必要性が薄いため、保険者が対象者ごとに特定保健指導を実施しないと判断したことが分かる形で報告を行った上で、実施率の計算において分母に含めないことが可能となりました。

④服薬中の特定保健指導対象者に対する服薬状況の確認及び特定保健指導対象者からの除外に関する同意取得の手続き

糖尿病、高血圧症又は脂質異常症の治療に係る薬剤の服用の確認は特定健診の質問票を用いて行っていますが、質問票の記載と実態が異なる場合があるため、現在は、保険者がレセプト情報等を基に実態を確認した後に専門職（医師・保健師・管理栄養士・看護師）が対象者本人に事実関係を再確認するとともに本人から同意を取得することで、特定保健指導対象者から除外することが可能とされています。こうした実務をより効率的に運用するために、対象者本人への服薬に関する事実関係の再確認及び特定保健指導の対象から除外することに関する同意の取得について、保険者が確認する医薬品の種類、確認の手順等をあらかじめ定めている場合は、専門職以外であっても再確認を行うことができるように変更されました。

⑤地域・職域における保健指導

令和元年度に改訂された「地域・職域連携推進ガイドライン」について「標準的な健診・保健指導プログラム（令和６年度版）」で言及されています。

⑥特定保健指導の対象とならない非肥満の脳・心血管疾患危険因子保有者に対する生活習慣の改善指導

関連する各種ガイドラインの更新を踏まえて、記載内容の修正が行われました。

⑦オンライン資格確認等の導入

令和6年12月より、保険証の新規発行が停止し、マイナ保険証を基本とする仕組みに移行されます。それに伴い、特定健診・特定保健指導の実施機関における、任意でのオンライン資格確認の導入・運用について追記されています。オンライン資格確認の導入により、健診・保健指導機関や受診者の利便性が向上する、最新の正確な資格情報の確認が可能となり、保険者との電話連絡等の手間が減り、事務の円滑化につながるなどのメリットが期待されます。そのほかの特定健診・特定保健指導に係る資格情報の確認方法についても追記されています。

このような経緯を背景として、厚生労働省より「特定健康診査・特定保健指導の円滑な実施に向けた手引き（第4.1版）」が公表されました。「特定健康診査・特定保健指導の円滑な実施に向けた手引き（第4.1版）」は、特定健診・特定保健指導を中心に、健康増進法に基づく生活習慣病対策を推進するための効果的な健診・保健指導を実施するに当たって、保険者（あるいは委託先となる健診・保健指導機関）として留意すべき点がまとめられています。

2024/3/7 ver4.1

特定健康診査・特定保健指導の円滑な実施に向けた手引き（第 4.1 版）

2024 年 3 月

厚生労働省保険局医療介護連携政策課
医療費適正化対策推進室

第四期（2024年度以降）における変更点

特定健康診査の見直し	**⑴ 基本的な健診の項目（1-2-1参照）※** 血中脂質検査における中性脂肪において、やむを得ず空腹時以外で中性脂肪を測定する場合は、随時中性脂肪による血中脂質検査を可とした。
	⑵ 標準的な質問票* 喫煙や飲酒に係る質問項目については、より正確にリスクを把握できるように詳細な選択肢へ修正した。 特定保健指導の受診歴を確認する質問項目に修正した。
特定保健指導の見直し	**⑴ 評価体系の見直し（2-5参照）※** 特定保健指導の実績評価にアウトカム評価を導入し、主要達成目標を腹囲２cm・体重２kg減とし、生活習慣病予防につながる行動変容（食習慣の改善、運動習慣の改善、喫煙習慣の改善、休養習慣の改善、その他の生活習慣の改善）や腹囲１cm・体重１kg減をその他目標として設定した。 プロセス評価は、介入方法により個別支援（ICT含む）、グループ支援（ICT含む）、電話、電子メール等とし、時間に比例したポイント設定ではなく、介入１回ごとの評価とした。支援Ａと支援Ｂの区別は廃止した。また、ICTを活用した場合も同水準の評価とした。 特定健康診査実施後の特定保健指導の早期実施を新たに評価することとした。 また、モデル実施は廃止とした。
	⑵ 特定保健指導の初回面接の分割実施の条件緩和（2-7-2参照）※ 特定保健指導の初回面接は、特定健康診査実施日から１週間以内であれば初回面接の分割実施として取り扱えるよう条件を緩和することとした。
	⑶ 糖尿病等の生活習慣病に係る服薬を開始した場合の実施率の考え方（2-1参照）※ 特定健康診査実施後又は特定保健指導開始後に服薬を開始した者については、実施率の計算において、特定保健指導の対象者として、分母に含めないことを可能とした。
	⑷ 糖尿病等の生活習慣病に係る服薬中の者に対する服薬状況の確認及び特定保健指導対象者からの除外（2-1参照）※ 服薬中の者の特定保健指導対象者からの除外に当たって、確認する医薬品の種類、確認の手順等を保険者があらかじめ定めている場合は、専門職以外であっても、対象者本人への事実関係の再確認と同意の取得を行えることとした。
	⑸ その他の運用の改善（2-9-1参照）※ 看護師が特定保健指導を行える暫定期間を第４期期間においても延長することとした。

※参照頁は（株）社会保険出版社により追記。

＊ 「標準的な健診・保健指導プログラム」第２編別紙３参照
https://www.mhlw.go.jp/stf/seisakunitsuite/bunya/0000194155_00004.html

1 特定健康診査

1-1 対象者

加入者のうち特定健康診査の実施年度中に 40 ～ 74 歳となる[*1]者（実施年度中に 75 歳になる 75 歳未満の者も含む）で、かつ当該実施年度の１年間を通じて加入している者（年度途中での加入・脱退等異動のない[*2]者）を対象とする。妊産婦その他の厚生労働大臣が定める者（刑務所入所中、海外在住、長期入院等、特定健康診査及び特定保健指導の実施に関する基準第１条第１項の規定に基づき厚生労働大臣が定める者（平成 20 年厚生労働省告示第３号[*3]。以下「除外告示」という。）で規定する者）は、上記対象者から除く[*4]（年度途中での妊娠・刑務所入所等は、異動者と同様に、対象者から除外）。この対象者の把握、対象者数の算定は、次の①～③の３段階で行う。

①次年度の受診予定者の推定

実施年度の初め（４月１日時点）に予想される対象者（＝実施年度中に 40 ～ 74 歳となる加入者（実施年度中に 75 歳になる 75 歳未満の者も含む））のうち、特定健康診査に相当する他の健康診査（労働安全衛生法に基づく事業者健診等）を受けた結果データを受領できる予定の者を除いた者[*5]が、保険者として実施を予定すべき対象者となる。この数を基に、想定受診率や目標実施率等を考慮し、次年度の特定健康診査に要する費用を積算する。

②当年度の受診予定者の確定

①は前年度に次年度の予定を立てるためのものであり、実際には年度末に入社・退職等による加入者の異動が多発することから、実施年度の４月１日時点で、①で整理した予想対象者リストに追加・削除等を行い、当年度の受診予定者リストを確定し、受診券の発券（オンライン資格確認[*6]、マイナポータル[*7]の保険資格画面の確認、マイナ保険証[*8]と保険者の発行した資格情報のお知らせの確認、保険者の発行した資格確認書の確認又は被保険者証の確認（以下「オンライン資格確認等」という。）による保険資格の確認のみで健診機関が判別できる国保、個別に契約した特定の健診機関でのみ実施する保険者は必ずしも発券する必要はない）及び案内の送付を行う。

③当年度の実績報告時の対象者の確定

実施年度の翌年度の 11 月１日までに、前年度の実施結果データを、社会保険診療報酬支払基金（以下「支払基金」という。）又は国民健康保険団体連合会（以下「国保連合会」という。）を通じ国に提出することとなっているが、この時点では、実施年度中に異動や除外対象になった者は確定している。よって、実施年度末時点で実施結果報告の対象となるべき者は、実施年度中に 40 ～ 74 歳となる者[*9]で、年度途中

＊1　40 歳の起算時点は、例えば４月１日生まれの人は、年齢計算に関する法律の規定では３月 31 日の 24 時となるが、高齢者の医療の確保に関する法律は年齢計算に関する法律の規定に従わないため、誕生日当日（４月１日０時以降）となる。
＊2　「年度の一年間を通じて加入」「異動のない」とは、年度が終了して実績報告を行う際に初めて結果論として異動したか否かが判断できることであることから、事前に（年度当初から）対象者から除外できる者ではない。
＊3　厚生労働省ホームページ（https://www.mhlw.go.jp/stf/seisakunitsuite/bunya/PublicNotice_32013.html）に掲載している。
＊4　形式的には実施対象となるものの、保険者の通常の努力の範囲内では実施を義務付けることが困難である等の理由から除外されている者であるが、年度当初時点で実施年度を通じてそのような者であると決定できる場合は限られ、通常は、年度当初に受診案内を配布したものの、年度末近くなっても受診された様子がないために確認をしてみると除外対象の条件に合致していたという結果的に除外されるという場合が主となると考えられる。
＊5　健康保険組合の被保険者等に対しては、特定健診よりも労働安全衛生法に基づく事業者健診の実施が優先されるが、健康保険法に基づく任意継続被保険者及び特例退職被保険者については、事業者健診は実施されないため、被扶養者と同様に特定健診を実施する必要があることに注意。
＊6　健診実施機関におけるオンライン資格確認の詳細については、施術所等向け総合ポータルサイト（https://iryohokenjyoho.service-now.com/omf）を参照すること。
＊7　マイナポータルについては、デジタル庁ホームページ（https://www.digital.go.jp/policies/myna_portal）を参照すること。
＊8　マイナ保険証については、厚生労働省ホームページ（https://www.mhlw.go.jp/stf/newpage_08277.html）を参照すること。
＊9　実施年度中に 75 歳になる 75 歳未満の者も実施対象とはなるものの、これらの者については（年度途中で後期高齢者広域連合に異動することから）実施結果の報告対象とはならないことに注意。

での加入･脱退等の異動がなく、かつ除外規定に該当すると確定*1（妊産婦なら母子手帳の提示等の申請、刑務所入所中ならば入所が判明する等の調査等監査が有った時に証明できるような形で除外できると確定できない限りは除外しないため）されていない者であり、その数が対象者数（実施率を算定する時の分母）として確定される。

この実績報告時の最終確定値としての実施者数の算定方法は、実施年度末時点で保有している健診データ（自ら実施した分だけではなく、特定健康診査に相当する他の健診結果データを受領した分を含む）から、異動した者や妊産婦等除外規定に該当するようになった者の健診データを除外し（実施率を算定する場合は分母・分子の両方から除外)、その数が実施者数（実施率を算定する時の分子）となる。

④他の法令に基づく健診受診者の推定

40～74歳の加入者のうち、労働安全衛生法や学校保健安全法等他の法令に基づく健診の受診者は、結果データが受領できる限りは、保険者が実施する特定健康診査の対象者から除外できる。このケース以外に、国保の被保険者や被用者保険の被扶養者でパート勤務等により労働安全衛生法に基づく定期健診等を受けているケースがあるが、特定健康診査等実施計画の作成・修正時点で推定数を見込んでおくことは困難なことから、実施計画上の目標設定において折り込むことはせず、実施時点で案内・通知等により健診結果データを受領するだけとするのが現実的である。

⑤被保険者・被扶養者別の区別

被保険者・被扶養者別の実施状況等を明らかにするため、保険者から国への実績報告において、資格区分を記載する。資格区分コードは以下のとおりである。(図表1：資格区分コード)

図表1：資格区分コード

コード表名称	コード	内容
資格区分コード	1	強制被保険者
	2	強制被扶養者
	3	任意継続被保険者
	4	任意継続被扶養者
	5	特例退職被保険者
	6	特例退職被扶養者
	7	国保被保険者

・記載する資格は、特定健康診査受診者については健診受診日、特定保健指導利用者については、初回面接日における資格区分とする。
・市町村国保・国保組合については、資格区分の報告は必須ではない。

＊1　証明・確定できた者のみ除外する。

1-2 実施内容（健診項目）

「特定健康診査及び特定保健指導の実施に関する基準（以下「実施基準」という。）」の第1条に定められている。実施内容等の詳細は、通知[*1]「令和6年度以降における特定健康診査及び特定保健指導の実施並びに健診実施機関等により作成された記録の取扱いについて（令和5年3月31日付け健発0331第4号・保発0331第6号厚生労働省健康局長・保険局長連名通知。令和5年7月31日一部改正）」に示している。

1-2-1 基本的な健診の項目

全ての対象者が受診しなければならない項目（基本的な健診の項目）は、次表の項目となる。このうち、腹囲の測定は内臓脂肪面積の測定に代えられる（実施基準第1条第3項）ほか、一定の基準と医師の判断により省略できる場合もある（実施基準第1条第2項）。また、血中脂質検査のうちLDLコレステロールは、空腹時中性脂肪又は随時中性脂肪が400mg/dl以上若しくは食後採血の場合はNon-HDLコレステロールの測定に代えられる（実施基準第1条第4項）。

なお、生理中の女性に対する尿検査は、測定しても結果が意味を成さないこと、メタボリックシンドロームの判定や保健指導対象者の抽出（階層化）への影響が大きくないことから、その場合は測定不可能という扱い[*2]でも差し支えない。原則として、この例外事項[*3]以外は認めない（全ての検査項目を受診していなければ特定健康診査を実施したとはみなさない）ので、委託した健診機関で全ての検査項目を実施していない限り、実施したことにはならない。また委託契約で全ての検査項目の実施に基づく委託金額が設定されており未実施の項目がある場合は債務不履行となる。この場合、完全に履行されるまで支払がなされないか、契約を解除し保険者でやり直すこととなる。後者の場合は損害賠償請求もできる。

＊1　厚生労働省ホームページ https://www.mhlw.go.jp/stf/seisakunitsuite/bunya/0000161103.html に掲載している。

＊2　標準的なデータファイル仕様（6-1に詳述）において、健診受診者の事情により、特定健診の検査項目を実施できなかった場合の取扱いは、XMLファイルでの記述としては、value要素のnullFlavor属性に、データが存在しないことを意味する「NI」値を指定することで、受診者の事情（生理中等）により検査を実施できなかったという取扱いとしている（保険者等は、当該健診結果データが送られてきた場合には、当該検査は実施されたものとして扱う）。なお、上記のような理由により検査を行わなかった場合の理由は、測定不可能・検査未実施の理由項目欄にその理由のコードを記載すること。単に検査を実施していない場合は実施していない扱いとなる。（XMLファイル上の記述ルールとしては、entry自体を削除し出力。実施を予定していて実施しない場合の「未実施」扱いとは異なることに注意。詳細は「特定健康診査・特定保健指導の電子的な標準様式の仕様に関する資料（https://www.mhlw.go.jp/stf/seisakunitsuite/bunya/xml_30799.html）」等を参照のこと。）

＊3　生理中の女性のほか、腎疾患等の基礎疾患があるため排尿障害を有している者に限り、尿検査の実施を断念した場合であっても特定健診を実施したこととみなすこととなっている。詳細は通知「保険者が社会保険診療報酬支払基金に提出する令和6年度以降に実施した特定健康診査等の実施状況に関する結果について（令和5年3月31日付け保発0331第4号厚生労働省保険局長通知。令和5年7月31日一部改正）」等に、実施結果を報告する上で必要となる事項等が示されているので、参照のこと（https://www.mhlw.go.jp/stf/seisakunitsuite/bunya/0000161103.html）。

図表2：基本的な健診の項目（実施基準第1条第1項第1号から第9号）

項目	備考
既往歴の調査	服薬歴及び喫煙習慣の状況に係る調査（質問票*1）を含む
自覚症状及び他覚症状の有無の検査	理学的検査（身体診察）
身長、体重及び腹囲の検査	腹囲の測定は、厚生労働大臣が定める基準（BMIが20未満の者、若しくはBMIが22kg/㎡未満で自ら腹囲を測定し、その値を申告した者）に基づき、医師が必要でないと認める時は、省略*2可 腹囲の測定に代えて、内臓脂肪面積の測定でも可
BMIの測定	BMI＝体重（kg）÷身長（m）の2乗
血圧の測定	
肝機能検査	アスパラギン酸アミノトランスフェラーゼ（AST（GOT）） アラニンアミノトランスフェラーゼ（ALT（GPT）） ガンマグルタミルトランスフェラーゼ（γ－GT）
血中脂質検査	空腹時中性脂肪（血清トリグリセライド）の量、やむを得ない場合は随時中性脂肪*3の量 高比重リポ蛋白コレステロール（HDLコレステロール）の量 低比重リポ蛋白コレステロール（LDLコレステロール）の量 空腹時中性脂肪若しくは随時中性脂肪が400mg/dl以上又は食後採血の場合、LDLコレステロールに代えて、Non-HDLコレステロールの測定でも可
血糖検査	空腹時血糖又はヘモグロビンA1c（HbA1c）、やむを得ない場合は随時血糖*4
尿検査	尿中の糖及び蛋白の有無

1-2-2　詳細な健診の項目

医師の判断により受診しなければならない項目（詳細な健診の項目）は、貧血検査・心電図検査・眼底検査・血清クレアチニン検査（eGFRによる腎機能の評価を含む）の4項目となる。実施する場合は、医師は当該項目を実施する理由を保険者に明らかにしなければならないことから、健診結果データにその理由を明記し、判断した医師名を付記の上でデータを送付する。また、受診者に対して実施時に十分な説明を行う。

詳細な健診の実施基準は次表のとおりである。受診者の性別・年齢等を踏まえ、医師が個別に判断する。基準に該当するということだけではないので、判断理由を明記する。

＊1　「標準的な健診・保健指導プログラム」第2編に示されている別紙3「標準的な質問票」をベースに、保険者あるいは健診機関にて、これまでの経験・ノウハウや受診対象者の属性を踏まえ、質問の趣旨を逸脱しない範囲であれば、質問文をより適切と判断する内容に適宜改変することは差し支えない。
　標準的な電子データファイル仕様は、この「標準的な質問票」を前提としていることから、22の質問項目の順序・数等の枠組みは維持した上で質問する。
　質問票の主たる用途として、特定保健指導対象者の抽出に当たり、糖尿病・高血圧症・脂質異常症に係る薬物治療を受けている者を除外する抽出手段であることから、健診機関が保険者に対して健診結果を報告する際には、質問の方法にかかわらず、糖尿病・高血圧症・脂質異常症に係る薬物治療を受けている者であるか否か、喫煙歴の有無について、受診者が事実を正確に回答できるような説明や確認を行い、正確に事実を報告（標準的な電子データファイル仕様の健診結果・質問票情報ファイル（個票ファイル）における質問1～3の領域に結果を格納し送付）する。

＊2　BMIが20kg/㎡未満で医師が腹囲の計測を省略した者については特定保健指導の対象とはしない（健診データファイルにおいて腹囲が空欄であっても保健指導レベルは「4.判定不能」又は「3.なし」となる）。

＊3　やむを得ず空腹時以外に採血を行う場合は、随時中性脂肪による血中脂質検査を行うことを可とする。

＊4　やむを得ず空腹時以外に採血を行い、HbA1c（NGSP値）を測定しない場合は、食直後（食事開始時から3.5時間未満）を除き随時血糖による血糖検査を行うことを可とする。

図表３：詳細な健診の項目（医師の判断による追加項目：告示で規定）

<table>
<tr><th>追加項目</th><th colspan="2">実施できる条件（基準）</th></tr>
<tr><td>貧血検査（ヘマトクリット値、血色素量及び赤血球数の測定）</td><td colspan="2">貧血の既往歴を有する者又は視診等で貧血が疑われる者</td></tr>
<tr><td>心電図検査（12誘導心電図）注1）</td><td colspan="2">当該年度の特定健康診査の結果等において、収縮期血圧140mmHg以上若しくは拡張期血圧90mmHg以上の者又は問診等で不整脈が疑われる者</td></tr>
<tr><td rowspan="4">眼底検査注2）</td><td colspan="2">当該年度の特定健康診査の結果等において、血圧又は血糖が、次の基準に該当した者</td></tr>
<tr><td>血圧</td><td>収縮期140mmHg以上又は拡張期90mmHg以上</td></tr>
<tr><td>血糖</td><td>空腹時血糖値が126mg/dl以上、HbA1c（NGSP値）6.5%以上又は随時血糖値が126mg/dl以上</td></tr>
<tr><td colspan="2">ただし、当該年度の特定健康診査の結果等において、血圧の基準に該当せず、かつ血糖検査の結果の確認ができない場合、前年度の特定健康診査の結果等において、血糖検査の基準に該当する者を含む。</td></tr>
<tr><td rowspan="3">血清クレアチニン検査（eGFRによる腎機能の評価を含む）</td><td colspan="2">当該年度の特定健康診査の結果等において、血圧又は血糖が、次の基準に該当した者</td></tr>
<tr><td>血圧</td><td>収縮期130mmHg以上又は拡張期85mmHg以上</td></tr>
<tr><td>血糖</td><td>空腹時血糖値が100mg/dl以上、HbA1c（NGSP値）5.6%以上又は随時血糖値が100mg/dl以上</td></tr>
</table>

注１）心電図検査は、基準に基づき医師が必要と認める者であって特定健康診査当日に心電図検査を実施した場合、詳細な健診の項目として実施したこととする。

注２）眼底検査は、基準に基づき医師が必要と認める者であって特定健康診査当日から１ヶ月以内に眼底検査を実施した場合、詳細な健診の項目として実施したこととする。

1-3 他の健診との関係

1-3-1 労働安全衛生法・学校保健安全法等

①他の法令に基づく健診の優先

高齢者の医療の確保に関する法律では、労働安全衛生法に基づく健康診断（雇入時の健康診断及び定期健康診断。以下「事業者健診」という。）等他法令に基づき行われる健康診断（学校保健安全法第15条に基づく職員の健康診断等）（以下「事業者健診等」という。）は、特定健康診査より実施が優先される。

保険者は、事業者等から事業者健診等の記録の送付を受ける等、実施義務者等から健診結果を受領していれば（詳細は6-2-5参照）、特定健康診査を実施したことに代えられる（実施義務は免除）。ただし、実施義務者等から受領した健診結果に、特定健康診査の基本的な健診の項目について（特に階層化に必要な検査項目（服薬歴、喫煙歴等）は必要不可欠）記録されていることが前提となる。各実施義務者等が行った健診において、特定健康診査の項目が欠損している場合は、欠損分について保険者が追加実施する。

他法令に基づく健診が優先されることから、他の健診と特定健康診査とを同時に実施する場合、特定健康診査と重複する健診項目の費用は、他の健診の実施主体が負担する。また、現状でも一部の保険者で行われているが、保険者が事業者健診等の実施委託を受ける場合は、事業者健診等部分の実施費用は事業者等の負担となる。

②健診項目の包含関係

事業者健診等の健診項目は、概ね特定健康診査の基本的な健診項目と一致しており、この他にX線撮影・聴力等の事業者健診等に独自項目がある（図表4：特定健診（高齢者医療確保法）の項目と労働安全衛生法・学校保健安全法との比較）。

保険者は、事業者健診等の結果データを受領することができるが、事業者健診等で実施されなかった特定健康診査の詳細な健診の項目（眼底検査等）については、事業者等が健診を実施する際、保険者が事業者健診等を行う健診機関に詳細な健診の項目の実施を委託（医師の判断により実施するのが前提）しない限り、事業者等からのデータ受領分にはこれらの健診結果が医師の判断に関係なく含まれないこととなる。

図表４：特定健診（高齢者医療確保法）の項目と労働安全衛生法・学校保健安全法との比較

	項目名	高齢者医療確保法	労働安全衛生法	学校保健安全法
診察	既往歴	○	○	注10)
	服薬歴	○	※	
	喫煙歴	○	※	
	業務歴		○	
	自覚症状	○	○	注10)
	他覚症状	○	○	注10)
身体計測	身長	○	○注5)	○注5)
	体重	○	○	○
	腹囲	○	○注6)	○注6)
	BMI	○	○注7)	○注7)
血圧	血圧（収縮期/拡張期）	○	○	○
肝機能検査	AST（GOT）	○	○	○
	ALT（GPT）	○	○	○
	γ-GT（γ-GTP）	○	○	○
血中脂質検査	空腹時中性脂肪	●注1)	●注1)	●
	随時中性脂肪	●注1）注2)	●注1）注2)	●
	HDLコレステロール	○	○	○
	LDLコレステロール（Non-HDLコレステロール）	○注3)	○注3)	○
血糖検査	空腹時血糖	●注1)	●注1)	●
	HbA1c	●	●	●
	随時血糖	●注1）注4)	●注1）注4)	●
尿検査	尿糖	○	○	○
	尿蛋白	○	○	○
血液学検査（貧血検査）	ヘマトクリット値	□		
	血色素量［ヘモグロビン値］	□	○	○
	赤血球数	□	○	○
その他	心電図	□	○	○
	眼底検査	□		
	血清クレアチニン（eGFR）	□	□注8)	
	視力		○	○
	聴力		○	○
	胸部エックス線検査		○	○
	喀痰検査		□注9)	□注11)
	胃の疾病及び異常の有無			○注12)
医師の判断	医師の診断（判定）	○	○	○
	医師の意見		○	○

○…必須項目、□…医師の判断に基づき選択的に実施する項目、●…いずれかの項目の実施で可

※…必須ではないが、聴取の実施について協力依頼[*1]

注：労働安全衛生法及び学校保健安全法の定期健康診断は、40歳以上における取扱いについて記載している。また学校保健安全法の定期健康診断は、学校の職員を対象とする。

注１）空腹時中性脂肪又は随時中性脂肪及び空腹時血糖又は随時血糖の判定のため、採血時間（食後）の情報は必須入力項目とする。

注２）やむを得ず空腹時以外に採血を行った場合は、随時中性脂肪により検査を行うことを可とする。

＊１　「定期健康診断等及び特定健康診査等の実施に関する協力依頼について（令和２年12月23日付け基発1223第５号・保発1223第１号厚生労働省労働基準局長・保険局長連名通知。令和５年７月31日一部改正）の別紙「定期健康診断等及び特定健康診査等の実施に係る事業者と保険者の連携・協力事項について」（https://www.mhlw.go.jp/stf/seisakunitsuite/bunya/0000161103.html）

注3）空腹時中性脂肪若しくは随時中性脂肪が400mg/dl以上又は食後採血の場合は、LDLコレステロールに代えてNon-HDLコレステロール（総コレステロールからHDLコレステロールを除いたもの）で評価を行うことができる。
注4）やむを得ず空腹時以外に採血を行い、HbA1c（NGSP値）を測定しない場合は、食直後（食事開始時から3.5時間未満）を除き随時血糖により血糖検査を行うことを可とする。
注5）医師が必要でないと認めるときは省略可。
注6）以下の者については医師が必要でないと認めるときは省略可。
1　妊娠中の女性そのほかの者であって、その腹囲が内臓脂肪の蓄積を反映していないと判断されたもの
2　BMI（次の算式により算出したものをいう。以下同じ。）が20未満である者
BMI=体重（kg）／身長（m）^{2}
3　自ら腹囲を測定し、その値を申告した者（BMIが22未満の者に限る。）
注7）算出可。
注8）医師が必要と認めた場合には実施することが望ましい項目。
注9）胸部エックス線検査により病変及び結核発病のおそれがないと判断された者について医師が必要でないと認めるときは省略可。
注10）必須項目ではないが、その他の疾病及び異常の有無の発見や診断項目の省略に際して、問診等を行うことが想定される。
注11）胸部エックス線検査により、病変の発見されたもの、及びその疑いのある者、結核患者並びに結核発病の恐れがあると診断されている者に対しては、胸部エックス線検査及び喀痰検査を行い、さらに必要に応じ聴診、打診、その他必要な検査を行う。
注12）妊娠中の女性職員については検査項目から除くものとし、妊娠可能年齢にある女性職員については、問診等を行った上で、医師が検査対象とするか否かを決定する。

1-3-2　保険者による追加健診項目（人間ドック等）

保険者独自の保健事業として、独自に[*1]健診項目を設定し実施する場合、特定健康診査の実施に併せて、項目を上乗せして行うことができる。その際、加入者に上乗せで実施する必要性と費用対効果について検討が必要である。

上乗せ健診の対象者が被保険者の場合は、健診機関との契約時に上乗せ項目も実施項目に含めた上で、当該健診機関にて特定健康診査と同時に実施[*2]する。被用者保険の被保険者の場合は、事業者健診が優先されることから、事業者健診の実施時に同時に受診できるよう、事業者に上乗せ項目の実施を委託するか、事業者が委託する健診機関に対して保険者として上乗せ項目のみの実施を委託する（事業者から事業者健診の実施委託を保険者が受けている場合は共同実施ではなく保険者における一括での実施となる）。

上乗せ健診の対象者が被用者保険の被扶養者の場合は、集合契約（5．集合契約参照）は全国の保険者が共通で実施する項目が中心となることから、主に個別契約により実施体制を構築することとなる。集合契約によって実施体制を構築する場合は、独自に上乗せ項目を実施すると判断した保険者が集まって上乗せ健診項目が明記された契約書による集合契約を成立させるとともに、受診券に上乗せ健診項目や自己負担等を明記し配布する。

通常の集合契約にも参加している場合は、受診者が訪れた健診機関が上乗せ項目も含む集合契約に参加している場合に[*3]特定健康診査と同時に実施することとなる。

保険者による保健事業として人間ドックの健診項目に、特定健康診査で行わなければならない項目が全て包含されていれば、人間ドックの実施により特定健康診査の実施に代えることが可能である。人間ドックの健診項目は、保険者によって異なっており、受診者の年齢・性別等に応じた項目も少なくないため、基本的には個別契約による実施となる。

＊1　追加健診項目として遺伝学的検査の実施を検討する場合、「医療・介護関係事業者における個人情報の適切な取扱いのためのガイダンス」等を考慮する必要がある。
＊2　同時に実施する場合、特定健診の実施費用の補助を受けようとする場合は、特定健診と上乗せ健診との費用が明確に区分され、詳細な健診の実施理由が記録されていることが前提となる。また、特定健診業務の委託がベースとなることから、詳細な健診項目を上乗せ健診として一律に実施する場合も実施基準に即した記録の受領及び保管等が必要である。
＊3　受診者が訪れた健診機関が当該項目を実施できない（上乗せ項目を含む集合契約に参加していない、あるいは参加しているものの実施できる体制がない）場合は、特定健康診査の項目のみの実施となるが、そのような取扱いを可能とするための前提としては、契約書に記載される契約単価が特定健康診査部分と上乗せ健診部分とに分かれて定められていること、及び受診券の自己負担欄が特定健康診査部分と上乗せ健診部分とに分かれて定められている必要がある。

1-3-3　市町村における各種健診との関係

①市町村が行う各種健診（検診）

市町村においては、各々の健診（検診）の実施責任者と実施対象者、会計が次のように分かれることに注意し、それぞれの会計の独立性・透明性を確保しつつ、各会計での支出が適切であると判断される範囲内での内容・対象者にて実施する。

図表５：市町村における各種健診（検診）

	所管	対象	会計
高齢者医療確保法 特定健康診査（義務） <40－74歳>	市町村国保部門	国保被保険者	国保特会
健康増進法 がん検診 歯周疾患検診等	市町村衛生部門	住民	一般会計
高齢者医療確保法 健康診査（努力義務） <75歳以上>	市町村（高齢者医療部門※） ※広域連合から委託を受けて実施	後期高齢者医療の被保険者	後期特会

②市町村国保における特定健康診査

健診（検診）の実施責任部署や実施対象者、会計が分かれることから、それぞれの会計の独立性・透明性を確保するため、委託契約の透明化（整理・明確な区分）を図る必要がある（詳細は5-2-5②参照）。国保の保険者としての市町村が契約するのは主に特定健康診査に係る部分になる。

また、市町村国保が実施すべき健診内容は、義務化されている範囲が基本となるが、それに加えて独自に項目を上乗せする場合は、必要性や費用対効果について合理的な理由があり、保険料を納める加入者に説明できる範囲内となる。一般会計等の他会計で実施すべき内容までも保険者で上乗せ実施して国保特会で負担することは不適切であることに十分注意の上、実施内容の精査が必要である。住民（被保険者ではなく）の健康の保持増進の観点から実施の必要性がある健診（検診）項目は、国保被保険者に限定せず、住民全員に一般会計で実施するのが妥当であり、保険者に一律に実施を求めることは適当ではない。

③市町村における実施体制の確立、各種健診の同時実施

対象者の不便を避け、受診率を高めるためには、案内の共通化や同会場での同時実施等、市町村内での部門間連携が重要であり、市町村内の関係部署では、健診業務の実施体制（人員配置・予算要求・事務処理体制等）について協議調整が必要である。特に、各部署に十分な専門職員・予算が配置できない比較的小規模の市町村では、この点が重要である。

同時実施が可能なものは、可能な限り同時実施に向けて取り組むことが重要である。高齢者の医療の確保に関する法律第21条*1第１項において、他法令に基づく健康診断が特定健康診査よりも優先されることが定められていることから、特定健康診査と他の健診を同時に実施した場合、検査項目等が重なる部分は、他の健診が費用負担する（保険者への特定健康診査の請求額が重複分だけ差し引かれる）。

他の健診との同時実施時に重複分を差し引くことができるよう*2、契約単価は項目別に設定しておくことが理想ではあるが、特に集合契約においては包括的に設定される傾向があることから、少なくとも差し引き額のみを契約時に実施機関と取り決め、契約書に明記*3（具体的には「何の健診の時はいくら差し引く」というものを、同時実施の可能性がある健診分を整理）しておくことが重要である。被用者保険

＊1　同条第２項において、保険者が事業者から労働安全衛生法等に基づく健診（事業者健診）の実施を受託した場合の取扱いが定められているが、保険者にて事業者健診を実施する場合、被保険者の健診と被扶養者の健診で実施内容が異なることから、受診券を発券する場合に、当該券面の受診者は被保険者（事業者健診）なのか被扶養者（特定健診）なのかを明記しておく必要がある。このため受診券のQRコードの仕様においてはその区分を示す領域を設定（付属資料を参照）。
＊2　包括単価設定となっており差し引き額が不明確な場合は、同時実施であっても差し引くことができないので注意。
＊3　付属資料の標準的な契約書の例にも差し引き額の欄に、対象となる健診の種類と差し引き額を記載。

は、市町村の他の健診と同時に実施されたのか否かを把握することが比較的難しいことから、市町村と十分に連携し、同時実施の有無（＝重複請求の有無）を十分にチェックする。

同時実施が可能な範囲	○国保の特定健康診査の実施に合わせ、がん検診等他の検診を同時実施 ○集合契約により国保の実施体制に乗る被用者保険の被扶養者までは、同様に（国保の特定健康診査の会場にて）各種健診の同時実施が可能 ○後期高齢者の健診についても、広域連合から市町村への実施委託により、同様に各種健診の同時実施が可能
同時実施の方法	○実施会場、実施日時を調整し一本化する（特定健康診査の実施会場・日時を基本として、他の健診もセットする）。 ○委託により実施する場合は、各健診の委託先を一本化する（特定健康診査の委託先（一つではなく複数の可能性もあり）に他の健診（検診）の実施を委託）。 ○対象者への受診券の送付及び案内を一本化する（各実施責任者がそれぞれの台帳から発券するが、それらの券を別個に送付するのではなく、まとめて送付）。

1-4 階層化

1-4-1 階層化

保険者が特定健康診査の結果から、内臓脂肪蓄積の程度とリスク要因の数に着目し、リスクの高さや年齢に応じ、レベル別（動機付け支援・積極的支援）に保健指導を行うため対象者の選定を行うことを「階層化」という。

「標準的な健診・保健指導プログラム」第２編第３章において、ステップ１から４までの手順でその基準や方法[*1]が示されている。メタボリックシンドロームの該当者判定基準（日本内科学会等内科系８学会基準）と階層化の基準は異なる。

階層化は、保険者自身で健診を実施するかどうかにかかわらず、一義的には保険者の義務である。ただし、特定健康診査の実施を健診機関に委託している場合、階層化自体は自動的に判定され、健診機関における健診結果の説明の際には、その情報（特定健康診査の場合は保健指導レベルではなく、メタボリックシンドロームの判定[*2]結果となる）も受診者に伝えられることが一般的であることから、委託先の健診機関が実施するのが合理的である。委託契約の仕様には、階層化リストの別途提出も含めておくことが望ましい。

特定保健指導の委託時に保健指導機関に健診結果データを渡して対象者の抽出・確定も含めて委託したいと考える保険者の場合は、保健指導機関が階層化を実施する。

階層化の方法は、健診結果を用いて、基準に従って行う。特定健康診査の結果データについては、健診機関から保険者への送付時に、個票データファイル（本人に返す健診結果通知表）の「メタボリックシンドローム判定」欄に判定結果（基準該当／予備群該当／非該当／判定不能）が、「保健指導レベル」欄に結果（積極的支援／動機付け支援／なし（情報提供）／判定不能）が、それぞれ記録される。この「保健指導レベル」欄の抽出により、保険者において保健指導対象者リストを生成[*3]し、優先順位付け等の判断（詳細は１-４-２参照）を行った上で、実施対象者を決定する。

健診機関から保険者へ送付されるファイルが個票データファイルのみである場合や、他の法令に基づく健診結果を受領する場合は、保険者にて対象者リストの抽出・作成が必要となる。保険者の健診データ管理システム[*4]に階層化機能（階層化ルールをプログラム化する機能）が備わっていれば、ファイル内のデータを読み込んで判別し、動機付け支援対象者、積極的支援対象者それぞれのリストが自動的に生成されることから、システムについてはこのような機能が備わっていることが望ましい。

＊1　保険者自身で実施せず事業者健診等の結果を受領しているために、階層化（保健指導レベル判定）やメタボリックシンドローム判定を行う上で必要な検査項目（服薬歴、喫煙歴を含む）のデータが欠損している検査項目がある場合には、次のように取り扱う。
- 欠損している検査項目がなくとも、他の検査項目により、保健指導レベル判定、メタボリックシンドローム判定の結果が確定できる場合には、当該判定結果を用いる。ただし、省令の規定上、腹囲が欠損している場合は判定できる場合であっても保健指導レベルは判定不能となる（例えば、腹囲の値がなくBMIが25kg/㎡以上の場合、追加リスクが１つのみならば動機付け支援、３つ以上ならば積極的支援と腹囲がなくとも判定できるが、BMIを用いる前提条件を満たしていないため）。
- 欠損値により、判定の結果が確定できない場合は、判定不能とする。なお、この場合、保健指導の要否を判定できないだけではなく、健診実施率に算入することもできなくなることから、保険者の判断で不足分の検査項目を保険者が実施し補う必要がある。

＊2　日本内科学会等内科系８学会基準（空腹時血糖による該当者のみ規定）に、HbA1cによる検査結果も判定基準に加え、メタボリックシンドローム該当者を判定する。また、腹囲＋追加リスク１つを予備群該当者と規定し、判定結果を印字（あるいはファイル格納）する。なお、日常臨床等における取扱いを踏まえ、HbA1cの判定基準値（空腹時血糖110mg/dlに相当する値）はNGSP値6.0％とし、HbA1cのみ検査した場合のメタボリックシンドローム判定としてはこの値を用いる（ちなみに階層化に用いる保健指導判定値である空腹時血糖100mg/dlに相当するHbA1cの値はNGSP値5.6％）。メタボリックシンドロームの判定基準は空腹時血糖が原則であり、空腹時血糖の値がない場合は相関するHbA1cの値を用いることから、空腹時血糖とHbA1cの両方を測定している場合は空腹時血糖の結果を優先する。なお、随時血糖の値のみの場合は、血糖検査は未実施として取り扱う。

＊3　可能な限り、個票データファイルと併せて、動機付け支援対象者、積極的支援対象者それぞれのリスト（特定保健指導対象者リスト）のファイルも送付してもらうことが望ましい（階層化は健診業務の一部であり、受託した健診機関で実施するべきものであることから、委託仕様に含める、あるいはリストファイルまで納品して貰える健診機関を優先的に選択して委託することも考えられる）。ただし、集合契約Ｂにおいて代行機関に社会保険診療報酬支払基金を利用する場合は、標準的な仕様に沿った電子データファイル以外は受け付けないことから、別途保険者に直送を依頼する。

＊4　健診・保健指導機関等から送付された特定健診・特定保健指導の結果データを厳重に管理する他、データを分析したり、国への実績報告ファイルを生成したりするシステム。導入方法としては、保険者が持つ既存のシステムに機能を追加・改修するか、保険者の共同システムを利用するか、安価な市販のパッケージソフトを導入するか（加入者数が少なくパソコン単体で簡単に管理できる保険者の場合）、Excel等OAソフトで管理するか（加入者数が極めて少ないため専用ソフト等が不要な保険者の場合）等が考えられる。

なお、特定健康診査の結果は標準化された形式での健診データファイルのため、保険者でも階層化は容易であるが、他の法令に基づく健診結果については、紙でしか受領できなかったものはパンチ入力によるデータファイルの作成の作業が必要となる。このような作業が生じないよう、事業者等データの提供元（健診の実施責任者）と協議・調整を行い、健診の委託先はデータでの納品が可能な機関とすること等の協力を得ることが重要である。

1-4-2 保険者による優先順位付け

階層化は、基準に従って自動的に決定されるが、必ずしも階層化の結果として特定保健指導の対象者となった者全員に動機付け支援・積極的支援を実施する必要はない。「標準的な健診・保健指導プログラム」にも記載があるように、生活習慣の改善により予防効果が大きく期待できる者を明確にし、優先順位をつけて保健指導を実施する。

保険者は、限られた保険財源の中で効果ある対象者に限定し集中的に投入するという戦略的な判断も重要である。十分な予算を持つ保険者や、保健事業を重視し注力している保険者等が、階層化の結果対象者全員に保健指導を実施することは望ましい。

優先順位付けの結果、対象者全員に実施しない場合でも、後期高齢者支援金の加算・減算等の評価時における特定保健指導の実施率の算定においては、分母は対象者全員となる（優先順位付けにより対象者から外しても評価上は外れない）。特定保健指導の実施率の目標達成の観点からは、優先度の低い者に対しても実施していくことが必要となる。

優先順位の考え方の例として「標準的な健診・保健指導プログラム」第３編第２章に次のような記載があるので、参考にされたい。なお、基本的な考え方であるので、これを参考にしつつも、必ずしもこの観点で順位付けしなければならない訳ではない。保険者の立場から考えた場合、毎年保健指導を受けるものの改善が見られない者や、保健指導を受けたがらない者等は優先度を低くするようなことも考えられる。

<標準的な健診・保健指導プログラム　第３編第２章> 2-3

⑶　特定保健指導の対象者の優先順位に係る基本的な考え方

特定保健指導は、基本的には階層化によって対象者になった全員を対象に実施する。一方で生活習慣病の有病者や予備群を減少させるためには、効果的・効率的な保健指導の実施が必要である。そのため、健診データやレセプトデータを分析し、介入できる対象を選定して優先順位をつけることも必要である。たとえば、特定保健指導の対象者の優先順位のつけ方としては、以下の方法が考えられる。

○年齢が比較的若い対象者

○健診結果に基づく保健指導レベルが動機付け支援レベルから積極的支援レベルに移行する等、健診結果が前年度と比較して悪化し、より綿密な保健指導が必要になった対象者

○第２編第２章別紙３の標準的な質問票（8 ～ 20番）の回答により、生活習慣改善の必要性が高いと認められる対象者

○これまでに、積極的支援及び動機付け支援の対象者であったにもかかわらず保健指導を受けなかった対象者

1-4-3 その他（受診勧奨）

階層化の基準となる指標の値（判定値）には、保健指導対象者とする値（保健指導判定値）と、それよりも高い値で重症化を防止するために医療機関を受診する必要性を検討する値（受診勧奨判定値）がある。受診勧奨については、「標準的な健診・保健指導プログラム　第２編第２章２-２-⑵①」等を参照されたい。

保健指導判定値以上であれば保健指導対象者となることから、受診勧奨判定値を超えている者でも質問票の結果において服薬（医療機関での受療）等を行っていない場合は特定保健指導の対象者となる。この時、健診機関の医師は、検査結果の持つ意義、異常値の程度、年齢等を考慮した上で、医療機関を受診する必要性を個別に判断し、受診者に通知することが重要である。

また、被用者保険において産業医が配置されている場合は、産業医の判断に基づき、受診勧奨や必要な就労上の措置を行うことも重要である。なお、判断の結果、保健指導を行う・行わない（医療機関を受診する）に関わらず、保健指導実施率の算定においては、健診実施時点で対象者となっているものは、分母に含める。

1-5 結果通知

1-5-1 結果説明、情報提供の評価

保険者は、特定健康診査の結果を受診者に知らせ、自分自身の健康状態を理解してもらう必要がある。通知方法としては、結果通知表（個人票）を本人に直接渡す方法か送付する方法がある。結果通知表（個人票）を本人に直接渡すことができる場合は、受診者が自分自身の健康状態を理解する貴重な機会である。結果通知表をただ渡すだけではなく、検査値の解説や対象者個々人のリスク、経年変化等を説明し、継続して健診を受けることの重要性を説明することが望ましい。

保険者が特定健康診査の実施を健診機関に委託している場合、結果通知を保険者が行うためには、健診機関から保険者に一括送付後、保険者において改めて各自に送付する手間が生じ、委託のメリットが薄れること、結果説明や通知は健診の一部であること等から、健診機関から本人に直送する形が合理的である。特定健康診査実施後の早期の特定保健指導の初回面接実施を促進するために、受診者本人及び特定保健指導実施者が特定健康診査の結果をより早期に受け取れるように体制の整備を図ることが望ましい。

特定健康診査の結果を受診者本人に分かりやすく伝えることは*1、健診受診者（特定保健指導対象者以外の者も含む。）が、自分自身の健康課題を認識して生活習慣の改善に取り組むことにつながる貴重な機会であることにかんがみ、特定健康診査の結果を受診者本人に分かりやすく伝えているかどうかを、保険者による特定健診・特定保健指導の実施状況に関する報告の項目として位置付けている。

図表６：情報提供の評価

コード	内容
１：付加価値の高い情報提供	本人に分かりやすく付加価値の高い健診結果の情報提供（個別に提供） ・経年データのグラフやレーダーチャート等 ・個別性の高い情報（本人の疾患リスク、検査値の意味） ・生活習慣改善等のアドバイス
２：専門職が対面説明	専門職による対面での健診結果説明の実施
３：１と２両方とも実施	

1-5-2 通知様式例

「特定健康診査受診結果通知表」の様式例を次に示す。この例と異なるレイアウトで発行するときも、様式例の記載事項は必ず記載する（順序・配置は自由）。可搬性や保管の利便性を考慮しＡ４両面を想定しているが、Ａ４片面２枚、Ａ３片面１枚等でも差し支えない。

本人への送付は、一覧性や可搬性を考慮した場合、紙へ印刷し送付する形が分かりやすいが、長期保管や分析等の場合は、データファイルでの受領が効率的である。

特定保健指導では、本人が通知表を保健指導機関に持参し、保健指導機関はこれを活用して支援計画の作成や保健指導等を行う。事前に本人が行こうとする保健指導機関を保険者が把握できる場合は、保険者から健診データファイルを当該機関に直送しておくことが可能だが、集合契約や多数の保健指導機関と個別契約を締結している場合は、事前に把握することは困難なため、本人が持参することを前提と

＊1　個人への分かりやすい情報提供については、「個人の予防・健康づくりに向けたインセンティブを提供する取組に係るガイドラインについて（平成28年5月18日保発0518第1号）」を参照のこと。

している。

本人の健康情報の管理においては、過去の健診結果をファイリングすることになる。通覧性を高めるためには、どの健診機関においても近い様式で通知することが望ましい。

図表7：特定健康診査受診結果通知表*1

（表面）

特定健康診査受診結果通知表

フリガナ		生年月日	年　月　日	健診年月日	年　月　日
氏　名		性別／年齢	男・女　歳	特定健康診査受診券番号	

既往・現病			
服薬		喫煙	
自覚症状			
他覚症状			

項目		基準値	今回 年　月　日	前回 年　月　日	前々回 年　月　日
身体計測	身長（cm）				
	体重（Kg）				
	腹囲（cm）				
	BMI				
血圧	収縮期血圧（mmHg）				
	拡張期血圧（mmHg）				
血中脂質検査	空腹時中性脂肪（mg/dl）				
	随時中性脂肪（mg/dl）				
	HDL-コレステロール（mg/dl）				
	LDL-コレステロール*（mg/dl）				
	Non-HDLコレステロール*（mg/dl）				
肝機能検査	AST（GOT）（U/L）				
	ALT（GPT）（U/L）				
	γ－GT（γ－GTP）（U/L）				
血糖検査（いずれかの項目の実施で可）	空腹時血糖（mg/dl）				
	ヘモグロビンA1c（NGSP値）（%）				
	随時血糖（mg/dl）				
尿検査	糖				
	蛋白				

＊LDLコレステロールについては、中性脂肪が400mg/dl以上又は食後採血（食後3.5時間以上10時間未満）の場合はNon-HDLコレステロールの測定に代えられる

（裏面）

貧血検査	赤血球数（万/mm³）				
	血色素量（g/dl）				
	ヘマトクリット値（%）				
心電図検査	所見				
眼底検査	所見				
血清クレアチニン検査	血清クレアチニン値（mg/dl）				
	eGFR（ml/min/1.73m²）				
メタボリックシンドローム判定					

医師の判断	医師の所見（判定）	
	詳細検査実施の理由	
	検査未実施の理由	
	医師の氏名	

（備考）
1．この用紙は、日本工業規格A列４版とすること。
2．「性別」の欄は、該当しない文字を抹消すること。
3．基準値を外れている場合には、「＊」を測定結果欄に記入すること。
4．「メタボリックシンドローム判定」の欄は、「基準該当／予備群該当／非該当」を記入すること。
5．「医師の判断」の欄は、
①特定健康診査の結果を踏まえた医師の所見
②貧血検査、心電図検査、眼底検査及び血清クレアチニン検査を実施した場合の理由
③基本的な健診項目の一部の検査を実施しなかった場合の理由「生理中／腎疾患等の基礎疾患があるため排尿障害を有する」
を記入すること。

＊1 「メタボリックシンドローム判定」欄には、保健指導の種別を記載するのではなく、「基準該当」「予備群該当」等を記載する。

2 特定保健指導

2-1 対象者

①対象者の定義

保険者は、特定健康診査の結果により、健康の保持に努める必要がある者に対し、特定健康診査等実施計画に基づき、特定保健指導を実施する。

特定健康診査の結果により健康の保持に努める必要がある者は、腹囲が85cm以上（男性）・90cm以上（女性）の者又は腹囲が85cm未満（男性）・90cm未満（女性）の者でBMIが25kg/㎡以上の者のうち、血糖について空腹時血糖が100mg/dl以上、HbA1c（NGSP値）5.6％以上又は随時血糖が100mg/dl以上（原則として空腹時血糖又はHbA1c（NGSP値）を測定することとし、空腹時以外はHbA1c（NGSP値）を測定する。やむを得ず空腹時以外においてHbA1c（NGSP値）を測定しない場合は、食直後*1を除き随時血糖による血糖検査を行うことを可とする。空腹時血糖値及びHbA1c（NGSP値）の両方を測定している場合、空腹時血糖の値を優先とする）・脂質について空腹時中性脂肪150mg/dl以上又は随時中性脂肪175mg/dl以上（原則として空腹時中性脂肪を測定することとする。やむを得ず空腹時中性脂肪を測定しない場合は、随時中性脂肪*2による血中脂質検査を行うことを可とする）又はHDLコレステロール40mg/dl未満・血圧について収縮期130mmHg以上又は拡張期85mmHg以上に該当する者（糖尿病、高血圧症又は脂質異常症の治療に係る薬剤を服用している者を除く*3）である。

次表のとおり、追加リスクの多少と喫煙の有無により、動機付け支援と積極的支援の対象者が異なる。腹囲に代えて内臓脂肪面積を測定（CTスキャン等で測定した腹部の断面画像にて内臓脂肪の占める断面積）する場合は、「腹囲が基準値以上の者」は「内臓脂肪面積が100平方cm以上の者」と読み替える。

図表８：特定保健指導の対象者（階層化）

<table>
<tr><th rowspan="2">腹囲</th><th>追加リスク</th><th rowspan="2">④喫煙*4</th><th colspan="2">対象*5</th></tr>
<tr><th>①血糖　②脂質　③血圧</th><th>40-64歳</th><th>65-74歳</th></tr>
<tr><td rowspan="3">≧85cm（男性）
≧90cm（女性）</td><td>２つ以上該当</td><td></td><td rowspan="2">積極的支援</td><td rowspan="3">動機付け支援</td></tr>
<tr><td rowspan="2">１つ該当</td><td>あり</td></tr>
<tr><td>なし</td><td></td></tr>
<tr><td rowspan="4">上記以外でBMI
≧25kg/m²</td><td>３つ該当</td><td></td><td rowspan="2">積極的支援</td><td rowspan="4">動機付け支援</td></tr>
<tr><td rowspan="2">２つ該当</td><td>あり</td></tr>
<tr><td>なし</td><td rowspan="2"></td></tr>
<tr><td>１つ該当</td><td></td></tr>
</table>

（注）喫煙の斜線欄は、階層化の判定が喫煙の有無に関係ないことを意味する。

②想定対象者数の算定方法

実施年度の初め（４月１日時点）に予想される特定保健指導実施対象者数は、想定受診者数（保険者実施分＋特定健康診査に相当する他の健診結果データを貰えると想定した分）に、特定保健指導の対象者となりうる割合を乗じて算出する。

特定保健指導の対象者となりうる割合（発生率）は、各保険者で過去の特定健診等データを使用し推計することが望ましい。特定保健指導対象者となるリスクは、性別や年齢によって異なるため、性別・年齢階級別での推計が望ましい。

＊1　特定健康診査においては、空腹時血糖は絶食10時間以上、随時血糖は食事開始時から3.5時間以上絶食10時間未満に採血が実施されたものとする。

＊2　特定健康診査においては、空腹時中性脂肪は絶食10時間以上、随時中性脂肪は絶食10時間未満に採血が実施されたものとする。

＊3　保健指導判定値だけではなく受診勧奨判定値を超えている者でも、服薬・受療等を行っていない場合は、特定保健指導の対象者となる。この時、保険者は、健診結果（検査値や健診機関の医師の判断結果等）に基づき、特定保健指導を実施するか否かを判断する。

＊4　質問票において「以前は吸っていたが最近１ヶ月は吸っていない」場合は、「喫煙なし」として扱う。

＊5　年齢区分は、特定健診・特定保健指導の対象年齢同様。

③当年度の実績報告時の対象者の確定

実施年度の翌年度の11月１日までに、前年度の実施結果データを、支払基金又は国保連合会（を通じ国）に提出することとなっているが、この時点では、実施年度中に異動や除外対象になった者は確定している。よって、実施年度末時点で対象となるべき者は、実施年度末時点で保有している健診データ（自ら実施した分だけではなく、特定健康診査に相当する他の健診結果データを貰った分を含む）のうち健診結果により特定保健指導対象者と判定される者のデータから、異動した者や妊産婦等除外規定に該当するようになった者のデータを除外した残りのデータが、最終的な特定保健指導対象者として確定される。

この時の実施者数の算定方法は、実績報告の時点で保有している実施予定年度分の特定保健指導の結果データ（行動計画の実績評価まで完了したデータに限る）から、異動した者や妊産婦等除外規定の該当者のデータを除外し（実施率を算定する場合は分母・分子の両方から除外）、その数が実施者数（実施率を算定する時の分子）となる。

④糖尿病、高血圧症、脂質異常症の生活習慣病に係る服薬中（受療中）の者の取扱い

対象者の抽出（階層化）の定義では、糖尿病、高血圧症又は脂質異常症の治療に係る薬剤を服用している者を除くこととしている。これはすでに医師の指示の下で改善あるいは重症化の予防に向けた取り組みが進められており、引き続きその医学的管理下で指導がなされればよく、別途重複*1して保健指導を行う必要性が薄いため除外しているものである。この除外すべき者の抽出方法は、特定健康診査における質問票を用いて行う。

質問票への誤記入等における対応として、保険者は健診実施後に対象者の生活習慣病に関する服薬の有無をレセプト情報等から確認し、保険者の医師・保健師・管理栄養士・看護師の専門職による対象者本人への再確認及び本人の同意の下に特定保健指導対象者から除外することができる。ただし、確認する医薬品の種類、確認の手順等を保険者があらかじめ定めている場合は、専門職以外であっても対象者本人への再確認及び本人の同意を取得することができる。

この場合、保険者が国への実績報告時にデータを作成する際に、該当者であることが判明したことを区分するコードを付与する（検査項目コード及び再確認コードは図表９：保険者再確認項目コード・図表10：再確認コード）。なお、任意事項であり、全ての保険者で実施する必要はない。

運用ルールは以下のとおりである。

・利用券を用いて特定保健指導を実施する場合、利用券交付日前までに、保険者で確認する。利用券を用いない場合、特定保健指導の初回面接前までに、保険者で確認する。
・保険者において、服薬を確認できた項目のみにコードを付与する。
・保険者で再確認して服薬が明らかとなった場合、集計情報ファイルに反映させる（反映の方法は電子的な標準様式 第４期　参考資料参照）。再確認により服薬が明らかとなった場合、健診機関から報告された保健指導レベル判定結果と異なるが、保険者による情報提供への変更は行わない。

⑤特定健康診査実施後に糖尿病等の生活習慣病に係る服薬（受療）を開始した者の取扱い

特定健康診査実施時には服薬等は行っていなかったため、特定保健指導対象者として抽出したものの、その後状態の変化等があり、特定保健指導を開始する時点では糖尿病等の生活習慣病に係る服薬等を始めていたという場合は、服薬指導を行っている医師と十分に連携し、特定保健指導の対象とせず医師による服薬指導を継続するのか、服薬の開始後間もない者である等の理由から服薬を中断して特定保健指導を優先するのか、服薬指導と並行して特定保健指導を実施するのかを保険者は、対象者本人の意向も踏まえながら判断する。

この時の特定保健指導の実施率の取扱いは、健診データにより対象者を確定するため、特定保健指導ではなく服薬指導となった場合は、分母（対象者）と分子（実施完了者）には含めないことも可能とする。特定保健指導を実施した場合は、分母（対象者）と分子（実施完了者）に含める。

＊1　別途重複して保健指導を実施した場合、保険者財源による同一人物への生活習慣病対策における重複投資となることに留意する必要がある。

分母（対象者）と分子（実施完了者）には含めない場合は、④と同様に、保険者が国への実績報告時にデータを作成する際に、該当者であることが判明したことを区分するコードを付与する（保険者再確認項目コード及び再確認コードは図表9：保険者再確認項目コード・図表10：再確認コード）。

図表9：保険者再確認項目コード

項目コード	項目名
9N702167200000049	保険者再確認　服薬1（血圧）
9N707167200000049	保険者再確認　服薬2（血糖）
9N712167200000049	保険者再確認　服薬3（脂質）

図表10：再確認コード

コード表名称	コード	値（内容）
再確認コード	1	質問票の記載違い（服薬中）を確認
	2	健診以後に服薬開始を確認

⑥特定保健指導開始後に糖尿病等の生活習慣病に係る服薬（受療）を開始した者の取扱い

特定保健指導の対象者と判定して案内を送付し、指導開始後に糖尿病等の生活習慣病に係る服薬を開始した、あるいは服薬していたことがわかった場合についても、服薬指導を行っている医師と相談の上で、特定保健指導の継続の要否を判断する。特定保健指導実施機関において特定保健指導実施者が服薬中であることを確認した場合は、保険者にその旨を連絡する。

この時、服薬指導を継続する場合は、重複投資を避けるためにその時点で特定保健指導を終了とするのか、指導途中であり最後まで完了することを重視し継続するのかを保険者は、対象者本人の意向も踏まえながら判断する。

この時の実施率は、特定保健指導を途中で終了した場合は、分母（対象者）と分子（実施完了者）には含めないことも可能とする。引き続き完了まで継続した場合は、分母（対象者）と分子（実施完了者）に含める。

分母（対象者）と分子（実施完了者）には含めない場合は、④及び⑤と同様に、保険者が国への実績報告時にデータを作成する際に、該当者であることが判明したことを区分するコードを付与する（保健指導後服薬確認コードは図表11：保健指導後服薬確認コード）。

図表11：保健指導後服薬確認コード

項目コード	項目名
1020000005	保健指導後　服薬1（血圧）
1020000006	保健指導後　服薬2（血糖）
1020000007	保健指導後　服薬3（脂質）

⑦特定保健指導完了後に服薬（受療）を開始した者の取扱い

特定保健指導を完了しているが、その後、服薬開始を知り得た場合は、すでに実施済ということで、分母（対象者）と分子（実施完了者）に含める。

⑧糖尿病、高血圧症、脂質異常症以外の疾病等で医療機関にて受療中の者の取扱い

糖尿病、高血圧症、脂質異常症以外の疾病で医療機関にて受療中の者や、当該疾病であっても服薬を行っていない者（服薬の有無については健診時の質問票において判別可能）については、特定保健指導の対象者として抽出されることとなる。

この場合、特定保健指導の利用券に「医療機関にて受療中の場合には特定保健指導の実施の可否を主治医と確認すること」を明示（様式例では裏面の注意事項に記載）しておくとともに、特定保健指導実施後には、実施した保健指導の内容について対象者を通じて主治医に情報提供するなど、保険者は主治医と十分な連携を図る。

2-2 その他の保健指導

保険者は、特定保健指導以外の保健指導の実施は義務付けられていないが、保険者の判断で自由に保健指導を行うことは可能である。

特定健康診査の結果及び服薬歴、喫煙習慣の状況、運動習慣の状況、食習慣の状況、休養習慣の状況その他の生活習慣の状況に関する調査の結果（特定健康診査の質問票の結果）、健診結果からは特定保健指導の対象者に該当しなくとも、加入者の健康の保持増進のために必要があると認める時は加入者に対し、適切な保健指導を行うよう努める。

例えば、医療機関を受療中だが、医師の指示通り治療・服薬等を行っていない者や、服薬中の者に特定保健指導とは別に保健指導を実施する場合が考えられる（この時は医療機関等との適切な連携の下に行う必要がある）。

2-3 情報提供

保険者は、「対象者が健診結果から、自らの身体状況を認識すると共に、生活習慣を見直すきっかけとする。また、健診結果とあいまって、医療機関への受診や継続治療が必要な対象者に受診や服薬の重要性を認識してもらうと共に、健診受診者全員に対し継続的に健診を受診する必要性を認識してもらう」（標準的な健診・保健指導プログラム）ため、特定健康診査を受診した者全員を対象に「情報提供」（健診結果の通知と同時に実施）を実施する。保険者に実施義務があるが、健診・保健指導機関等に委託することもできる。

全員に画一的な情報を提供するのではなく、健診結果や健診時の質問票から対象者個人に合わせた情報を提供し、生活習慣の改善の意識付けを行う。健診結果や質問票から、健診結果の見方や健康の保持増進に役立つ内容の情報を提供する、毎年の継続的な健診受診の重要性や、生活習慣の変化と健診結果の変化の関係、生活習慣改善の意義が理解できるように伝える、医療機関への受診や継続治療が必要な対象者には、受診や服薬の重要性を認識してもらえるよう工夫することが重要である。

階層化の結果、特定保健指導の対象には該当せず、「情報提供」のみとなった対象者については、この機会が健康に対する動機付けを行う貴重な機会となる。「標準的な健診・保健指導プログラム」では、「階層化の結果、保健指導の対象には該当しなかった者については、情報提供することが、健康に関して動機付けとなる貴重な機会になることや、非肥満でも危険因子が重複すると、肥満者と同様に脳卒中等の脳・心血管疾患の発症リスクが高まること等に留意する。特に以下の者に対しては、生活習慣の改善や確実な医療機関への受診勧奨、生活習慣病のコントロールの重要性等について、必要な支援を直接行うことが望ましい」としている。

<標準的な健診・保健指導プログラム　第３編第３章> 3-7

- 腹囲や検査データ等は現在正常の範囲であるが、喫煙や食生活・身体活動等の生活習慣等に問題があり、今後の悪化が懸念される者
- 検査データでは保健指導判定値以上であるが、肥満がないため特定保健指導の対象とはならない者
- 受診勧奨がなされているにも関わらず、医療機関を受診していない者
- 服薬中であるがコントロール不良の者

対象者や保険者の特性に合わせ、以下のような支援形態・手段を選択する。委託により実施する場合は、特定健康診査の委託先機関が結果通知と併せて実施することが適当であるため、委託契約の業務範囲に含めておくことが必要である。

<標準的な健診・保健指導プログラム　第３編第３章> 3-7

- 情報提供用の資料を用いて、個別に説明する。
- 健診結果を通知する際に情報提供用の資料を合わせて提供する。
- 職域等で日常的にICT等が活用されていれば、個人用情報提供画面を利用する。
- 結果説明会で情報提供用の資料を配布する。

2-4 動機付け支援

①支援内容及び支援形態

初回面接による支援のみの原則１回とする。初回面接から実績評価を行うまでの期間は３ヶ月以上経過後となる。ただし、保険者の判断で、対象者の状況等に応じ、６ヶ月後に評価を実施することや、３ヶ月後の実績評価終了後にさらに独自のフォローアップ等もできる。

対象者本人が、自分の健康状態を自覚し、自分の生活習慣の改善点・伸ばすべき行動等に気づき、自ら目標を設定し行動に移すことができる内容とする。特定健康診査の結果並びに食習慣、運動習慣、喫煙習慣、休養習慣、その他の生活習慣の状況に関する調査の結果を踏まえ、面接による支援及び実績評価（行動計画作成の日から３ヶ月以上経過後に行う評価）を行う。

②初回面接による支援の具体的内容

１人当たり20分以上の個別支援又は１グループ（１グループはおおむね８人以下）当たりおおむね80分以上のグループ支援とする。ただし、初回面接を分割実施した場合、初回面接２回目の支援として、「１人当たり20分以上」の個別支援、「１グループ（おおむね８人以下）当たりおおむね80分」のグループ支援を行う必要はなく、対象者の健診結果や初回面接１回目の内容等に応じて実施する。なお、情報通信技術（ICT）を活用した初回面接等を実施する場合は、「2-10　情報通信技術を活用した特定保健指導について」を参照のこと。具体的に実施すべき内容は、以下のとおり。

＜特定健康診査及び特定保健指導の実施に関する基準第７条第１項及び第８条第１項の規定に基づき厚生労働大臣が定める特定保健指導の実施方法＞（平成25年厚生労働省告示第91号）

○生活習慣と特定健康診査の結果との関係を理解する、生活習慣を振り返る、メタボリックシンドロームや生活習慣病に関する知識を習得する、それらが動機付け支援対象者本人の生活に及ぼす影響の認識等から、生活習慣の改善の必要性について説明する。

○生活習慣を改善する場合の利点及び改善しない場合の不利益について説明する。

○食事、運動等、生活習慣の改善に必要な事項について実践的な指導をする。

○動機付け支援対象者の行動目標や実績評価の時期の設定について支援するとともに、生活習慣を改善するために必要な社会資源を紹介し、有効に活用できるように支援する。

○体重及び腹囲の計測方法について説明する。

○動機付け支援対象者に対する面接による指導の下に、行動目標及び行動計画を作成する。

③実績評価

面接又は通信（電話又は電子メール、FAX、手紙、チャット等（以下「電子メール等」という。））を利用して実施する。電子メール等を利用する場合は、保健指導機関から指導対象者への一方向ではなく、双方向のやりとりを行い、評価に必要な情報を得る。また、チャットについては一連の指導内容（電子メール１往復と同等以上の支援）をもって１往復とする。具体的に実施すべき内容は、以下のとおり。

＜特定健康診査及び特定保健指導の実施に関する基準第７条第１項及び第８条第１項の規定に基づき厚生労働大臣が定める特定保健指導の実施方法＞（平成25年厚生労働省告示第91号）

○実績評価は、個々の動機付け支援対象者に対する特定保健指導の効果について評価するものである。

○設定した行動目標が達成されているかどうか並びに身体状況及び生活習慣に変化が見られたかどうかについての評価を行う。

○必要に応じて評価時期を設定して動機付け支援対象者が自ら評価するとともに、行動計画の策定の日から３月以上経過後に医師、保健師又は管理栄養士による評価を行い、評価結果について動機付け支援対象者に提供する。

○実績評価は、面接又は通信（電話又は電子メール、FAX、手紙等）により行い、評価結果について動機付け支援対象者に提供する。

2-5 積極的支援

①支援内容及び支援形態

初回面接による支援を行い、その後、３ヶ月以上の継続的な支援を行う。初回面接から実績評価を行うまでの期間は３ヶ月以上経過後となる。ただし、保険者の判断で、対象者の状況等に応じ、６ヶ月後に評価を実施することや３ヶ月後[*1]の実績評価の終了後にさらに独自のフォローアップ等もできる。

特定健康診査の結果並びに食習慣、運動習慣、喫煙習慣、休養習慣その他の生活習慣の状況に関する調査の結果を踏まえ、面接による支援及び行動計画の進捗状況に関する評価（中間評価）及び実績評価（行動計画作成の日から３ヶ月以上経過後に行う評価）を行う。なお、情報通信技術（ICT）を活用した初回面接や継続的な支援を実施する場合は、「2-10　情報通信技術を活用した特定保健指導について」を参照のこと。具体的に実施すべき内容は、以下のとおり。

＜特定健康診査及び特定保健指導の実施に関する基準第７条第１項及び第８条第１項の規定に基づき厚生労働大臣が定める特定保健指導の実施方法＞（平成25年厚生労働省告示第91号）

○積極的支援対象者が、自らの健康状態、生活習慣の改善すべき点等を自覚し、生活習慣の改善に向けた自主的な取組を継続して行うことができる内容とし、積極的支援対象者の身体状況及び生活習慣の改善を重視して支援を行う。

○特定健康診査の結果及び食習慣、運動習慣、喫煙習慣、休養習慣その他の生活習慣の状況に関する調査の結果を踏まえ、積極的支援対象者の生活習慣や行動の変化（以下「行動変容」という。）の状況を把握し、当該年度及び過去の特定健康診査の結果等を踏まえ、積極的支援対象者が自らの身体状況の変化を理解できるよう促す。

○積極的支援対象者の健康に関する考え方を受け止め、積極的支援対象者が考える将来の生活像を明確にした上で、行動変容の必要性を実感できるような働きかけを行い、具体的に実践可能な行動目標を積極的支援対象者が選択できるよう支援する。

○積極的支援対象者が具体的に実践可能な行動目標について、優先順位を付けながら、積極的支援対象者と一緒に考え、積極的支援対象者自身が選択できるよう支援する。

○医師、保健師又は管理栄養士は、積極的支援対象者が行動目標を達成するために必要な特定保健指導支援計画を作成し、積極的支援対象者の生活習慣や行動の変化の状況の把握及びその評価、当該評価に基づいた特定保健指導支援計画の変更等を行う。

○特定保健指導実施者は、積極的支援対象者が行動を継続できるように定期的に支援する。

○積極的支援を終了する時には、積極的支援対象者が生活習慣の改善が図られた後の行動を継続するよう意識付けを行う必要がある。

②初回面接による支援

１人当たり20分以上の個別支援[*2]、又は１グループ（１グループはおおむね８名以下）当たりおおむね80分以上のグループ支援[*3]とする。ただし、初回面接を分割実施した場合、初回面接２回目の支援として、「１人当たり20分以上」の個別支援、「１グループ（おおむね８人以下）当たりおおむね80分」のグループ支援を行う必要はなく、対象者の健診結果や初回面接１回目の内容等に応じて実施する。

③３ヶ月以上の継続的な支援の具体的内容

アウトカム評価とプロセス評価を合計し、180ポイント（p）以上の支援を実施することを条件とする。ただし、２年連続して積極的支援に該当した対象者のうち、１年目に比べ２年目の状態が改善している者については、動機付け支援相当の支援として180p未満でも特定保健指導を実施したこととなる（詳細は2-6参照）。

継続的な支援は、個別支援、グループ支援、電話、電子メール等のいずれか、若しくはいくつかを組み合わせて行う。

＊1　３ヶ月以上の継続的な支援の途中に、脱落の危機があった等により中断の後、再開の督促等により継続・再開したために３ヶ月以上経過後もまだ支援中である場合は、その支援が終了する時に実績評価を行うこととなる。この時、国（支払基金又は国保連合会）への報告に間に合わない場合は、次年度実績として申請し、カウントする。

＊2　分割実施１回目を個別支援で行う場合には、２回合計で１人当たり 20 分以上の支援。

＊3　分割実施１回目をグループ支援で行う場合には、２回合計で１人当たりおおむね 80 分以上の支援。

支援の内容は、

・　積極的支援対象者の過去の生活習慣及び行動計画の実施状況を踏まえ、積極的支援対象者の必要性に応じた支援をすること。
・　食事、運動等の生活習慣の改善に必要な事項について実践的な指導をすること。
・　進捗状況に関する評価として、積極的支援対象者が実践している取組内容及びその結果についての評価を行い、必要があると認めるときは、行動目標及び行動計画の再設定を行うこと。
・　行動計画の実施状況について記載したものの提出を受け、それらの記載に基づいて支援を行うこと。

同日に複数の支援を行った場合は、いずれか１つの支援のみをポイントの算定対象とする。また、同日に同一の支援を複数回行った場合も、１回の支援のみをポイントの算定対象とする。特定保健指導と直接関係のない情報のやり取り（次回の支援の約束や雑談など）はポイントの算定対象としない。電話又は電子メール等による支援を行うに当たり、行動計画の作成及び提出を依頼するための電話又は電子メール等によるやり取りは、ポイントの算定対象としない。

アウトカム評価の評価時期は、初回面接から３ヶ月以上経過後の実績評価時とする。アウトカム評価の評価項目のうち腹囲と体重については、実績評価の時点で当該年度の特定健康診査の結果と比べた増減を確認する。生活習慣病予防につながる行動変容（食習慣の改善、運動習慣の改善、喫煙習慣の改善、休養習慣の改善、その他の生活習慣の改善）については、実績評価の時点で生活習慣の改善が２ヶ月以上継続している場合に達成と評価する。行動変容別に各１回までの評価（例：食習慣の改善の目標が複数設定されている場合、複数達成してもポイントの算定は20p）とする。生活習慣の改善のための行動変容の例は「標準的な健診・保健指導プログラム」で示す「特定保健指導において目標設定及び評価を行うための行動変容の例」を参考のこと。

アウトカム評価を実施するにあたっては、以下のことに留意して目標設定すること。設定した目標の達成状況に応じて行動変容の評価を行う。

・　初回面接における目標の設定や中間評価における目標の再設定が重要であるため、積極的支援対象者が具体的に実践可能であり、かつ評価可能な行動目標を設定すること。
・　対象者個人の特性や課題の重要性によって優先順位を判断し、目標とする行動変容を設定すること。例えば、減量に取り組むべき対象者は、減塩よりも総エネルギー摂取量を減らす行動が優先される。
・　行動変容の目標設定では、行動変容別に２ヶ月間継続することにより腹囲１.０cm以上かつ体重１.０kg以上減少と同程度とみなすことのできる行動変容の目標とすること。腹囲１.０cm以上かつ体重１.０kg以上減少と同程度の目標を複数計画した場合は、そのうち１つ達成した場合は20pとなり、同一行動変容の中で複数の目標を合わせて腹囲１.０cm以上かつ体重１.０kg以上減少と同程度の目標とした場合は、全ての目標を達成した場合に20pになる。
・　初回面接において設定した目標が達成困難な場合、中間的な評価によって目標を変更し、目標変更後２ヶ月間の生活習慣の改善が継続できれば評価可能となる。
・　計画策定時にすでに達成済みの目標や行動変容をする必要のない目標は設定できない。例えば、既に運動習慣がある者に運動を継続する目標をたてたり、禁煙達成済みの対象者（若しくは非喫煙者）に禁煙の目標は適切ではなく、立てたとしても行動変容として評価できない。
・　計画策定時に対象者と目標の達成条件を共有しておくこと。
・　対象者の生活習慣や行動の変化の状況の把握は対象者からの聞き取りや記録物の確認等から行い、行動変容の目標達成の有無は、実績評価者が専門的見地から判断する。

継続的な支援のポイント構成は、図表12：継続的な支援のポイント構成の通りとする。

図表12：継続的な支援のポイント構成

アウトカム評価	腹囲2.0cm以上かつ体重2.0kg以上減少※		180p
	腹囲1.0cm以上かつ体重1.0kg以上減少		20p
	食習慣の改善		20p
	運動習慣の改善		20p
	喫煙習慣の改善（禁煙）		30p
	休養習慣の改善		20p
	その他の生活習慣の改善		20p
プロセス評価	支援種別	個別支援*1	支援1回当たり70p 支援1回当たり最低10分間以上
		グループ支援*1	支援1回当たり70p 支援1回当たり最低40分間以上
		電話	支援1回当たり30p 支援1回当たり最低5分間以上
		電子メール等	支援1往復当たり30p 1往復＝特定保健指導実施者と積極的支援対象者の間で支援に必要な情報の共有を図ることにより支援を完了したと当該特定保健指導実施者が判断するまで、電子メール等を通じて支援に必要な情報のやりとりを行うことをいう。
	早期実施	健診当日の初回面接	20p
		健診後1週間以内の初回面接	10p

※当該年度の特定健康診査の結果に比べて腹囲2.0cm以上かつ体重2.0kg以上減少している場合（又は当該年度の健診時の体重の値に、0.024を乗じた体重（kg）以上かつ同体重（kg）と同じ値の腹囲（cm）以上減少している場合）

②実績評価

面接又は通信（電話又は電子メール等）を利用して実施する。電子メール等を利用する場合、保健指導機関から指導対象者への一方向ではなく、双方向のやりとりを行い、評価に必要な情報を得るものとする。また、継続的な支援の最終回と一体のものとして実施しても構わない。チャットについては一連の指導内容（電子メール1往復と同等以上の支援）をもって1往復とする。具体的に実施すべき内容は、動機付け支援と同様である。

また、実績評価後に、例えばICTを活用して生活習慣の改善の実践状況をフォローするなど、対象者の個別性や保険者の人的・財政的資源に応じた効果的・効率的な取組が期待される。

2-6　2年連続して積極的支援に該当した者への2年目の特定保健指導

（特定健康診査及び特定保健指導の実施に関する基準第7条第1項及び第8条第1項の規定に基づき厚生労働大臣が定める特定保健指導の実施方法　第2の1⑵ア）

2年連続して積極的支援に該当した対象者のうち、1年目に比べ2年目の状態が改善している者については、2年目の特定保健指導は、動機付け支援相当（初回面接と実績評価は必須だが、その間の必要に応じた支援は180p未満でもよい）の支援を実施した場合であっても、特定保健指導を実施したこととなる。

*1　情報通信技術を活用した支援を含む。

対象者は、1年目*[1]に積極的支援の対象者に該当し、かつ積極的支援（3ヶ月以上の継続的な支援*[2]の実施を含む）を終了した者であって、2年目も積極的支援対象者に該当し、1年目に比べ2年目の状態が改善している者のみである。なお、2年目に動機付け支援相当の支援を実施し、3年目も積極的支援に該当した者は、3年目は動機付け支援相当の支援の対象にはならない。

また、状態が改善している者とは、特定健康診査の結果において、1年目と比べて2年目の腹囲及び体重の値が次のとおり一定程度減少していると認められる者とする。

BMI<30	腹囲1.0cm以上かつ体重1.0kg以上減少している者
BMI≧30	腹囲2.0cm以上かつ体重2.0kg以上減少している者

保険者が対象者を選定し動機付け支援相当の支援を実施する流れは、以下のとおり。

ア　当該年度に積極的支援レベルに該当した者のうち、前年度も積極的支援レベルに該当し、かつ積極的支援（3ヶ月以上の継続的な支援の実施含む）を終了した者を抽出する

イ　腹囲及び体重の値が、前年度の特定健康診査の結果に比べ当該年度の特定健康診査の結果の方が改善している者を抽出する

ウ　動機付け支援相当の支援とするか、積極的支援とするかを判断

エ　動機付け支援相当の支援の実施を決定（集合契約であれば、「動機付け支援相当」の利用券を発行）

2-7　支援計画・初回面接

2-7-1　支援計画

①特定保健指導支援計画とは

特定保健指導（積極的支援）の初回面接において、特定健康診査の結果や、対象者の生活習慣・行動変容の状況等を踏まえて、対象者が選択した具体的に実践可能な行動目標・行動計画を、対象者が継続できるよう、必要な介入・支援等の内容をとりまとめた計画書をいう。保健指導の実施者は、作成した支援計画に基づき、行動を継続できるように定期的かつ継続的に介入する（3ヶ月以上の継続的な支援等を行う）。

②特定保健指導支援計画及び実施報告書

「特定保健指導支援計画及び実施報告書」は、指導期間中の対象者個人の記録として、「標準的な健診・保健指導プログラム」において様式例が示されている（図表14：様式例「特定保健指導支援計画及び実施報告書」参照）。

記載すべき内容は、保険者への実施報告や、保険者・保健指導機関における保管・記録用として、実施した指導の内容や結果等のほか、対象者の設定した行動目標や行動計画、それらを支援するための支援内容（支援計画）や、終了時の評価結果等を簡潔に整理する。この記録は、保健指導の終了時に保険者へ実施報告を行う場合や、終了時以外においても、保険者や対象者の求めに応じ報告する場合に用いられる。

各保健指導機関が長年蓄積したノウハウに基づき、見やすく、管理しやすいレイアウトで作成されていることが多いので、国で統一的な様式を定めることはしない。ただし、様式例に示した記載項目は報告または記録として最低限記載しておく。決済に必要となる最低限の項目及び国への実績報告に必要な項目はデータファイル化を行う必要があるが、その他の項目は紙での記録・保管でも差し支えない。

初回面接実施者・中間評価者・実績評価者は、同一機関内において、保健指導実施者間で適切に情報共有がされている場合は、同一の者でなくてよい。適切な情報共有としては、組織として統一的な実施計画及び報告書を用いる必要がある。その際に、様式例に示した最低限記載しておくべき事項を記載する。

また、保険者と保健指導の委託先との間で適切に特定保健指導対象者の情報が共有され、保険者が当該対象者に対する特定保健指導全体の総括・管理を行う場合は、初回面接実施者・中間評価者・実績評価

＊1　2年連続して積極的支援に該当した者の判定時期は、2017年度から1年目として取り扱う（2018年度において改善等の要件に該当すれば、2018年度から動機付け支援相当の支援でも可とする）。

＊2　3ヶ月以上の継続的な支援は、2-5③に記載するとおり180p以上の支援を実施することをいう。

者が同一機関であることを要しない（2-8-2参照）。

③保健指導の記録の電子データ化と個人記録との関係

記載項目のうち、決済に必要となる実施状況を確認するに際し最低限必要な項目や、国への実績報告に必要な項目のみをデータファイルに記録し、保健指導機関から代行機関・保険者へと送付し、さらにその一部が保険者から国へ実績報告として送付される。

保健指導の個人記録は紙で記録・保管することでも差し支えないこととし、保険者から確認のための閲覧・提供を求められた場合は、原紙若しくはその写しを送付する。

2-7-2　初回面接の分割実施

①初回面接の重要性

対象者自らが生活習慣の改善を実践できるよう、健診結果の内容や生活習慣の改善の必要性を理解するための的確な初回面接の実施が重要である。

②健診結果が揃わない場合の初回面接の分割実施

特定健康診査の受診後早期に面接を行うことで、健康意識が高まっている時に受診者に働きかけることができるため、全ての検査結果が判明しない場合でも、次のとおり、特定健康診査実施日から1週間以内*[1]において初回面接の分割実施を可能とする（図表13：初回面接を分割して実施する場合 参照）。なお、糖尿病、高血圧症又は脂質異常症の治療に係る薬剤を服用している者は、特定保健指導の対象とならないため、実施者は初回面接の前に質問票の記載に間違いがないかを確認する。

ア　初回面接１回目

特定健康診査受診当日に、腹囲・体重、血圧、喫煙等の状況から特定保健指導の対象と見込まれる者に対して、把握できる情報（腹囲・体重、血圧、質問票の回答を含めた既往歴、前年度の検査結果等）をもとに、専門職*[2]が初回面接を行い、行動計画を暫定的に作成する。

イ　初回面接２回目

全ての検査結果が揃った後に、医師が総合的な判断を行った上で、専門職が本人に電話等を用いて相談しつつ、当該行動計画を完成する*[3]。初回面接を分割して実施した場合は、初回面接２回目に引き続いて同一日に継続的な支援を実施することも可能である。初回面接を分割して実施する場合の初回面接２回目は、初回面接１回目の実施後、遅くとも３ヶ月以内に実施する。

初回面接を分割して実施した場合は、積極的支援及び動機付け支援の実績評価は、行動計画の策定が完了する初回面接２回目から起算して３ヶ月以上経過後とする。

図表13：初回面接を分割して実施する場合

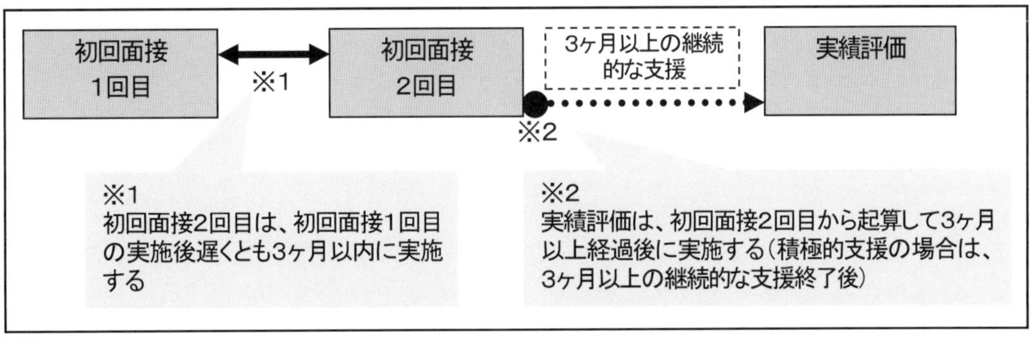
初回面接
1回目
※1
初回面接
2回目
3ヶ月以上の継続的な支援
実績評価
※2
※1
初回面接2回目は、初回面接1回目の実施後遅くとも3ヶ月以内に実施する
※2
実績評価は、初回面接2回目から起算して3ヶ月以上経過後に実施する（積極的支援の場合は、3ヶ月以上の継続的な支援終了後）

＊1　特定健診実施日を０日とし、７日後までを１週間とする。
＊2　専門職とは、保健指導に関する専門的知識及び技術を有する者である医師、保健師、管理栄養士のことである。
＊3　２回目は電話、電子メール等も可能とする。

図表14：様式例「特定保健指導支援計画及び実施報告書」*1

1ページ目

特定保健指導支援計画及び実施報告書の例

1 保健指導対象者名 / 利用券番号

保健指導対象者名	利用券番号

2 保険者名 / 保険者番号

保険者名	保険者番号

3 保健指導機関名(番号)・保健指導責任者名

総轄保健指導機関名	保健指導機関番号	保健指導責任者名(職種)
		( )

4 保健指導区分

	動機付け支援
	積極的支援
	動機付け支援相当

5 保健指導コース名

6 健診実施年月日

7 継続的支援期間

支援予定期間	週	
開始(初回面接実施)年月日		
終了年月日		週

8 初回面接の支援形態・実施する者の職種

	実績
支援形態	個別支援(対面)・個別支援(遠隔)・グループ支援(対面)・グループ支援(遠隔)
支援形態(分割実施の場合の2回目)	個別支援(対面)・個別支援(遠隔)・グループ支援(対面)・グループ支援(遠隔)・電話・電子メール等
健診後早期の初回面接	実施なし・当日・1週間以内(当日は除く)
実施者の氏名	
実施者の職種	医師・保健師・管理栄養士・その他

9 継続的な支援の支援形態・ポイント(計画)

支援形態	回数(回)	実施時間(分)	ポイント(p)
個別支援(対面)			
個別支援(遠隔)			
グループ支援(対面)			
グループ支援(遠隔)			
電話			
電子メール等			
合計			

10 実施体制表(委託事業者)

	個別支援(対面)	個別支援(遠隔)	グループ支援(対面)	グループ支援(遠隔)	電話	電子メール等
A (機関番号)						
B (機関番号)						
C (機関番号)						
D (機関番号)						

11 保健指導の評価

1) 中間評価

	実施年月日	支援形態	実施者の氏名	実施者の職種
計画				
実施				

2) 行動計画の実績評価

	実施年月日	支援形態	実施者の氏名	実施者の職種
計画				
実施				

12 行動目標・行動計画

設定日時	年 月 日	年 月 日(中間評価)	年 月 日
(設定した目標)			
腹囲	cm(cm減)	cm(cm減)	cm(cm減)
体重	kg(kg減)	kg(kg減)	kg(kg減)
収縮期血圧	mmHg	mmHg	mmHg
拡張期血圧	mmHg	mmHg	mmHg
一日の削減目標エネルギー量	kcal	kcal	kcal
一日の運動による目標エネルギー量	kcal	kcal	kcal
一日の食事による目標エネルギー量	kcal	kcal	kcal
行動目標(食習慣の改善)			
行動目標(運動習慣の改善)			
行動目標(喫煙習慣の改善)			
行動目標(休養習慣の改善)			
行動目標(その他の生活習慣の改善)			
(設定した計画)			
腹囲・体重	計画なし・1cm・1kg・2cm・2kg	未達成・1cm・1kg・2cm・2kg	未達成・1cm・1kg・2cm・2kg
行動計画(食習慣の改善)	計画あり・計画なし ( )	未達成・達成・目標なし	未達成・達成・目標なし
行動計画(運動習慣の改善)	計画あり・計画なし ( )	未達成・達成・目標なし	未達成・達成・目標なし
行動目標(喫煙習慣の改善)	計画あり・計画なし ( )	禁煙未達成・禁煙達成・非喫煙・禁煙目標なし	禁煙未達成・禁煙達成・非喫煙・禁煙目標なし
行動計画(休養習慣の改善)	計画あり・計画なし ( )	未達成・達成・目標なし	未達成・達成・目標なし
行動計画(その他の生活習慣の改善)	計画あり・計画なし ( )	未達成・達成・目標なし	未達成・達成・目標なし
(変更理由)			
計画上のポイント(アウトカム評価の合計)	p	p	p

＊1 本様式例（各機関独自様式においても同様）は、保健指導の記録であることから、積極的支援の時のみ使用するのではなく、動機付け支援の時も記録を要する欄に限り使用することに注意されたい。

2ページ目

13　保健指導の実施状況

1）初回面接による支援

	機関名 （機関番号）	職種 （実施者名）	実施年月日	実施時間	腹囲	体重	収縮期血圧	拡張期血圧	保健指導実施内容
初回	（　　　）	□医師 □保健師 □管理栄養士 □その他 （　　　）			cm	kg	mmHg	mmHg	
			行動変容ステージ □意思なし　□意思あり（6か月以内）　□意思あり（近いうち） □取組済み（6か月未満）　□取組済み（6か月以上）						
2回目 （分割実施の場合）	（　　　）	□医師 □保健師 □管理栄養士 □その他 （　　　）							

2）継続的な支援（プロセス評価）

	機関名 （機関番号）	職種 （実施者名）	実施年月日	腹囲	体重	収縮期血圧	拡張期血圧	生活習慣の改善状況	支援形態	支援ポイント	累計ポイント	コメント（任意）
2回目 □中間 □終了 □実績	（　　　）	□医師 □保健師 □管理栄養士 □その他 （　　　）		cm （　cm減）	kg （　kg減）	mmHg	mmHg	□腹囲・体重の改善 □食習慣の改善 □運動習慣の改善 □喫煙習慣の改善 □休養習慣の改善 □その他の生活習慣の改善	個別支援（対面）（　分） 個別支援（遠隔）（　分） グループ支援（対面）（　分） グループ支援（遠隔）（　分） 電話（　分） 電子メール等（　往復）			
3回目 □中間 □終了 □実績	（　　　）	□医師 □保健師 □管理栄養士 □その他 （　　　）		cm （　cm減）	kg （　kg減）	mmHg	mmHg	□腹囲・体重の改善 □食習慣の改善 □運動習慣の改善 □喫煙習慣の改善 □休養習慣の改善 □その他の生活習慣の改善	個別支援（対面）（　分） 個別支援（遠隔）（　分） グループ支援（対面）（　分） グループ支援（遠隔）（　分） 電話（　分） 電子メール等（　往復）			
4回目 □中間 □終了 □実績	（　　　）	□医師 □保健師 □管理栄養士 □その他 （　　　）		cm （　cm減）	kg （　kg減）	mmHg	mmHg	□腹囲・体重の改善 □食習慣の改善 □運動習慣の改善 □喫煙習慣の改善 □休養習慣の改善 □その他の生活習慣の改善	個別支援（対面）（　分） 個別支援（遠隔）（　分） グループ支援（対面）（　分） グループ支援（遠隔）（　分） 電話（　分） 電子メール等（　往復）			
5回目 □中間 □終了 □実績	（　　　）	□医師 □保健師 □管理栄養士 □その他 （　　　）		cm （　cm減）	kg （　kg減）	mmHg	mmHg	□腹囲・体重の改善 □食習慣の改善 □運動習慣の改善 □喫煙習慣の改善 □休養習慣の改善 □その他の生活習慣の改善	個別支援（対面）（　分） 個別支援（遠隔）（　分） グループ支援（対面）（　分） グループ支援（遠隔）（　分） 電話（　分） 電子メール等（　往復）			

14　行動計画の実績評価（アウトカム評価）（腹囲、体重は必須。）

	機関名 （機関番号）	職種 （実施者名）	実施年月日	腹囲	体重	収縮期血圧	拡張期血圧	指導の種類と改善		支援形態	ポイント （合計）
実績評価	（　　　）	□医師 □保健師 □管理栄養士 □その他 （　　　）		cm （　cm減）	kg （　kg減）	mmHg	mmHg	腹囲・体重の改善	未達成・ 1cm･1kg・2cm･2kg	個別支援（対面）（　分）	
								食習慣の改善	未達成・達成・目標なし	個別支援（遠隔）（　分）	
								運動習慣の改善	未達成・達成・目標なし	グループ支援（対面）（　分）	
								喫煙習慣の改善	禁煙未達成・禁煙達成・ 非喫煙・禁煙目標なし	グループ支援（遠隔）（　分）	
								休養習慣の改善	未達成・達成・目標なし	電話（　分）	
								その他の生活習慣の改善	未達成・達成・目標なし	電子メール等（　往復）	
	コメント（任意）										

15　評価合計ポイント（プロセス評価＋アウトカム評価）

プロセス評価		アウトカム評価	合計
初回面接	継続的な支援	実績評価	

2　特定保健指導

2-7-3　その他、支援において使用する資料等

支援計画以外にも、保健指導では、各保健指導機関独自のノウハウ等により、さまざまなワークシート・教材等を用いて支援が行われる。また、保健指導機関内での指導者の業務・労務の管理として報告・記録等を作成している場合が一般的である。

これらは、保健指導機関から保険者に必ず提出されるものではないが（両者間の契約により納品物として定めている場合を除く。）、必要に応じ、委託元である保険者が、委託先保健指導機関の実施状況を確認するために照会した場合に提示する資料となる。

2-8 終了

2-8-1 行動計画の実績評価

特定保健指導は、動機付け支援・積極的支援のいずれも初回面接から３ヶ月以上経過後に、行動変容の状況等の行動計画の実績評価を実施し、完了となる。実績評価がなされない場合は完了とはならないので、保険者は保健指導機関から実績評価の結果の入ったデータを確実に入手する。保健指導機関が、対象者から評価結果データが得られないために実績評価を完了できない場合は、利用者への度重なる督促・評価等の実施記録[*1]をもって代える。

2-8-2 評価実施者

保険者と保健指導の委託先との間で適切に特定保健指導対象者の情報が共有され、保険者が当該対象者に対する特定保健指導全体の総括・管理を行う場合は、初回面接実施者・中間評価者・実績評価者が同一機関の者でなくてもよい。

初回面接[*2]・中間評価・実績評価を異なる実施機関で行う方法を選択する保険者は、特定保健指導対象者の保健指導全体の総括・管理を行う者（以下「特定保健指導調整責任者」という。）を置く。特定保健指導調整責任者は、委託先実施機関との連携・調整を行い、各特定保健指導対象者の一連の特定保健指導（行動計画を適切に作成し、行動計画に基づく一貫した特定保健指導を提供し、実績評価を行うこと）が滞りなく行われるよう、委託先実施機関間の情報共有を行い、管理する。また、特定保健指導調整責任者は、委託先の初回面接実施者においても、その策定した行動計画の実施状況等について把握・評価できるよう、委託先の初回面接実施機関に対して、当該行動計画に対する実績評価の結果を共有する。

特定保健指導調整責任者は、原則、保健指導の専門職（保健指導に関する専門的知識及び技術を有する者として定められている医師、保健師又は管理栄養士）であることが望ましいが、保険者の実情に応じて、必ずしも専門職である必要はない。

保険者及び特定保健指導調整責任者は、特定保健指導の実施方法や情報の取扱方法・内容について手順書等を作成・整備する[*3]。手順書等の作成は、関係者間で十分に検討・調整する。情報の共有にあたって、保健指導機関から保険者に報告する保健指導情報ファイル（XMLファイル）の各セクションに入力できる文字入力欄[*4]を積極的に活用する。

＊1　標準的な健診データファイル仕様の保健指導情報（個票）に「実績評価ができない場合の確認回数」欄を設けており、この欄の回数（督促の回数）を保険者に報告する。詳細な要件は、「保険者が社会保険診療報酬支払基金に提出する令和6年度以降に実施した特定健康診査等の実施状況に関する結果について（令和５年３月 31 日付け保発 0331 第４号厚生労働省保険局長通知。令和５年７月 31 日一部改正）」等（https://www.mhlw.go.jp/stf/seisakunitsuite/bunya/0000161103.html）を参照する。保険者は、保健指導実施機関との委託契約時に行動計画の実績評価が完了できない場合の対応方法等をあらかじめ取り決めることも考えられる。

＊2　初回面接を分割して実施する場合、例えば初回面接１回目は健診を実施した機関、２回目は保険者で行うなど、異なる実施機関で行うことも可能。

＊3　例えば、初回面接時に得る情報項目（本人の状況等）や、具体的な行動計画内容等で、次の継続的支援や実績評価を行う際に、異なる実施機関へ共有すべき必要な情報項目等を、あらかじめ整理しておくこと等が考えられる。共有すべき情報をどのように連携するか等の取扱い等をあらかじめ具体的に定めておくことで、情報の不足・不備や混乱を防ぐことができる。保険者において実施機関ごとに改善効果等の評価を行うため、評価の指標となる事項をあらかじめ定めておくことも考えられる。

＊4　各セクションに入力できる最大文字数は 256 文字である。

2-8-3　途中終了（脱落・資格喪失等）の取扱い

特定保健指導は、約３ヶ月間の継続的な取組となることから、その途中で脱落や異動が生じる可能性がある。このような時の取扱いは、次のとおりとなる。なお、以下のやりとりは、迅速・確実に行われることが重要であることから、代行機関を通じた集合契約により実施する場合でも、保健指導機関と保険者との間で直接行う*1（ただし、途中終了分の請求・データ送付について代行機関を利用している場合は代行機関経由とする）。

①途中で脱落した場合

実施予定日に利用がなく、代替日の設定がない、あるいは代替日も欠席する等の状態で、最終利用日から未利用のまま２ヶ月を経過した時点で、保健指導機関から保険者及び利用者に脱落者として認定する旨の脱落認定を通知する。通知を受け取った保険者は、必要に応じ、利用者に再開・継続を電話等により勧奨する等、脱落の防止に向けた努力を行う。

脱落認定の通知後２週間以内に利用者から再開依頼がない限り、自動的に脱落・終了と確定し、保健指導機関から保険者に対して（必要な場合は対象者に対しても）確定した旨を通知すると同時に、保険者に終了時請求を行う。脱落確定日以降に誤って指導がなされ、保健指導機関から保険者へ利用分の請求があっても保険者は支払う義務はない。

②退職等により保険者が替わる（資格喪失する）場合

資格喪失となることが明らかとなった時点で、保険者は、保健指導実施中の委託先保健指導機関及び利用者に資格喪失による利用停止（及びその日付）を通知する。通知を受け取った保健指導機関は、保健指導の途中終了の処理を行う（通信による支援を行っている場合はIDを削除する等の処理を行う）。また、通知時点までの利用分のうち、未請求分について（集合契約の場合は初回面接以降の継続的支援のうち実施した分）、精算処理を行い、保険者に請求すると同時に、それまでの実施結果を保険者に送付する。

なお、その通知日以降に誤って指導がなされ、保健指導機関から保険者へその利用分の請求があっても、保険者は支払う義務はない。

③自主継続の場合

利用者に、資格喪失後も残額を自己負担してでも保健指導を継続したい意向がある場合、利用者は保健指導機関及び保険者にその意向を伝え、保健指導機関は、保険者との途中終了処理の完了後、本人の自己負担による継続処理を行うことが基本*2となる。

＊1　認定や通知は、日付が重要になると共に、連絡の迅速性（郵送の場合タイムラグが生じ、その間に保健指導を利用することも考えられる）が重要になることから、電子メールやFAXでのやりとりが望ましい（電話の場合即時性はあるが記録が残らないため、記録を残す必要はないが急ぎであるものは電話、記録を要するものは電子メールやFAXと使い分けが適当）。

＊2　保険者が資格喪失後も継続実施を認め、保険者負担分を負担する意向がある場合は、以上に示した終了の取扱いとする必要はない。なお、この場合も資格を喪失していることから、実績報告の実施率の分母・分子に含めることはできない。

2-9 保健指導の実施者

2-9-1 実施者

高齢者の医療の確保に関する法律第18条第１項において、特定保健指導は「保健指導に関する専門的知識及び技術を有する者」が実施する保健指導とされている。

図表15：特定保健指導を実施できる者とその範囲

		保健指導事業の統括者	初回面接、計画作成、評価	３ヶ月以上の継続的な支援
専門的知識及び技術を有する者	医師	◎常勤	◎	◎
	保健師	◎常勤	◎	◎
	管理栄養士	◎常勤	◎	◎
	看護師（一定の保健指導の実務経験のある者） ※2029年度まで		◎	◎
専門的知識及び技術を有すると認められる者 ※告示・通知で規定				◎

①保健指導事業の統括者

常勤*[1]の医師・保健師・管理栄養士とする。

②動機付け支援

初回面接時の行動計画策定（行動目標の設定）の指導や支援計画等の作成、及び実績評価の支援は、医師・保健師・管理栄養士が行わなければならない。

2029年度末までの経過措置として、上記３職種に加え、「保健指導に関する一定の実務の経験*[2]を有する看護師」も可とする（実施基準附則第２条）。これは産業保健の現場で事業者が雇用する看護師が従業員の健康管理・指導等を行っていた実績を考慮するものである。また、面接による指導のうち、行動計画の策定以外の動機付けに関する指導は、医師・保健師・管理栄養士及び保健指導に関する一定の実務の経験を有する看護師（2029年度末まで）に加え、食生活の改善指導や運動指導に関する専門的知識及び技術を有すると認められる者（実践的指導者）も支援ができる。

③積極的支援

初回面接時の行動計画策定（行動目標の設定）の指導や支援計画等の作成、及び実績評価の支援は、動機付け支援と同様、医師・保健師・管理栄養士及び保健指導に関する一定の実務の経験を有する看護師（2029年度末まで）が行わなければならない。

３ヶ月以上の継続的な支援は、医師・保健師・管理栄養士及び保健指導に関する一定の実務の経験を有する看護師（2029年度末まで）に加え、食生活の改善指導や運動指導に関する専門的知識及び技術を有すると認められる者（実践的指導者）も支援ができる。

＊1 雇用形態（正社員・派遣社員・アルバイト等）に関わらずフルタイムで働くことを意味する。
＊2 「一定」の要件、「実務経験」の要件については、通知「令和６年度以降における特定健康診査及び特定保健指導の実施並びに健診実施機関等により作成された記録の取扱いについて（令和５年３月 31 日付け健発 0331 第４号・保発 0331 第６号厚生労働省健康局長・保険局長連名通知。令和５年７月 31 日一部改正）」にて示している。2008 年４月現在において１年以上（必ずしも継続した１年間である必要はない）、保険者が保健事業として実施する生活習慣病予防に関する相談及び教育の業務又は事業者が労働者に対して実施する生活習慣病予防に関する相談及び教育の業務に従事（反復継続して当該業務に専ら携わっていること）した経験を有することとし、特定保健指導を受託する機関が当該「保健指導に関する一定の実務経験を有すると認められる看護師」を受託業務に従事させる予定がある場合には、委託元の保険者に対し、保険者や事業者等が作成した１年以上実務を経験したことを証明する文書（「実務経験証明書」という）を提出することとなっている。

④専門的知識及び技術を有すると認められる者（実践的指導者）とは

食生活に関する実践的指導における「食生活の改善指導に関する専門的知識及び技術を有すると認められる者」や、運動に関する実践的指導における「運動指導に関する専門的知識及び技術を有すると認められる者」は告示で定められている。

看護師、栄養士の他に告示の別表に定める研修*1を受講できる者として、食生活の改善指導に関しては薬剤師、助産師、准看護師、歯科衛生士が、運動指導に関しては歯科医師、薬剤師、助産師、准看護師、理学療法士が通知「令和６年度以降における特定健康診査及び特定保健指導の実施並びに健診実施機関等により作成された記録の取扱いについて（令和５年３月31日付け健発0331第４号・保発0331第６号厚生労働省健康局長・保険局長連名通知。令和5年7月31日一部改正）」で示されている。

「同等以上の能力を有すると認められる者」の要件も、同通知に示されており、食生活の改善指導に関しては令和２年３月31日改正前の事業場における労働者の健康保持増進のための指針（昭和63年９月１日健康保持増進のための指針公示第１号。以下「旧THP指針」という。）に基づく産業栄養指導担当者や産業保健指導担当者であって所定の追加研修を受講した者、運動指導に関しては財団法人健康・体力づくり事業財団が認定する健康運動指導士のほか、旧THP指針に基づく運動指導担当者であって所定の追加研修を受講した者としている。

図表16：食生活改善指導担当者研修（告示　別表第１）

分野	範囲	時間数
1．健康づくり施策概論	（1）社会環境の変化と健康課題 （2）健康づくり施策 （3）生活習慣病とその予防	3.0
2．生活指導及びメンタルヘルスケア	（1）生活指導と健康に影響する生活環境要因 （2）個人の健康課題への対処行動（保健行動） （3）ストレスとその関連疾患及びストレスの気づきへの援助 （4）個別・集団の接近技法 （5）ライフステージ、健康レベル別健康課題と生活指導	10.5
3．栄養指導	（1）栄養・食生活の基礎知識及び今日的課題と対策 （2）食行動変容と栄養教育 （3）ライフステージ、ライフスタイル別栄養教育	6.0
4．健康教育	（1）健康教育の理念と方法 （2）健康生活への指導プログラムの基礎知識と方法 （3）メタボリックシンドロームに対する健康教育 （4）口腔保健	6.0
5．運動の基礎科学	運動と健康のかかわり	1.5
6．研究討議	意見交換（メタボリックシンドローム関連）	3.0
計		30.0

図表17：運動指導担当者研修（告示　別表第２）

分野	範囲	時間数
1．健康づくり施策概論	（1）健康づくり施策 （2）運動基準・運動指針 （3）生活習慣病と運動疫学	4.5
2．生活習慣病（成人病）	（1）メタボリックシンドローム （2）肥満症 （3）高血圧症 （4）脂質異常症 （5）糖尿病 （6）虚血性心疾患 （7）骨粗鬆症	16.5

＊1　研修を実施できる機関の条件（以下４点）も通知で示されている。①のデータベースは研修実施機関による登録のみならず受講希望者による検索も可能となっている。（https://www.kikan-db.mhlw.go.jp）。令和６年４月以降アクセス可能。
①厚生労働省のホームページ上に設けるデータベースに上記研修を実施する機関として所定の登録を行う。
②研修で用いる教材は、厚生労働科学研究特別研究において作成された研修教材の内容を最低限含むものとする。
③研修を行う講師は、医師、保健師又は管理栄養士としての実務経験があり保健指導の専門的知識及び技術を有する者、又はこれと同等以上の知識経験を有する者である。
④研修修了者に対して、研修を修了したことを証明する書面を交付する。

分野	範囲	時間数
3．運動生理学	(1) 呼吸器系と運動 (2) 循環器系と運動 (3) 神経系と運動 (4) 骨格筋系と運動 (5) 内分泌系と運動 (6) 運動中の基質・エネルギー代謝（疲労含む） (7) 運動と免疫能 (8) 高温環境と運動 (9) 水中環境と運動	18.0
4．機能解剖とバイオメカニクス（運動・動作の力源）	(1) 関節運動と全身運動 (2) 身体構造と力学的運動要因、骨格筋の力特徴 (3) 陸上での運動・動作各論（歩行） (4) 水泳・水中運動	6.0
5．健康づくり運動の理論	(1) トレーニング概論 (2) 筋力と筋量増強のトレーニング条件とその効果 (3) 全身運動によるエアロビックトレーニング (4) 女性の体力・運動能力の特徴とトレーニング	6.0
6．運動障害と予防	(1) 内科的障害と予防 (2) 外科的障害　上肢 (3) 外科的障害　下肢（膝を含む） (4) 外科的障害　脊柱	7.5
7．体力測定と評価	(1) 体力と運動能力（構成要素）・体力構成要素の測定法 (2) フィールドテストの実習　中年者 (3) 高齢者の体力測定法 (4) 身体組成の測定	10.5
8．健康づくり運動の実際	(1) ストレッチングと柔軟体操の実際 (2) ウオーミングアップとクーリングダウン (3) ウォーキングとジョギング (4) エアロビックダンス (5) 水泳・水中運動 (6) 静的レジスタンストレーニング (7) 動的レジスタンストレーニング (8) 健康産業施設等現場実習	30.0
9．救急処置	(1) 救急蘇生法 (2) 外科的処置	6.0
10．運動プログラムの管理	(1) 健診結果の読み方及び効果判定 (2) 運動のためのメディカルチェックの重要性 (3) 心電図の基礎と記録法（安静時心電図の読み方） (4) 運動プログラム作成の理論 (5) 服薬者の運動プログラム作成上の注意 (6) 生活習慣病に対する適切な運動療法（プログラム作成実習）	19.5
11．運動負荷試験	(1) 運動負荷試験の実際 (2) 運動負荷試験実習	4.5
12．運動行動変容の理論と実際	運動行動変容の理論と実際	4.5
13．運動と心の健康増進	(1) 心の健康論 (2) 健康づくり運動とカウンセリング (3) ストレスアセスメントと対処法（喫煙問題を含む）	6.0
14．栄養摂取と運動	(1) 食生活と健康運動 (2) 消化と吸収の機構・栄養素の機能と代謝 (3) 身体活動量の定量法とその実際 (4) 栄養・食事アセスメント（含む低栄養対策）	7.5
計		147

2-9-2　実施者への研修

特定保健指導は、一定のルールの下で、実施者の能力・経験等に基づく様々な指導技法や指導形態等が活用されること、これら技法・形態等から一定の成果が得られた場合はそれらを共有し全国的なレベルアップを図っていく必要があること、このような最新の知見・情報に基づく支援のための材料、学習教材等を随時取り入れていくことが必要なことから、定期的な情報収集や研修による実施者のスキルアップが非常に重要である。

このため、特定健康診査及び特定保健指導の実施に関する基準第16条第１項の規定に基づき厚生労働大臣が定める者（平成25年厚生労働省告示第92号。以下「委託基準告示」という。）では、「特定保健指導実施者は、国、地方公共団体、保険者、日本医師会、日本看護協会、日本栄養士会等が実施する一定の研修*1を修了していることが望ましい*2」としている。

保険者が特定保健指導の委託先機関を選定するに当たっては、スタッフのスキルアップを図っている機関を優先的に考えることが重要である。

＊1　保健指導のための「一定」の研修とは、「標準的な健診･保健指導プログラム」内の「健診･保健指導の研修ガイドライン」に準拠した研修等を意味する。

＊2　「専門的知識及び技術を有すると認められる者」（実践的指導者）と一定の研修との関係はないことに注意。実践的指導者とは告示等において規定されている者であり、一定の研修（「標準的な健診・保健指導プログラム」内の「健診・保健指導の研修ガイドライン」に準拠した研修）を受講すれば実践的指導者となれる訳ではない。逆に言えば、一定の研修を修了していなくとも、医師・保健師・管理栄養士等は保健指導を実施することができる（ただし研修を修了していることが望ましい）。

2-10 情報通信技術を活用した特定保健指導について

2-10-1 環境整備・実施体制

遠隔面接（情報通信技術を活用した初回面接をいう。以下同じ。）及び遠隔支援（情報通信技術を活用した継続的な支援をいう。）（以下「遠隔面接等」という。）に共通する留意事項等について、遠隔面接等の実施のための環境の整備は、保険者が行う。その際、保険者は、事業主、市町村等の関係者の協力を求めることができる。また、遠隔面接等の実施を外部事業者に委託できる。遠隔面接等の実施に当たっては、対面で行う場合と同程度の質が確保されるよう、以下のとおり、必要な環境・体制を整備する必要がある。

①実施体制

実施者は、機器を円滑に使用できるようにしておくなど、機器の使用方法や対象者との意思疎通について、十分な技量を有することが求められる。また、実施に当たっては、特定保健指導の実施機関や事業所の施設等を利用するなど、機器の的確な利用や通信環境が確保された実施体制が求められる。利用者の利便性確保の観点から、特定保健指導の対象者の利用環境や働き方に合わせて遠隔面接等を受けることは可能である。

②機器・通信環境

映像・音声・通信は、以下の質が確保された機器等を用いる必要がある。

・ 実施者と対象者とが相互に表情、声、しぐさ等を確認できること
・ 映像と音声の送受信が常時、安定し、かつ円滑であること
・ 対象者が複雑な操作をしなくても遠隔面接等を利用できること
・ 情報セキュリティが確保されること

③資料・教材・器具等、対象者との情報共有

対面で行う場合と同一の内容の資料を共有するなど、必要な資料・教材・器具等を用意した上で、行動目標・行動計画の策定支援、体重・腹囲の測定方法の指導等を行う必要がある。電子メール等を活用することにより、面接等の結果等を事後速やかに対象者と共有するとともに、対象者から保険者や実施者への報告が円滑にできる環境を用意する必要がある。

④本人確認

実施者は対象者の本人確認を的確に行う。遠隔面接等を実施する際に補助者が行う方法も考えられる。本人確認の方法として、遠隔面接等の実施者の氏名及び所属を示す書類等を提示する、対象者の氏名、生年月日及び被保険者等記号・番号等を照合する方法が挙げられる。

⑤遠隔面接等の実施環境における他のサービスの実施

遠隔面接等の実施環境で、遠隔診療等他のサービスが実施されることがあり得る。遠隔面接等を実施する際は、遠隔面接等の始期と終期を対象者に対して明示するとともに、遠隔面接等の実施中は特定保健指導の実施基準等を満たす必要がある。

2-10-2 個人情報の保護等

遠隔面接等の実施時に交換される個人情報が外部に漏えいすることがないよう、保険者及び遠隔面接等の実施者は、個人情報の保護に十分に配慮するとともに、「医療情報システムの安全管理に関するガイドライン」（厚生労働省）に準拠した情報管理など、個人情報保護に必要な措置を講じる。

また、プライバシーが保たれるように、実施側、対象者側ともに、録音、録画、撮影を同意なしに行うことがないように確認すること。加えて、使用するシステムのセキュリティポリシーを適宜確認し、必

要に応じて対象者に説明すること。

遠隔面接等の実施中に通信や技術的障害等によって遠隔面接等の実施が困難になった場合、実施者は、対象者の同意を得た上で、遠隔面接等を実施する機会を改めて設定する。

2-10-3 費用負担

保険者は、遠隔面接等の実施に要した費用を負担する。保険者が関係者の協力を得た場合には、あらかじめ協議した結果や契約等に基づき、関係者は保険者に費用を請求できる。

遠隔面接等は、利用者への利便性の向上や効率的な保健指導の体制の確保の観点から導入するものであるので、対象者が必要な保健指導を受けることができるよう、保険者では、遠隔面接等の実施のために対象者が機器等を購入することがないように対応する必要がある。遠隔面接において対象者本人に通信費が発生する場合は事前に説明すること。

2-10-4 留意事項

特定保健指導における遠隔面接の結果等を対象者と共有することは、あくまで初回面接の一部であり、継続的な支援にはあたらないこと。

グループ支援に当たっては、対象者の個人情報に関する内容の支援を行う場合には、第三者がいない空間で支援できるように、システム上で空間を分ける等の設定を行うこと。また、個人情報に関する内容について、第三者がいない空間で、個別に支援する時間を設ける等の方法を取ることを対象者にあらかじめ説明の上、使用するシステムに伴うリスクを踏まえた対策を講じるとともに、個人情報及びプライバシーの保護に最大限に配慮すること。

3 実施形態

3-1 保険者別の実施形態

3-1-1 単一健保・共済

事業者と保険者との関係が比較的緊密で、被保険者について事業者の協力を得やすい。

被扶養者については、健診・保健指導機関との個別契約による実施に加えて、実施率向上のため、地元で受診しやすい環境づくりとして、国保ベースの集合契約Bや全国的な健診機関グループとの集合契約Aへの参加も必要となる。また、事業者健診を受診している又は受診予定の被扶養者には、受診券の配布時にデータの送付を依頼する。

3-1-2 総合健保・協会けんぽ・国保組合等

対象者が一定数以上含まれる事業者との協議調整等を進める等により、事業者（又は事業者の委託先健診機関）から健診結果データを受領する。事業者から健診実施を受託している保険者では、自らが健診を実施しデータを作成できるので、必要な健診結果データを容易に集めることができる。

被扶養者の健診については、全国に被扶養者が所在している場合や、被扶養者の住所を把握できていない場合は、集合契約Bや集合契約Aに参加する必要がある。事業者健診を受診している被扶養者には、データの送付を依頼する。

保健指導は、事業所と連携して実施する場合や対象者の地域が限定される場合など、保険者で実施体制がある場合は、直接実施できる場合もある。それ以外の直接実施できない被保険者や被扶養者は、外部に委託する。

3-1-3 市町村国保

市町村国保の加入者には、除外告示に該当する者（長期入院、施設入居者等）が少なくないので、把握する必要がある。また、市町村国保でも事業者健診の受診者がいる。住民税を特別徴収により納めている者は、事業者健診を受診している可能性が高いので、受診の有無について照会し、受診者からデータを受領できる。

直接実施する場合、市町村国保で保健師や管理栄養士を配置（衛生部門との兼務あるいは国保専従）して実施する、または衛生部門に執行委任して実施する。委託する場合は、自治体病院（市民病院や国保直診施設等）、外部（医師会傘下の健診機関や専門の健診・保健指導機関等）が委託先として考えられる。

3-2 被保険者本人

3-2-1 健診

①事業者健診等の他の健診結果の受領

事業者健診からのデータ受領予定者と受領元事業者（または当該事業者の委託する健診機関）等を整理したリストを作成し、そのリストに基づき、受領元事業者（または当該事業者の委託する健診機関）とのデータ受領に関する協議・調整（データ受領のタイミングや方法、費用支払の有無等）、契約や覚書等の取り決めを行う。協議調整等においては、例えば、事業者健診の委託先機関の選定条件に、保険者向け提出用データファイルが納品されることを重視する等、事業者の協力を得られることが重要である。

市町村国保（短時間労働者として事業者健診を受診しているケース）や協会けんぽのように受領すべき事業者数が膨大となる場合は、受領元を探し出し、協議調整や取り決めを行うだけでも大変な労力を要する。市町村国保は、被保険者のうち住民税の特別徴収対象者の抽出等により推定でも把握できるが、その他の保険者は、対象者本人に手紙等により依頼し、対象者からデータを受領する等の手段を考える必要がある。

②保険者自身での実施（直接実施、委託）

直接実施では、保険者が健診センター等直接実施できる体制を整えていることが前提となるが、一日当たりの対応能力等により委託で補う必要が生じる場合もある。実施対象者数の見込みや実施すべき地域等により、委託とするかどうかを判断する。委託により実施する場合、委託先候補のリストアップや委託先の選定等が必要である。被用者保険の場合は集合契約Ｂへの参加による地元での受診環境整備や集合契約Ａへの参加等も考えられる。

③事業者からの受託

事業者から事業者健診の実施を受託している保険者の場合、受託者として事業者健診の結果を別途作成し事業者に送付する一方、保険者自身が必要とする特定健康診査の結果データファイルを生成・管理する。この時、高齢者の医療の確保に関する法律に明記されているように、事業者健診部分の実施費用は事業者負担となる。

④人間ドック

人間ドックのうち特定健康診査の検査項目のみを抽出し、定められた健診データファイル様式にて整理しておく必要があることから、人間ドックの委託先に対し、そのようなデータ納品を委託仕様として定めるほか、それが可能な機関を選択する必要がある。

全国に拠点等を抱える企業の単一健保組合や総合健保組合、協会けんぽでは、集合契約Ａにより健診体制を整えることも考えられる。

⑤償還払い（一時立替）

保険者が委託先を確保するためには、対象者の住所地等の把握が前提となる。住所をやむを得ず把握できていない場合は、保険者が委託先を確保するのではなく、対象者が受診し、健診機関の窓口で費用の全額を支払い、領収書と結果を保険者に送付し、保険者はこれらを確認し問題なければ対象者に一時立替分を支払う償還払いの方法もある。

この方法は、対象者に一時的に多額の費用負担をお願いすることになるので、負担ができない者には取り得ず、主たる方法とすることは慎重な検討が必要である。また、償還払いの方法を取るのであれば、保険者においてその旨を明文化しておく必要がある。

3-2-2 診療における検査データの活用（保険者とかかりつけ医の連携による治療中患者の特定健康診査の推進及び診療情報の提供）

特定健康診査は、対象者本人が定期的に自らの健診データを把握するとともに、治療中であっても生活習慣を意識し、改善に取り組む端緒となることが期待されることから、治療中であっても特定健康診査を受診するよう、かかりつけ医から本人へ特定健康診査の受診勧奨を行うことが重要である。

一方、本人同意のもとで保険者が診療における検査結果の提供を受け、特定健康診査の結果データとして活用する場合は、以下のとおりとする。

ア　保険者が受領する診療における検査結果は、特定健康診査の基本健診項目（医師の総合判断を含む）を全て満たす検査結果であること

イ　特定健康診査の基本健診項目は基本的に同一日に全てを実施することが想定されるが、検査結果の項目に不足があり基本健診項目の実施が複数日にまたがる場合は、最初に行われた検査実施日と、最後に実施された医師の総合判断日までの間は、３ヶ月以内とする（図表18参照）。

ウ　特定健康診査の実施日として取り扱う日付は、医師が総合判断を実施した日付とする[*1]

図表18：診療における検査データの活用例（複数日にまたがる場合）

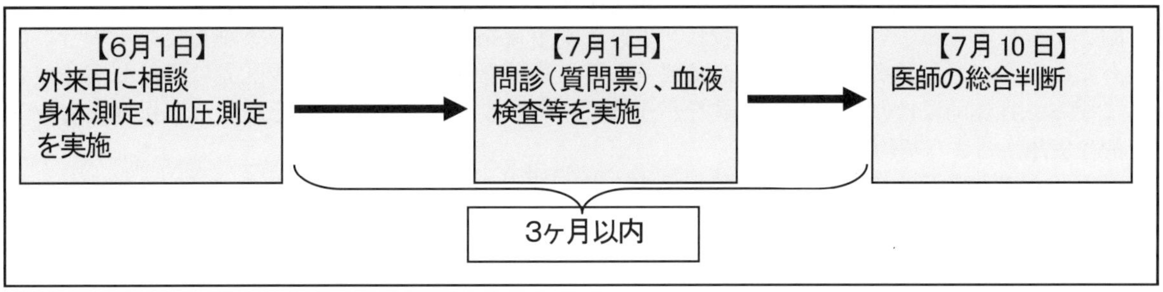

保険者とかかりつけ医の連携による治療中患者の診療情報の提供に関する具体的な手順は、以下の流れが考えられる。実施する保険者は、必要性と地域の実情に応じて、医師会等と連携して進めていく必要がある。

ア　あらかじめ関係者間で、手順や費用の支払い等について契約内容を取り決めておく。

イ　保険者から患者本人に対し、保険者等が提供する健診を受診していないが、かかりつけ医のもとで実施された診療における検査結果があれば、特定健康診査の結果として活用できることを説明する（保険者が、保険者からかかりつけ医宛の依頼書等を加入者本人へ渡す等も考えられる）。

ウ　患者本人が、通院時に保険者からかかりつけ医宛の依頼書等を持参し、かかりつけ医に相談する。

エ　かかりつけ医は、患者本人の同意を確認した上で、診療上の検査結果を依頼書等へ記載し、本人を介して又は直接、保険者へ送付する。

オ　保険者は、受領した当該患者の診療上の検査結果を特定健康診査結果データとして活用する。

カ　保険者は、受領した特定健康診査結果データに基づき、特定保健指導該当者に対して、特定保健指導を実施する。

3-2-3 保健指導

①保険者自身での実施（直接実施、委託）

保健指導は、他法令に基づく保健指導等が努力義務であり、特定保健指導よりも優先されるような他法令に基づく保健指導はないので、保険者への義務付けが優先される。このため、保険者として実施する必要があるが、実施方法として保険者自身で行うことができるのか、保健指導機関等に委託する必要があるのか判断が必要となる。

＊1　保険者から支払基金又は国保連合会への実績報告における特定健康診査の実施機関番号は、検査を実施した保険医療機関番号とする（4-5-1参照）。

直接実施にあたっては、保険者が保健師等のスタッフや施設等直接実施できる体制を整えていることが前提（市町村国保では市町村衛生部門への執行委任*1として行う場合もある）となるが、一日当たりの対応能力等により委託で補う必要が生じる場合もある。実施対象者数の見込みや実施すべき地域等により判断する。

委託により実施する場合、委託先候補のリストアップや委託先の選定等が必要である。委託方法としては、保健指導実施機関との個別契約、集合契約Ｂ、集合契約Ａがある。

委託先となりうる保健指導機関が立地する地域では、各保険者が個別に委託するほかに、他地域の保険者の被扶養者も含めた住所地での委託実施体制づくりに向け、保険者や保健指導機関が連携し集合契約をまとめることも考えられる。

②事業者への委託

事業者健診後の保健指導を積極的に実施している事業者、あるいは従業員の健康保持のため産業医や保健師等を活用した定期的な指導・相談等を行っている事業者もある。

意欲的な事業者が、事後指導等と特定保健指導を一体的に実施することを考えている場合、保険者は事業者を特定保健指導の実施委託者とし、必要に応じ、保健指導対象者の特定健康診査の結果データファイルを事前に送付する。ただし、保険者が委託できる事業者は、事業者の産業医や保健師等が直接実施している場合に限られ、事業者が事後指導等を委託により実施している場合、事業者に委託しても事業者から再委託が必要となるため、保険者は事業者の委託先に委託し実施する形になる。具体的には、事業者と保険者が連携し、同じ委託先と委託契約を締結し、保健指導を一体的に実施するよう契約で規定する。

特定保健指導は事業者による事後指導等と若干観点が異なる部分があるので（例えば、メンタルヘルスへの着目等）、実施内容・要件等に沿った特定保健指導の実施に上乗せして事後指導等の内容を行い、結果データは特定保健指導部分のみ生成、というパターンが標準的になると考えられる。

③償還払い（一時立替）

対象者が自由に保健指導機関を選択し、特定保健指導を受け、保健指導機関の窓口で費用の全額を支払い、その領収書と結果を保険者に送付し、保険者はこれらを確認し問題なければ対象者に一時立替分を支払う償還払いの方法もある。ただし、この方法は対象者に一時的に多額の費用負担をお願いすることになるので、負担できない者には取り得ず、実施率向上に抑制作用が働く可能性がある。また、償還払いの方法を取るのであれば、保険者においてその旨を明文化しておく必要がある。

④被保険者本人への保健指導実施時の留意点

被保険者本人は労働者が多く、勤務時間帯に特定保健指導を利用できない場合、利用できる日時が制限される。保健指導機関としては、平日夜間及び土日や休日の実施や、施設型サービスではなく巡回型サービスによる実施等の工夫が求められる。事業者と保険者との間での協議・連携により、事業者の理解・協力を得て、例えば、勤務時間内に特定保健指導のために一時的に離席することを認める等、事業者の可能な範囲で、労働者等が利用しやすい環境整備に配慮*2していくことも必要である。

＊1　特に中小規模の市町村では、十分な数の保健師・管理栄養士が配置されておらず、国保部門・衛生部門にそれぞれ必要数配置できる余裕がないと考えられ、庁内部門間（国保・衛生・介護等）の連携強化を図り、対応することが考えられる。

＊2　「定期健康診断等及び特定健康診査等の実施に関する協力依頼について（令和２年12月23日付け基発1223第５号・保発1223第１号厚生労働省労働基準局長・保険局長連名通知。令和５年７月31日一部改正）の別紙「定期健康診断等及び特定健康診査等の実施に係る事業者と保険者の連携・協力事項について」
（https://www.mhlw.go.jp/stf/seisakunitsuite/bunya/0000161103.html）

3-3　被扶養者

3-3-1　健診

①事業者健診等の他の健診結果の受領

被扶養者でも、労働安全衛生法に基づく健診の実施対象となる短時間労働者*1がいる。この場合、保険者は事業者等から健診結果データを受領することで特定健康診査の実施に代えることができるが、多数の事業者から対象者の情報を入手することは現実的ではないので、受診券の配布及び案内時に、被扶養者本人から健診結果データを直接保険者に提出してもらうよう周知し、送付してもらうのが合理的である。事業者健診以外に被扶養者が別途自主的に受診している健診結果等も同様である。

ただし、被扶養者から直接受領する場合、多くが紙の結果通知表の写しとなるため、保険者において健診データファイルを入力・作成する必要がある。また、健診データファイルにある入力項目のうち、個人に通知される健診結果通知表には記載のない項目（健診機関番号等）もある可能性が高いと考えられ、受診者本人に渡す事業者健診の結果通知について、現在使用している様式を「特定健康診査受診結果通知表」に記載されている項目と一致*2するように変更する、標準的なデータファイル仕様でデータを作成し提供する等の健診機関側の対応が必要になる。

②保険者による実施（直接実施、委託）

保険者自身が実施するか健診機関等に委託するかの判断が必要であるが、全国に被扶養者が所在するケースも少なくないので、直接実施は実施できる地域が限られる。

委託による実施の場合、全国に被扶養者が所在するケースが少なくないので、集合契約Ｂへの参加による住所地での受診環境整備、あるいは集合契約Ａへの参加が標準になる。集合契約への確実な参加に向け、被扶養者が在住している可能性の高い都道府県の保険者協議会との緊密な連携・情報収集等が重要である。

③人間ドック

人間ドックでは、特定健康診査の検査項目のみを抽出し、定められた健診データファイル様式で整理する必要があるので、そのようなデータ納品を委託仕様として定めるほか、それが可能な機関を委託先として選択する必要がある。被扶養者が住所地に近い実施機関を選べるよう、全国に拠点等がある企業の単一健保組合や総合健保組合、協会けんぽでは、全国健診機関グループにより健診体制を整えることが必要である。

人間ドックの検査項目は、保険者や対象者の年齢層等により千差万別であるので、集合契約が成立できるよう、保険者・健診機関等の間で一定の標準化・定型化が必要である。多くの機関で実施されている検査項目については、健診データファイルの仕様において、JLAC10*3に基づく標準コードが振られており、集合契約の実施項目は、この範囲内でいくつかのパターンを揃えることが合理的である。

＊1　労働安全衛生法においては、通達において、①有期契約でない者、有期契約でも契約期間が１年以上である者並びに契約更新により１年以上継続して使用されることが予定されている者及び１年以上引き続いて使用されている者、②かつ、１週間の所定労働時間が通常の労働者の４分の３以上である者については、事業者が当該労働者に対して少なくとも、年に１回の健康診断の実施が義務付けられている。また、契約期間が１年以上である者等であって、１週間の所定労働時間が通常の労働者の２分の１以上である労働者についても、健康診断の実施が望ましいとされている。

＊2　本文中にもあるように、結果通知表には印字されないが健診データファイルに必要な項目もあり、その中でも特に服薬歴・喫煙歴に関する質問結果については階層化の際に必須となることから、結果通知表を受領する場合は、必要に応じ別途本人に確認する、あるいは改めて問診のみ追加的に行う等の対応が必要。

＊3　JLAC10とは、日本臨床検査医学会が制定した「臨床検査項目分類コード（第10回改訂）」のことであり、(1)分析物コード、(2)識別コード、(3)材料コード、(4)測定法コード、(5)結果識別コードの５つの要素区分よりなる。

④償還払い（一時立替）

保険者が委託先を確保するためには、対象者の所在等を把握することが前提となるが、被扶養者の住所をやむを得ず把握できていない場合*[1]は、対象者が健診機関の窓口で費用の全額を支払い、領収書と結果を保険者に送付し、保険者はこれらを確認し問題なければ対象者に一時立替分を支払うという償還払いの方法がある。

ただし、償還払いは対象者に一時的に多額の費用負担をお願いすることになるので、負担できない者には取り得ず、実施率向上への抑制作用が働く可能性がある。また、償還払いの方法を取るのであれば、保険者においてその旨を明文化しておく。

3-3-2　保健指導

保健指導の実施方法として保険者自身で行えるのか、保健指導実施機関等に委託する必要があるのかの判断が出てくるが、全国に被扶養者が所在するケースが少なくないことから、直接実施は、実施可能な地域に限られる。

また、委託で実施する場合には、全国に被扶養者が所在するケースが少なくないことから、集合契約Ｂへの参加による地元での受診環境整備、または集合契約Ａへの参加等が考えられる。特に民間の保健指導実施機関によるサービス提供が困難な地域では、市町村による、保険者の種別を問わない実施体制づくりが期待され、保険者と市町村との集合契約の締結が重要となる。集合契約への確実な参加に向け、被扶養者が在住しうる可能性の高い都道府県の保険者協議会との緊密な連携・情報収集等を行う。

被扶養者の住所をやむを得ず把握できていないためにどの地域で委託先を確保すべきか判別できず、全国規模で集合契約の成立が難しい場合は、対象者に案内のみ行い、対象者からの結果送付及び請求を待つ方法もあるが、償還払いの方法は、実施率向上への抑制作用が働く可能性がある。また、償還払いの方法を取るのであれば、保険者においてその旨を明文化しておく。

＊1　健康保険組合では、被扶養者の住所情報については、被扶養者異動届に住所を記載することが義務づけられており、住所の変更があった場合には、その都度、事業主を経由して届け出なければならないとされている。（健康保険法施行規則第38条）また、任意継続被保険者及び特例退職被保険者に係る住所情報についても、資格取得の申請時に住所を記載することになっている。（健康保険法施行規則第42条、同第168条、同第170条）

4 委託

4-1 委託基準

特定健診･特定保健指導の実施にあたっては、保険者ができる限り多くの対象者に確実に実施できるよう、また健診・保健指導機関間の自由で公正な競争により良質なサービスが低廉に供給されるよう、高齢者の医療の確保に関する法律第 28 条、及び実施基準第 16 条第 1 項に基づき、具体的に委託できる者の基準を定め、サービスの質を確保しつつ、多様な実施機関に委託できるようにしている。

保険者では、基準を満たさない者に委託していた場合、特定健康診査及び特定保健指導を実施したことにはならないため、保険者は、当該委託先による当年度の実施分について自身で実施し直すか、別途適切な委託先に委託し直すこととなる。

アウトカム評価の導入を踏まえた内容の委託契約の普及を進めることが望ましく、事業成果に着目した成果連動型民間委託契約方式（PFS/SIB）等を参考にすることも考えられる。

4-1-1 特定健康診査の外部委託に関する基準（平成25年厚生労働省告示第92号　第１）

①人員に関する基準

(1) 特定健康診査を適切に実施するために必要な医師、看護師等が質的及び量的に確保されていること。
(2) 常勤の管理者（特定健康診査を実施する各施設において、特定健康診査に係る業務に付随する事務*1の管理を行う者）が置かれていること。ただし、管理上支障がない場合は、当該常勤の管理者は、特定健康診査を行う機関の他の職務に従事し、又は同一の敷地内にある他の事業所、施設等の職務に従事することができるものとする。

②施設、設備等に関する基準

(1) 特定健康診査を適切に実施するために必要な施設及び設備を有していること。
(2) 検査や診察を行う際に、受診者のプライバシーが十分に保護される施設及び設備等が確保されていること。
(3) 救急時における応急処置のための体制が整っていること。
(4) 健康増進法（平成14年法律第103号）第25条に規定する受動喫煙の防止措置が講じられていること（医療機関においては、患者の特性に配慮すること）。

③精度管理に関する基準

(1) 特定健康診査の項目について内部精度管理（特定健康診査を行う者が自ら行う精度管理(特定健康診査の精度を適正に保つことをいう)をいう）が定期的に行われ、検査値の精度が保証されていること。
(2) 外部精度管理（特定健康診査を行う者以外の者が行う精度管理をいう）を定期的に受け、検査値の精度が保証されていること。
(3) 特定健康診査の精度管理上の問題点があった場合に、適切な対応策が講じられるよう必要な体制を整備すること。
(4) 検査の全部又は一部を外部に委託する場合には、委託を受けた事業者において措置が講じられるよう適切な管理を行うこと。

④特定健康診査の結果等の情報の取扱いに関する基準

(1) 特定健康診査に関する記録を電磁的方法（電子的方式、磁気的方式その他人の知覚によっては認識することができない方式をいう。以下同じ。）により作成し、保険者に対して当該記録を安全かつ速やかに提出すること。
(2) 特定健康診査の結果の受診者への通知に関しては、当該受診者における特定健康診査の結果の

＊1　施設管理や人事管理、会計管理等を想定。従って管理者は必ずしも医師等でなくともよい(兼務は可)。

経年管理に資する形式により行われるようにすること。
(3) 特定健康診査に関する記録の保存及び管理が適切になされていること。
(4) 高齢者の医療の確保に関する法律第30条に規定する秘密保持義務を遵守すること。
(5) 個人情報の保護に関する法律（平成15年法律第57号）及びこれに基づくガイドライン等を遵守すること。
(6) 保険者の委託を受けて特定健康診査の結果を保存する場合には、医療情報の安全管理（組織的、物理的、技術的、人的な安全対策等）を徹底すること。
(7) 特定健康診査の結果の分析等を行うため、保険者の委託を受けて特定健康診査の結果に係る情報を外部に提供する場合には、分析等に当たり必要とされる情報の範囲に限って提供するとともに、提供に当たっては、個人情報のマスキングや個人が特定できない番号の付与等により、当該個人情報を匿名化すること。

⑤運営等に関する基準

(1) 特定健康診査の受診が容易になるよう、土日若しくは祝日又は夜間に特定健康診査を実施するなど、受診者の利便性に配慮し、特定健康診査の受診率を上げるよう取り組むこと。
(2) 保険者の求めに応じ、保険者が特定健康診査の実施状況を確認する上で必要な資料の提出等を速やかに行うこと。
(3) 特定健康診査の実施者に必要な研修を定期的に行うこと等により、当該実施者の資質の向上に努めること。
(4) 特定健康診査を適切かつ継続的に実施することができる財務基盤を有すること。
(5) 保険者から受託した業務の一部を再委託する場合には、保険者との委託契約に、再委託先との契約においてこの告示で定める基準に掲げる事項を遵守することを明記すること。
(6) 運営についての重要事項として次に掲げる事項を記した規程を定め、当該規程の概要を、保険者及び特定健康診査の受診者が容易に確認できる方法（ホームページ上での掲載等）により、幅広く周知すること。

・事業の目的及び運営の方針
・従業者の職種、員数及び職務の内容
・特定健康診査の実施日及び実施時間
・特定健康診査の内容及び価格その他の費用の額
・事業の実施地域
・緊急時における対応
・その他運営に関する重要事項

(7) 特定健康診査の実施者に身分を証する書類を携行させ、特定健康診査の受診者等から求められたときは、これを提示すること。
(8) 特定健康診査の実施者の清潔の保持及び健康状態について必要な管理を行うとともに、特定健康診査を行う施設の設備及び備品等について衛生的な管理を行うこと。
(9) 虚偽又は誇大な広告を行わないこと。
(10) 特定健康診査の受診者等からの苦情に迅速かつ適切に対応するために、苦情を受け付けるための窓口を設置する等の必要な措置を講じるとともに、苦情を受け付けた場合には、当該苦情の内容等を記録すること。
(11) 従業者及び会計に関する諸記録を整備すること。

4-1-2 特定保健指導の外部委託に関する基準（平成25年厚生労働省告示第92号　第２）

外部委託に関する基準における「特定保健指導の業務を統括する者（統括者）」は、各拠点において当該拠点に配置されている保健師等の保健指導実施者を束ね、各実施者が担当する保健指導対象者への支援の実施状況等を包括的に管理している者を想定している。統括者は、実績に虚偽がないことを含め、特定保健指導の適正な実施が確保されるよう、各実施者が担当する保健指導対象者への支援の実施状況等を確認する必要がある。

①人員に関する基準

(1) 特定保健指導の業務を統括する者（特定保健指導を実施する各施設において、動機付け支援及び積極的支援の実施その他の特定保健指導に係る業務全般を統括管理する者をいう。以下「統括者」という。）が、常勤の医師、保健師又は管理栄養士であること。
(2) 常勤の管理者*1（特定保健指導を実施する各施設において、特定保健指導に係る業務に付随する事務の管理を行う者）が置かれていること。ただし、管理上支障が無い場合は、特定保健指導を行う機関の他の職務に従事し、又は同一の敷地内にある他の事業所、施設等の職務に従事することができるものとする。
(3) 動機付け支援又は積極的支援において、初回の面接（面接による支援の内容を分割して行う場合においては、特定健康診査の結果（労働安全衛生法（昭和47年法律第57号）その他の法令に基づき行われる特定健康診査に相当する健康診断の結果を含む。4の(6)において同じ。）の全てが判明した後に行う支援を含む。）、特定保健指導の対象者の行動目標及び行動計画の作成並びに当該行動計画の実績評価（行動計画の策定の日から3月以上経過後に行う評価をいう。）を行う者は、医師、保健師又は管理栄養士（令和11年度末までは、保健指導に関する一定の実務の経験を有する看護師を含む）であること。
(4) 積極的支援において、積極的支援対象者ごとに、特定保健指導支援計画の実施（特定保健指導の対象者の特定保健指導支援計画の作成、特定保健指導の対象者の生活習慣や行動の変化の状況の把握及びその評価、当該評価に基づいた特定保健指導支援計画の変更等を行うことをいう。）について統括的な責任を持つ医師、保健師又は管理栄養士（令和11年度末までは、保健指導に関する一定の実務の経験を有する看護師を含む）が決められていること。
(5) 動機付け支援又は積極的支援のプログラムのうち、動機付け支援対象者又は積極的支援対象者に対する食生活に関する実践的指導は、医師、保健師、管理栄養士（令和11年度末までは、保健指導に関する一定の実務の経験を有する看護師を含む）又は特定健康診査及び特定保健指導の実施に関する基準第7条第1項第2号及び第8条第1項第2号の規定に基づき厚生労働大臣が定める食生活の改善指導又は運動指導に関する専門的知識及び技術を有すると認められる者（以下「実践的指導実施者基準」という。）第1に規定する食生活の改善指導に関する専門的知識及び技術を有すると認められる者により提供されること。また、食生活に関する実践的指導を自ら提供する場合には、管理栄養士その他の食生活の改善指導に関する専門的知識及び技術を有すると認められる者を必要数確保していることが望ましいこと。
(6) 動機付け支援又は積極的支援のプログラムのうち、動機付け支援対象者又は積極的支援対象者に対する運動に関する実践的指導は、医師、保健師、管理栄養士（令和11年度末までは、保健指導に関する一定の実務の経験を有する看護師を含む）又は実践的指導実施者基準第2に規定する運動指導に関する専門的知識及び技術を有すると認められる者により提供されること。また、運動に関する実践的指導を自ら提供する場合には、運動指導に関する専門的知識及び技術を有すると認められる者を必要数確保していることが望ましいこと。
(7) 動機付け支援又は積極的支援のプログラムの内容に応じて、事業の再委託先や他の健康増進施設等と必要な連携を図ること。
(8) 特定保健指導実施者は、国、地方公共団体、医療保険者、日本医師会、日本看護協会、日本栄養士会等が実施する一定の研修を修了していることが望ましいこと。
(9) 特定保健指導の対象者が治療中の場合には、統括的な責任を持つ者が必要に応じて当該対象者の主治医と連携を図ること。

②施設、設備等に関する基準

(1) 特定保健指導を適切に実施するために必要な施設及び設備等を有していること。
(2) 個別支援を行う際に、対象者のプライバシーが十分に保護される施設及び設備等が確保されていること。
(3) 運動に関する実践的指導を行う場合には、救急時における応急処置のための体制が整っていること。

＊1 施設管理や人事管理、会計管理等を想定。従って管理者は必ずしも医師等でなくともよい（統括者との兼務は可）。

(4) 健康増進法第25条に規定する受動喫煙の防止措置が講じられていること（医療機関においては、患者の特性に配慮すること。）。

③特定保健指導の内容に関する基準

(1) 特定健康診査及び特定保健指導の実施に関する基準第７条第１項及び第８条第１項の規定に基づき厚生労働大臣が定める特定保健指導の実施方法に準拠したものであり、科学的根拠に基づくとともに、特定保健指導の対象者の特性並びに地域及び職域の特性を考慮したものであること。
(2) 具体的な動機付け支援又は積極的支援のプログラム（支援のための材料、学習教材等を含む。）は、保険者に提示され、保険者の了解が得られたものであること。
(3) 最新の知見及び情報に基づいた支援のための材料、学習教材等を用いるよう取り組むこと。
(4) 個別支援を行う場合は、特定保健指導の対象者のプライバシーが十分に保護される場所で行われること。
(5) 委託契約の期間中に、特定保健指導を行った対象者から当該特定保健指導の内容について相談があった場合は、相談に応じること。
(6) 特定保健指導の対象者のうち特定保健指導を受けなかった者又は特定保健指導を中断した者に対しては、特定保健指導の対象者本人の意思に基づいた適切かつ積極的な対応を図ること。

④特定保健指導の記録等の情報の取扱いに関する基準

(1) 特定保健指導に関する記録を電磁的方法により作成し、保険者に対して当該記録を安全かつ速やかに提出すること。
(2) 保険者の委託を受けて、特定保健指導に用いた詳細な質問票、アセスメント、具体的な指導の内容、フォローの状況等を保存する場合には、これらを適切に保存し、管理すること。
(3) 高齢者の医療の確保に関する法律第30条に規定する秘密保持義務を遵守すること。
(4) 個人情報の保護に関する法律及びこれに基づくガイドライン等を遵守すること。
(5) 保険者の委託を受けて特定保健指導の結果を保存する場合には、医療情報の安全管理（組織的、物理的、技術的、人的な安全対策等）を徹底すること。
(6) インターネットを利用した支援を行う場合には、医療情報の安全管理（組織的、物理的、技術的、人的な安全対策等）を徹底し、次に掲げる措置等を講じることにより、外部への情報漏洩、不正アクセス、コンピュータ・ウイルスの侵入等を防止すること。

・秘匿性の確保のための適切な暗号化、通信の起点及び終点の識別のための認証並びにリモートログイン制限機能により安全管理を行うこと。
・インターネット上で特定保健指導の対象者が入手できる情報の性質に応じて、パスワードを複数設けること（例えば、特定健康診査の結果のデータを含まないページにアクセスする場合には英数字のパスワードとし、特定健康診査の結果のデータを含むページにアクセスする場合には本人にしか知り得ない質問形式のパスワードとすること等）。
・インターネット上で特定健康診査の結果のデータを入手できるサービスを受けることについては、必ず本人の同意を得ること。
・本人の同意を得られない場合における特定健康診査の結果のデータは、インターネット上で特定健康診査の結果のデータを入手できるサービスを受ける者の特定健康診査の結果のデータとは別の場所に保存することとし、外部から物理的にアクセスできないようにすること。

(7) 特定保健指導の結果の分析等を行うため、保険者の委託を受けて特定保健指導の結果に係る情報を外部に提供する場合には、分析等に当たり必要とされる情報の範囲に限って提供するとともに、提供に当たっては、個人情報のマスキングや個人が特定できない番号の付与等により、当該個人情報を匿名化すること。

⑤運営等に関する基準

(1) 特定保健指導の利用が容易になるよう、土日若しくは祝日又は夜間に特定保健指導を実施するなど、利用者の利便性に配慮し、特定保健指導の実施率を上げるよう取り組むこと。
(2) 保険者の求めに応じ、保険者が特定保健指導の実施状況を確認する上で必要な資料の提出等を速やかに行うこと。
(3) 特定保健指導を行う際に、商品等の勧誘、販売等を行わないこと。また、特定保健指導を行う地位を利用した不当な推奨、販売（商品等を特定保健指導の対象者の誤解を招く方法で勧めること等）等を行わないこと。
(4) 特定保健指導実施者に必要な研修を定期的に行うこと等により、当該実施者の資質の向上に努めること。
(5) 特定保健指導を適切かつ継続的に実施することができる財務基盤を有すること。
(6) 保険者から受託した業務の一部を再委託する場合には、保険者との委託契約に、再委託先との契約においてこの告示で定める基準に掲げる事項を遵守することを明記すること。
(7) 運営についての重要事項として次に掲げる事項を記した規程を定め、当該規程の概要を、保険者及び特定保健指導の利用者が容易に確認できる方法（ホームページ上での掲載等）により、幅広く周知すること。

・事業の目的及び運営の方針
・統括者の氏名及び職種
・従業者の職種、員数及び職務の内容
・特定保健指導の実施日及び実施時間
・特定保健指導の内容及び価格その他の費用の額
・事業の実施地域
・緊急時における対応
・その他運営に関する重要事項

(8) 特定保健指導実施者に身分を証する書類を携行させ、特定保健指導の利用者等から求められたときは、これを提示すること。
(9) 特定保健指導実施者の清潔の保持及び健康状態について必要な管理を行うとともに、特定保健指導を行う施設の設備及び備品等について衛生的な管理を行うこと。
(10) 虚偽又は誇大な広告を行わないこと。
(11) 特定保健指導の利用者等からの苦情に迅速かつ適切に対応するために、苦情を受け付けるための窓口を設置する等の必要な措置を講じるとともに、苦情を受け付けた場合には、当該苦情の内容等を記録すること。
(12) 従業者及び会計に関する諸記録を整備すること。
(13) 保険者から受託した業務の一部を再委託する場合には、以下の事項を遵守すること。

・委託を受けた業務の全部又は主たる部分を再委託してはならないこと。
・保険者との委託契約に、再委託先との契約においてこの告示で定める基準に掲げる事項を遵守することを明記すること。
・保険者への特定保健指導の結果報告等に当たっては、再委託した分も含めて一括して行うこと。
・再委託先及び再委託する業務の内容を運営についての重要事項に関する規程に明記するとともに、当該規程の概要にも明記すること。
・再委託先に対する必要かつ適切な監督を行うとともに、保険者に対し、再委託する業務の責任を負うこと。

4-2 契約

4-2-1 標準的な契約書

集合契約Bでは、決済やトラブル発生時の取扱い等さまざまな対応において処理方法が複雑化することを避けるため、契約書（条項と内容）は原則として全国統一とし、契約単価・委託項目（健診項目等）部分のみ各市町村の条件を準用している。これにより単価・項目以外の条件（支払条件、役割分担、責任分担や紛争解決ルール等）を全国共通とし、保険者での不安や事務の煩雑さを解消している。基本条項部分に加え、別紙として委託元保険者一覧表、健診等内容表、実施機関一覧表、内訳書、個人情報取扱注意事項等の標準的な契約書の例を示している。他の集合契約や個別契約においても、この例を適用する、あるいは例をベースに適宜加除修正し利用することは差し支えない。

4-2-2 契約単価の設定

特定健康診査は、基本健診は一括、詳細健診の項目は、どの項目を実施するかは医師の判断によるために実施する瞬間まで確定しないことから１項目ずつの単価設定となる。保険者が個別契約において人間ドック等の追加健診項目を細かく設定した場合は、細かい単価設定が必要となる可能性が高いが、それ以外では特に独自の設定の余地は狭い。

特定保健指導は指導期間が３ヶ月以上に及ぶことから、途中での脱落のリスクがある。このリスクを回避する方法として、単価設定の工夫（継続のインセンティブ）が考えられる。例えば、脱落した場合の精算条件を、標準的な契約書の例では８：２（動機付け支援*1）あるいは４：６（積極的支援）としている。

4-2-3 再委託の条件

①健診

血液検査等の検査体制・設備等を自機関内に保有しない健診機関は、その部分に限り、外部機関に委託する必要が生じる。委託先健診機関では、こうした項目に限り再委託を行う場合は、ホームページ等にて公開する「運営についての重要事項に関する規程の概要」において再委託の範囲と委託先等をあらかじめ明記しておく。あらかじめ明記されている範囲・委託先に限り、再委託を行うことは、差し支えない。

②保健指導

専門的知識・技能を持つ一人の実施者が、指導期間中を通じて対象者の全ての指導を専属で担当するような実施形態ではなく、実施日時（曜日や時間帯）や指導内容（実践的な指導における運動部分、食事部分等）によって部分的に他の実施者が担当することもある。同一機関内の他の実施者というケース以外に、運動部分は実施できる体制（要員・設備等）が当該機関にない等部分的に他の実施機関に委託しているケースもある。このように、再委託を行う場合は、ホームページ等にて公開する「運営についての重要事項に関する規程の概要」において再委託の範囲と委託先等をあらかじめ明記しておく。あらかじめ明記されている範囲・委託先に限り、再委託を行うことは、差し支えない。

③保健指導における再委託の範囲（元請けの条件）

保健指導において、委託先（元請け）は契約・決済等事務だけを担当し、初回面接での計画作成、実践的な指導、電話での継続的支援、行動計画の実績評価等は全て別々の再委託先機関が担当するような実施体制の場合、適切かつ効果的な指導が行われるか、トラブル時の対応が十分なされるか等、保険者にとって不安のある実施体制であり、適切でない。このため、保健指導機関が再委託を行う場合の条件について、次のとおり整理する。

＊1　動機付け支援相当も同様。

なお、保険者と委託先保健指導機関との間で適切に特定保健指導対象者の情報が共有され、保険者が当該対象者に対する特定保健指導全体の総括・管理を行う場合において、保険者が初回面接での計画作成、実践的な指導、電話での継続的支援、行動計画の実績評価等を異なる保健指導機関に委託した場合は、保険者から委託を受けたそれぞれの保健指導機関が委託先（元請け）となる。

図表19：特定保健指導における元請け・下請けの定義

	委託先（元請け）	再委託先（下請け）
定義	○保健指導全体の統括・管理は直営（自機関内部）で行う*1 ○初回時面接の実施、支援計画の作成、終了時の実績評価の実施や、各対象者の指導期間を通じた全体的な管理は直営（自機関内部）で行う*1 ○一連の保健指導の業務の一部、特に３ヶ月以上の継続的支援等において、自機関にないノウハウ等を活かした支援を受けることを目的に、ノウハウある専門機関に部分的に分業（再委託）する ○委託元への結果報告や、データ作成、請求等を再委託分も含め、全て一つにとりまとめて行う ○再委託先における発生分も含め、トラブル発生時は、迅速な対応等全責任を負う	○元請けからの依頼に基づき、業務の一部、特に３ヶ月以上の継続的支援において、元請けにないノウハウ等を活かし、部分的に担当する ○担当部分の結果報告やデータ作成は、元請けに送付 ○受託できるのは、元請けが受託した業務の一部に限る
委託基準	○人員・施設等の基準遵守は必須 ○ホームページ等にて公開する「運営についての重要事項に関する規程の概要」において再委託の範囲と委託先等をあらかじめ明記 ○請求やデータ送付のため機関番号の取得が必要	○人員・施設等の基準遵守は必須 ○部分的であっても「運営についての重要事項に関する規程の概要」のホームページ等での公開は必須 ○元請けになることが全くない場合は、機関番号の取得は不要

＊1　初回面接実施者・中間評価者・実績評価者が同一機関でない場合（詳細は2-8-2参照）において、それぞれの保健指導機関は当該受託業務部分の全体の管理を行う（図表20の保健指導機関Bは、保健指導全体ではなく、継続的支援と実績評価の全体の管理を行えばよい）。

図表20：初回面接実施者・実績評価者等が同一機関でない場合における元請け・下請け（イメージ）

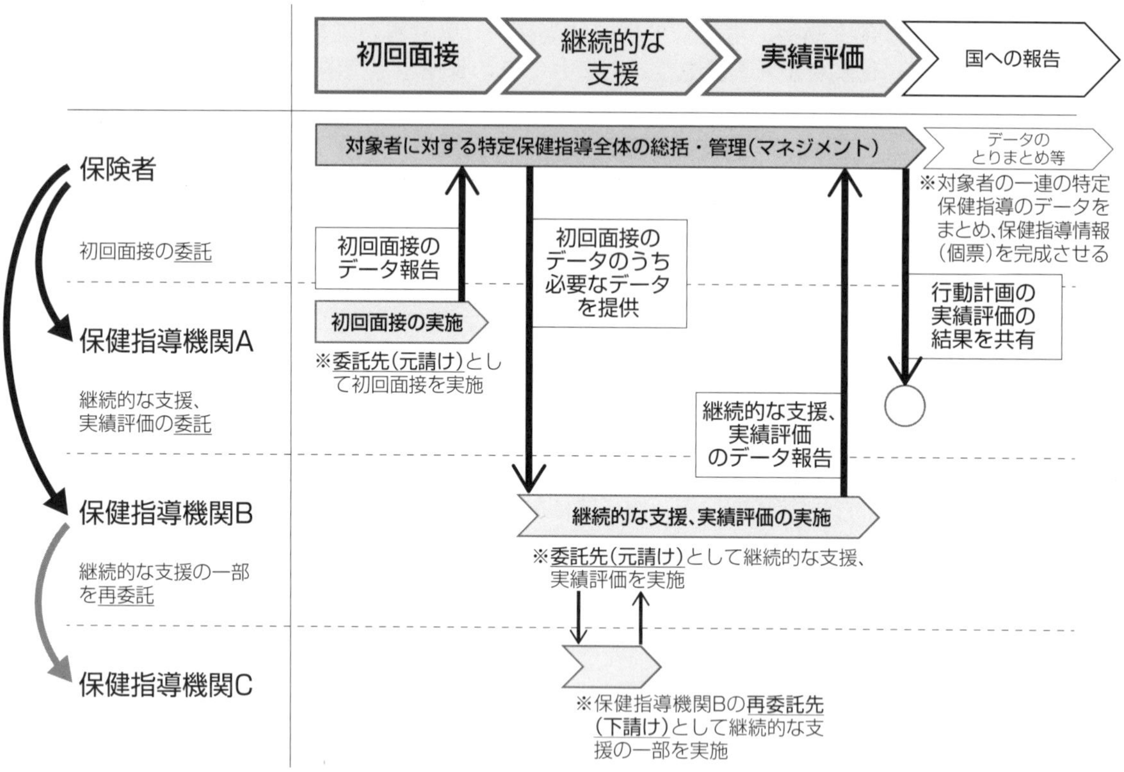

4-2-4　保険者間の再委託

被用者保険から市町村国保への特定健診・特定保健指導の実施の委託は、住民への保健サービスや実施率の向上につながることが期待される。このため、被用者保険から市町村国保へ特定健診・特定保健指導を委託する場合であって、受託した市町村国保がすでに国保加入者に対する特定健診・特定保健指導を外部委託しているときに限り、4-2-3③によらず再委託を前提とした保険者間の委託を可能とする。この場合における受診者・利用者に対する責任の所在は、一義的には受託側である市町村国保が負うが、状況に応じて関係者間で丁寧に問題解決に向けた協議を行う必要がある。

契約に向けた前提として、委託側の被用者保険は、被扶養者等の住所を把握・管理し、市町村別に委託したい対象者数が明確であること、受託側の市町村国保は、受け入れられる体制が確保出来る必要がある*1。各被用者保険と各市町村国保との契約にあたっては、先進事例を参考にしながら、受託側の市町村国保の体制等に応じた丁寧な協議が求められる。協議の場として保険者協議会を活用することも考えられる。

市町村国保が外部委託している場合における費用決済及びデータ授受は、実施機関と市町村国保、市町村国保と被用者保険のそれぞれで行う。

なお、被用者保険から市町村国保への実施の委託だけでなく、被用者保険の保険者間の実施の委託等も可能である。

4-2-5　個人情報の保護

委託すべき機関の適格性として、健診における精度管理等も重要であるが、個人情報である特定健診・特定保健指導データを厳重に管理できることが必要である。

＊1　まずは当該都道府県内に所在する被用者保険の被扶養者等の受入から徐々に協議を始めることが想定される。

保険者には、個人情報保護法に基づくガイドライン*1（「健康保険組合等における個人情報の適切な取扱いのためのガイダンス」「国民健康保険組合における個人情報の適切な取扱いのためのガイダンス」等）が定められており、このガイドラインにおいて委託先の監督が求められていることから、個人情報の厳重な管理や、目的外使用の禁止等を委託契約書に定めるとともに、委託先の契約遵守状況を管理する必要がある。

付属資料の標準的な契約書の例では、個人情報の保護の条項を設け、具体的には契約書に付属する別紙として個人情報取扱注意事項を定めているので、参考にされたい。

4-2-6　スケジュール

保険者では、見積りした上で契約書の仮セット（甲乙双方のリスト確定、契約内容・追加等の確定等）は実施年度の前年度に完了させておく。実施年度に入れば、調印事務に着手し、短期間で完了させる。年度末までの１年間を基本的な契約期間とできるよう、契約書上での契約締結日は４月１日付とする。集合契約の成立に向けた、参加保険者から代表保険者への委任状は、前年度の契約書の仮セットまでには取りまとめておく。

4-3　請求・決済

4-3-1　自己負担額

健診・保健指導の実施機関においては、契約により定められた単価（消費税込）から、各保険者が設定した自己負担額（受診券・利用券に明記）を差し引いた金額を請求する。自己負担額が金額で明記されている場合は特に問題ないが、負担率で示されている場合は、単価に保険者が設定した負担率を乗じて算出された額（１円未満の端数が出る場合は四捨五入）とする。

また、実施機関から保険者へのサービスの請求額の設定は複数回でも、自己負担額の徴収を同じタイミングとする必要はない。特に、対面での指導形態が中心ではない場合は、初回面接時しか接触・徴収の機会がない可能性があることから、初回時に自己負担額を全額徴収することが徴収漏れ等を防ぐ上で適当である*2（この時、保険者への請求額は契約単価から自己負担額を差し引いた額を各回の配分ルールに従って設定*3)。また、全額徴収は対象者の途中脱落を防ぐ効果もあると考えられる。このように、保険者への請求回数と自己負担額徴収のタイミングが異なる場合は、利用券に明記（利用券の様式例における窓口での自己負担の欄に「自己負担額は初回利用時の負担として特定保健指導開始時に全額徴収」と記載）する等実施機関の窓口で容易にわかるようにしておく。

自己負担は必ず設定し徴収しなければならないものではないが、設定する場合は、保険財政への影響と実施率向上*4とを総合的に判断し、各保険者で設定する。例えば、財政的に余裕のある保険者の場合は、自己負担はゼロか低く抑えられると考えられ、財政的に厳しい保険者は相当の自己負担を課さざるを得ないと考えられる。財政状況は厳しいものの、実施率向上を重視して自己負担を低く抑えることも一つの判断である。

予算が制約条件となるので、毎年の実施率が高まっていき、前年までの自己負担率では保険財政上厳しい場合には、年度によって自己負担を変えていくことも必要となる。

＊1　ガイドライン等については、個人情報保護委員会のホームページ「医療関連分野ガイダンス」(https://www.ppc.go.jp/personalinfo/legal/guidelines/) や、厚生労働省ホームページ「厚生労働分野における個人情報の適切な取扱いのためのガイドライン等」(https://www.mhlw.go.jp/stf/seisakunitsuite/bunya/0000027272.html) を参照のこと。

＊2　初回面接を分割して実施する場合、自己負担額の徴収機会が初回面接①のときしかない場合が想定されること、初回面接①の実施時点では積極的支援か動機付け支援か確定していないことから、集合契約Ａ②、Ｂ②に参加する場合は、対象者の「自己負担がない」又は「保健指導レベルに関わらず自己負担額が定額」である必要がある。

＊3　2009 年度の健診結果に基づく保健指導実施分からは、この（　）に記載の算定ルールとなっている。

＊4　実施率を上げるためには、特に保健指導（積極的支援）の場合は、途中脱落を防ぐためにも、無料とするよりも自己負担を徴収するという考え方がある。そもそも自己負担をゼロとする場合でも一旦は徴収し、脱落しなかった者（あるいは自己都合ではないが中断・終了を余儀なくされた者）のみキャッシュバックするという手法も考えられる。

人間ドックや保健指導における積極的支援のように単価が高額となるものは保険者の定率負担に限界があることから、自己負担額（あるいは自己負担率）に加えて保険者負担上限額を設定し組み合わせる方法もある。例えば、保険者負担上限額までは一定率とし上限額を超えた部分は自己負担とする、保険者負担上限額までは一定率の自己負担を求めるなど、保険者負担が過度となることを防ぐ方法もある。

4-3-2　請求・決済の頻度

請求や決済の頻度は、契約書に定められた内容に基づくので、保険者と健診・保健指導機関との個別の契約においては、双方の契約前の協議調整により自由に定められる。

集合契約では、統一的・定型的な事務処理ルールが必要である。集合契約Ｂの標準的な契約書の例では、データ送付と請求は常に一体的に行うこととし（請求の付随しないデータ送付はないものとする）、毎月、健診・保健指導機関から代行機関に請求とデータを送付する日（例えば支払基金の場合は、オンラインは随時、オフラインは月１回）、代行機関から保険者にデータを送付する日（例えば支払基金の場合は、オンラインは月３回、オフラインは月１回）等を定めており、健診・保健指導機関並びに保険者はこの共通ルールに沿って事務を処理することとなる[*1]。

4-4　重要事項に関する規程

保険者が特定健診・特定保健指導を委託できる機関の基準が告示により定められていることから、保険者が委託先を探すにあたって、委託基準を満たしている機関であるか否かを判別できるよう、健診・保健指導機関は基準の遵守状況について情報を公開する。

運営等に関する基準において定めておくべき概要の項目は、以下のとおりである。

<特定健康診査及び特定保健指導の実施に関する基準第16条第１項の規定に基づき厚生労働大臣が定める者>（抜粋）

５　運営等に関する基準

(6)（※特定保健指導は(7)）運営についての重要事項として次に掲げる事項を記した規程を定め、当該規程の概要を、保険者及び特定健康診査の受診者（※特定保健指導の利用者）が容易に確認できる方法（ホームページ上での掲載等）により、幅広く周知すること。

・事業の目的及び運営の方針
・統括者の氏名及び職種（※特定保健指導のみ）
・従業者の職種、員数及び職務の内容
・特定健康診査（※特定保健指導）の実施日及び実施時間
・特定健康診査（※特定保健指導）の内容及び価格その他の費用の額
・事業の実施地域
・緊急時における対応
・その他運営に関する重要事項

規程の概要は、保険者が各機関の比較検討が円滑にできるよう、共通の様式を用いて記載する（様式は付属資料 1-2 を参照）。必須記載項目は全て記載する、また一部の項目は、選んだ選択肢によっては委託基準を満たさなくなること（例えば「受診者に対するプライバシーの保護」の項目で「無」を選んだ場合は基準を満たさない機関となる）に注意する。

規程の概要は、人員配置基準や施設基準、実施時間を明記することから、複数の実施拠点を抱える機関が、機関単位で作成した場合、保険者にとって利用するサービスの拠点が基準を満たしているか否かが分かりにくいだけでなく、拠点によって実施時間（営業している曜日や時間帯）等が異なる場合に、受診者にとってもわかりにくい。このため、運営についての重要事項に関する規程の概要（ホームページ等）は、実施拠点単位で作成する。

＊１　集合契約における決済の回数は、付属資料の「標準的な契約書」の内訳書の支払条件の欄を参照。

図表21：重要事項に関する規程の概要（健診機関用）の様式イメージ[*1]

運営についての重要事項に関する規程の概要[健診機関]

＊健診と保健指導の両方を実施する者は、保健指導機関分とは別々に作成・掲出等すること。
＊多くの拠点を抱えている法人の場合は、各拠点単位で別々にこれを作成・掲出等すること。
＊選択肢の項目については、□を■にするか、該当する選択肢のみ残す（非該当は削除）こと。

更新情報	最終更新日	年　月　日

＊下記事項に変更があった場合は速やかに変更し、掲載しているホームページ等更新し、更新日を明示すること。

機関情報	機関名[注1)][注2)]		
	所在地[注1)]	（郵便番号）	－
		（住所）	
	電話番号[注1)]		－　－
	ＦＡＸ番号		－　－
	健診機関番号[注3)]		
	窓口となるメールアドレス		@
	ホームページ[注4)]		https://
	経営主体[注1)]		
	開設者名[注1)]		
	管理者名[注5)]		
	第三者評価[注6)]		□実施（実施機関：　）□未実施
	認定取得年月日[注6)]		年　月　日
	契約取りまとめ機関名[注7)]		（例：○○市医師会、結核予防会）
	所属組織名[注8)]		

注1）社会保険診療報酬支払基金（以下「支払基金」という）に届け出る（あるいは届け出ている）内容と同一の内容とする
注2）正式名称で記載。複数拠点を持つ法人の場合は、正式名称が拠点名のみであれば拠点名、法人名＋拠点名（例：「株式会社△△サービス○○店」「財団法人○○　△△健診センター」等）であればその通りに記載
注3）届出により支払基金から番号が交付されている機関のみ記載
注4）ホームページを開設している機関のみ記載。複数ある場合は最も機関の概要がわかる情報が掲載されているサイト（例：自院ページ、地区医師会ページ、医療情報提供制度に基づく都道府県ホームページ等）のアドレスを記載
注5）特定健康診査を実施する各拠点における常勤の管理者。但し、管理上支障がない場合は、健康診査機関の他の職務に従事し、又は同一の敷地内にある他の事業所、施設等の職務に従事することができるものとする。施設管理や人事管理、会計管理等を想定。従って管理者は必ずしも医師等でなくともよい（医師等による兼務は可）。
注6）何らかの評価機関において、評価を受けた場合のみ記載
注7）個別契約のみで、どこのグループにも属していない場合は記載不要
注8）機関が支部・支店等の拠点の場合、所属する法人名（本部組織名）を記載（正式名称で）。所属組織とは、主として注2の例にあるような法人を想定（医師会は除く）。なお、契約取りまとめ機関名との包含関係としては、契約取りまとめ機関≧本部組織＞機関（支部・支店等）となる。

スタッフ情報[注9)]		常勤	非常勤
	医師	人	人
	看護師	人	人
	臨床検査技師	人	人
	上記以外の健診スタッフ[注10)]	人	人

注9）特定健康診査に従事する者のみを記載。
注10）医師・看護師・臨床検査技師以外で、特定健診の業務運営に必要な者（受付、身体計測、データ入力や発送、健診バスの運転等）。

施設及び設備情報	受診者に対するプライバシーの保護[注11)]	□有　□無
	個人情報保護に関する規程類	□有　□無
	受動喫煙対策	□敷地内禁煙　□施設内禁煙　□完全分煙　□なし
	血液検査	□独自で実施　□委託（委託機関名：　）
	眼底検査	□独自で実施　□委託（委託機関名：　）
	内部精度管理[注12)]	□実施　□未実施
	外部精度管理[注12)]	□実施（実施機関：　）□未実施
	健診結果の保存や提出における標準的な電子的様式の使用	□有　□無

注11）健診時における、必要な箇所（問診・相談や脱衣を要する検査項目の実施時等）への間仕切りやついたて等の設置、別室の確保等の配慮等が為されているかの有無
注12）血液検査や眼底検査等を外部に委託している場合には、委託先の状況について記載。

運営に関する情報	実施日及び実施時間[注13)]	特定時期	（例：6月第2週の平日13:00-17:00）
		通年	（例：平日9:00-17:00、土曜夜間）
	特定健康診査の単価[注14)]		円以下／人
	特定健康診査の実施形態[注13)]		□施設型（□要予約・□予約不要） □巡回型（□要予約・□予約不要）
	巡回型健診の実施地域		（例：岡山県全域、広島県福山市）
	救急時の応急処置体制[注15)]		□有　□無
	苦情に対する対応体制[注16)]		□有　□無

注13）どちらだけでも、どちらも記載可
注14）特定健康診査の「基本的な健診の項目」（いわゆる必須項目）の一式を実施した場合の単価（契約先によって多様な契約単価がある場合は、そのうちの最高額）を記載。なお、単価には消費税を含む。
注15）緊急時に医師が迅速に対応できる体制の有無（医師が常駐していない機関の場合は、医師と緊密に連携し緊急時には搬送もしくは医師が駆けつける体制となっているか）。※医療機関は原則として「有」であると想定される
注16）受診者や保険者による苦情が発生した場合に、それを受け付け、改善、申し立て者への結果報告等を行う窓口や担当等が設けられているか。※医療機関は原則として「有」であると想定される

その他	掲出時点の前年度における特定健診の実施件数	年間　人	1日当たり　人
	実施可能な特定健康診査の件数	年間　人	1日当たり　人
	特定保健指導の実施	□有（動機付け支援）　□有（積極的支援）　□無	

保険者並びに利用者が健診・保健指導機関に関する情報を容易に確認できるよう、ホームページで公開するか、厚生労働省に無料の掲載場所（特定健康診査機関・特定保健指導機関データベース[*2]）が設けられることから、その場を借りて公開する。公開している内容に変更があった場合は、速やかに掲載している情報を更新する。その際、利用上のトラブルの発生を未然に防ぐ一助となるよう、いつ時点の情報であるかを明確にするために、最終更新日の欄を設けているので、更新の都度、日付を更新しておく。

4-5　健診・保健指導機関番号

4-5-1　番号とは

①健診・保健指導機関番号の必要性、付番ルール

特定健診・特定保健指導のファイルのやりとりに当たっては、発信者や送付先、送付内容がファイルに明示されていないと、正しい送付先に正しい内容のものが送られているかを判別できないため、標準的なファイル形式では、結果データや請求データだけではなくこれらの情報を記載する領域を設け、番号で記載を統一することとした。

保険医療機関番号を保有する機関は、既存の番号を利用する方が合理的であり、既存の保険医療機関番号に準じた付番ルールが適当なことから、付番ルールは次のようにした。

＊1　血液検査のみならず眼底検査についても委託により対応せざるを得ない場合は、血液検査と同様の記載方法で、事前に再委託先の機関名を明示しておく必要がある。
＊2　厚生労働省ホームページ「特定健康診査機関・特定保健指導機関データベース」（https://www.kikan-db.mhlw.go.jp）令和6年4月以降アクセス可能。

図表22：健診・保健指導機関番号の付番ルール

桁数	区分	内容
2	都道府県コード	機関所在の都道府県番号（01 ～ 47）
1	機関区分コード	保険医療機関（医科）＝1 保険医療機関以外の健診・保健指導機関＝2
6	機関コード	原則として、届出順に付番
1	チェックデジット	健診・指導機関番号の先頭から９桁を使用し、モジュラス10ウェイト2·1分割（M10W21）方式により設定。 ①＝チェックデジットを除いた部分の末尾桁を起点として、各数に順次2、1、2、1の繰り返しで乗じる。 ②＝①で算出した積の和を求める（ただし、積が２桁になる場合は１桁目と２桁目の数字の和とする）。 ③＝10と②で算出した数字の下１桁の数との差を求め、これをチェックデジットとする（ただし、１の位の数が０の場合はチェックデジットを０とする）。

（参考）都道府県コード１１（埼玉）、１２（千葉）、１３（東京）、１４（神奈川）のみ、先頭の2桁（都道府県コード）及び次の１桁（先頭から3桁目）の医科（１）を除く4桁目からの6桁についてM10W21によりチェックデジットを計算し、それを全体のチェックデジットとし既存の保険医療機関コードを構成している。
3桁目＝１の場合には、4桁目からの6桁についてM10W21でチェックデジットを計算しこれを末尾桁と比較、上記以外の場合には、1桁目から9桁目までについてM10W21でチェックデジットを計算しこれを末尾桁と比較。

②市町村の衛生部門が健診・保健指導機関となる場合の付番ルール

集合契約Ｂ（詳細は5-2-1参照）において、市町村国保が市町村の衛生部門に特定健診・特定保健指導の実施を執行委任する場合、集合契約における委託先が市町村の衛生部門となる。このため、受託する市町村は健診・保健指導機関として番号の取得が必要となる。

③保険者自身で特定健診・特定保健指導を実施した場合の付番ルール

保険者自身で特定健診・特定保健指導を直接実施する場合は、支払基金又は国保連合会（国）への実績報告時に、健診や保健指導を実施した機関を記載する欄が、委託していないために空欄となってしまうことを避けるため、保険者自身で実施したことを示す共通の番号を記入することとする（55から始まるこの番号は、どの保険者でも共通して使用する）。

なお、保険者自身で実施しつつ、他の保険者からも受託する場合は、自身のデータファイルの実施機関欄には自身で実施した共通番号（55から始まる番号）を、他の保険者に送付するその保険者のデータファイルの実施機関欄には、健診・保健指導機関としての番号を（事前に申請し番号を取得しておく必要がある）、それぞれ記入する。

④他の健診・保健指導（他の法令や償還払い）による実施結果受領時の付番ルール

事業者健診等他の法令に基づく健診・保健指導の実施結果や、償還払いによる実施方法を採る保険者が加入者から受領する実施結果は、実施した機関が特定健診・特定保健指導の受託機関となっていない場合は機関番号がなく、支払基金又は国保連合会（国）への実績報告時に健診や保健指導を実施した機関を記載する欄が空欄となってしまう。これを避けるため、保険者は、実施機関が保険医療機関であれば保険医療機関番号を、保険医療機関ではない（あるいは保険医療機関か否かが不明）場合は他の健診・保健指導の実施機関としての共通番号を、記入する（66から始まるこの番号は、どの保険者でも共通して使用する）。

図表23：付番ルールにおける留意事項

桁数	区分	市町村衛生部門が健診・保健指導機関として登録する場合	保険者自身が実施する場合	他の健診・保健指導（他の法令や償還払い）の実施機関
2	都道府県コード	（通常と同じ）	55	66
1	機関区分コード	2	2	3
6	機関コード	9（自治体を示す） ＋現行市町村番号（3桁） ＋枝番号[*1]（2桁）	111111	111111
1	チェックデジット	（通常と同じ）	1（通常と同じ）	6（通常と同じ）

4-5-2　番号取得申請

健診・保健指導機関番号は、各機関が独自に設定するのではなく、一元的に発番及び失効情報等の管理を行う必要があるため、以下の理由から支払基金で一元管理している。

○機関番号を用いての処理を最も必要とするのが代行機関であり、その中でも支払基金は集合契約Bにおける代行処理を取り扱う全国規模の機関である
○すでにレセプトの審査支払業務のために保険医療機関番号を管理しており、保険医療機関については特定健診・特定保健指導においてもこの番号を使用するため
○支払基金は、レセプト処理業務において保険者や医療機関との長年の関係があり、全国の健診・保健指導機関からの付番申請に対応できる体制がある

保険者から特定健診・特定保健指導の委託を受けようと考えている機関は、機関の立地する都道府県の支払基金の審査委員会事務局に、支払基金所定の様式に必要事項を記入し提出することにより、届出を行う[*2]。なお、支払基金へ申請した内容に変更が生じた場合は、各都道府県の支払基金の審査委員会事務局に変更内容の届出を行う[*3]。

支払基金のホームページに健診・保健指導機関のリストを公開する際、掲載されている実施機関が委託基準を満たしていることを確認できるよう、各実施機関では、申請前に「運営についての重要事項に関する規程の概要」を作成し、ホームページ等に公開しておく。

すでに保険医療機関番号を保有している医療機関は、新たな番号取得の必要はないが、申請が必要となる。これは、保険医療機関の全てが特定健診・特定保健指導を受託する訳ではないため、支払基金ホームページの健診・保健指導機関リストに、委託基準を満たしている（と自己申告している）機関として、保険者から受託できることを示しておくためである。保険者が他の保険者から受託する場合も、保険者番号があるため新たな番号取得の必要はないが、健診・保健指導機関としての届出が必要となる。

保険者が事業者の産業医・保健師等に委託する場合、当該事業者が、加入する保険者からの受託に限る場合は、番号の取得は必要ない（保険者自身が実施する場合と同様にみなせるため）。ただし、その場合でも委託基準の遵守や「運営についての重要事項に関する規程の概要」の公開は必要である。

＊1　保健所や保健センター等市町村一般衛生部門の中でも複数の実施拠点・施設がある場合が少なくないため、市町村番号に加え、枝番号を用意。これにより、市町村一般衛生部門は実施拠点単位での付番申請を行う（一括申請は可）。国保直診施設等の自治体病院は市町村内に複数あっても、すでに保険医療機関の番号を取得済みであるため、新たな付番は不要。
＊2　図表 24 ～ 27 の様式及び作成要領は支払基金ホームページ（https://www.ssk.or.jp/yoshiki/yoshiki_09_h30t.html）参照。
＊3　保険医療機関番号を有する機関において、保険医療機関番号が変更となった場合は、旧機関番号の廃止及び新機関番号の取得の申請が必要となる。また、保険医療機関番号を有する機関において、保険医療機関を廃止し、健診・保健指導機関のみと変更する場合は、健診区分コードが「2」となるため、従前の健診·保健指導機関番号が使用できない。このため、保険医療機関以外として、支払基金へ健診・保健指導機関番号の取得及び旧機関番号の廃止の申請が必要となる。

図表24：健診・保健指導機関番号の申請様式（保険医療機関用）

（特ー様式第1号）　**特定健診・特定保健指導機関届（保険医療機関）**

特定健診・特定保健指導機関として、下記のとおり届けます。

令和　　年　　月　　日

社会保険診療報酬支払基金＿＿＿＿審査委員会事務局長　殿　　　届出者　住 所　氏 名

①特定健診・特定保健指導機関コード		機関の種別	□ア 特定健診機関　□イ 特定保健指導機関
②名称	フリガナ		
③所在地	郵便番号　－　　電話番号　－　－ フリガナ		
④ホームページアドレス	https://		
⑤経営主体	病院：国立病院・国立療養所・官公立・その他の公的 大学病院（国立・公立・私立） 独立行政法人国立病院機構 医療法人・社会福祉法人・その他の法人・個人	診療所	官公立・その他の公的・医療法人 社会福祉法人・その他の法人・個人
⑥開設者名	フリガナ		

⑦以降は、特定健診・特定保健指導の費用を支払基金に請求予定がある場合に記載して下さい。なお、他の代行機関へ費用を請求する予定がある場合は、それぞれの代行機関への届出が必要となります。

また、⑨については下記の□に✔を記入し「イ」の場合のみ⑨に記載願います。

□ア　診療報酬と同一の口座に振込を希望する。

□イ　下記口座に振込を希望する。

⑦請求者名	フリガナ	＊整理印	＊受付印
⑧受領者名	フリガナ	登録	
⑨振込銀行	フリガナ　銀行　銀行コード　フリガナ　支店　支店コード　科目：当座・普通　口座番号	確認	
口座名義人	カタカナ		
⑩請求開始年月日	令和　年　月　日	⑪請求形態	□ア 電子媒体(CD-R)　□イ 電子媒体(FD)　□ウ 電子媒体(DVD-　□エ オンライン
（備考）			

A4（210×297）

※1　本届の内容のうち、①から⑤の事項については基金のホームページ上で公開いたします。

2　本届の内容のうち、個人情報に該当する事項については、社会保険診療報酬支払基金の業務に用いるものであり、個人情報保護法第18条第3項に定める場合のほか、本人の同意なくして他の利用目的に使用することはありません。

3　本届においてJIS第一、二水準以外の文字で記入されている場合は、JIS第一、二水準に置き換えて登録を行いホームページ上に公開いたします。

4　「請求形態」欄のオンラインを選択された場合は、別途「電子情報処理組織の使用に関する届出」及び「電子証明書発行依頼書」の提出が必要となります。

図表25：健診・保健指導機関番号の申請様式（保険医療機関以外用）

（特ー様式第2号）　**特定健診・特定保健指導機関届（保険医療機関以外）**

特定健診・特定保健指導機関として、下記のとおり届けます。

令和　　年　　月　　日

社会保険診療報酬支払基金＿＿＿＿審査委員会事務局長　殿　　　届出者　住 所　氏 名

①機関の種別	□ア 特定健診機関　□イ 特定保健指導機関
②名称	フリガナ
③所在地	郵便番号　－　　電話番号　－　－ フリガナ
④ホームページアドレス	https://
⑤経営主体	都道府県・市町村・官公立・その他の公的・医療法人 社会福祉法人・財団法人・NPO・株式会社 その他の法人・個人 その他
⑥開設者名	フリガナ

⑦以降は、特定健診・特定保健指導の費用を支払基金に請求予定がある場合に記載して下さい。なお、他の代行機関へ費用を請求する予定がある場合は、それぞれの代行機関への届出が必要となります。

⑦請求者名	フリガナ	＊整理印	＊受付印
⑧受領者名	フリガナ	登録	
⑨振込銀行	フリガナ　銀行　銀行コード　フリガナ　支店　支店コード　科目：当座・普通　口座番号	確認	
口座名義人	カタカナ		
⑩請求開始年月日	令和　年　月　日	⑪請求形態	□ア 電子媒体(CD-R)　□イ 電子媒体(FD)　□ウ 電子媒体(DVD-　□エ オンライン
（備考）		（基金使用欄）＊決定特定健診・特定保健指導機関コード	

A4（210×297）

※1　本届の内容のうち、①から⑤の事項については基金のホームページ上で公開いたします。
なお、決定した特定健診・特定保健指導機関コードについても基金ホームページ上で公開します。

2　本届の内容のうち、個人情報に該当する事項については、社会保険診療報酬支払基金の業務に用いるものであり、個人情報保護法第18条第3項に定める場合のほか、本人の同意なくして他の利用目的に使用することはありません。

3　本届においてJIS第一、二水準以外の文字で記入されている場合は、JIS第一、二水準に置き換えて登録を行いホームページ上に公開いたします。

4　「請求形態」欄のオンラインを選択された場合は、別途「電子情報処理組織の使用に関する届出」及び「電子証明書発行依頼書」の提出が必要となります。

図表26：特定健診・特定保健指導機関変更届

（特ー様式第3号）

特 定 健 診 ・ 特 定 保 健 指 導 機 関 変 更 届

基金に届け出た内容のうち変更欄にチェックを入れた項目について変更し、下記のとおり届けます。

社会保険診療報酬支払基金＿＿＿＿＿審査委員会事務局長　殿　　　　令和　　年　　月　　日

届出者　住 所
　　　　氏 名

変　更　年　月　日
令和　　年　　月　　日

①	特定健診・特定保健指導機関コード		変更□　機関の種別　□ア　特定健診機関　□イ　特定保健指導機関
変更□	②	名　称	ﾌﾘｶﾞﾅ
変更□	③	所　在　地	郵便番号　－　電話番号　－　－ ﾌﾘｶﾞﾅ
変更□	④	ホームページアドレス	https://
変更□	⑥	開　設　者　名	ﾌﾘｶﾞﾅ
変更□	⑦	請　求　者　名	ﾌﾘｶﾞﾅ
変更□	⑧	受　領　者　名	ﾌﾘｶﾞﾅ
変更□	⑨	振　込　銀　行	ﾌﾘｶﾞﾅ　銀行　銀行コード　ﾌﾘｶﾞﾅ　支店　支店コード　科目：当座・普通　口座番号
		口　座　名　義　人	ｶﾀｶﾅ
変更□	⑩	請　求　形　態	□ ア　電子媒体（CD-R） ☑ イ　電子媒体（DVD- □ ウ　電子媒体（FD） □ エ　オンライン

変更□	⑤経営主体	
	病　院	国立病院・国立療養所・官公立・その他の公的 大学病院（国立・公立・私立） 独立行政法人国立病院機構 医療法人・社会福祉法人 その他の法人・個人
	診療所	官公立・その他の公的・医療法人 社会福祉法人・その他の法人 個人
	その他健診・保健指導機関	都道府県・市町村・官公立・その他の公的・医療法人 社会福祉法人・財団法人・NPO・株式会社 その他の法人・個人 その他

	＊整理印	＊受付印
登録		
確認		

（備考）

A4（210×297）

※1　本届の内容のうち、①から⑤の事項については**基金のホームページ上で公開**いたします。
2　本届の内容のうち、個人情報に該当する事項については、社会保険診療報酬支払基金の業務に用いるものであり、個人情報保護法第18条第3項に定める場合のほか、本人の同意なくして他の利用目的に使用することはありません。
3　本届においてJIS第一、二水準以外の文字で記入されている場合は、JIS第一、二水準に置き換えて登録を行いホームページ上に公開いたします。
4　「請求形態」欄をオンラインに変更する場合は、別途「電子情報処理組織の使用に関する届出」及び「電子証明書発行依頼書」の提出が必要となります。

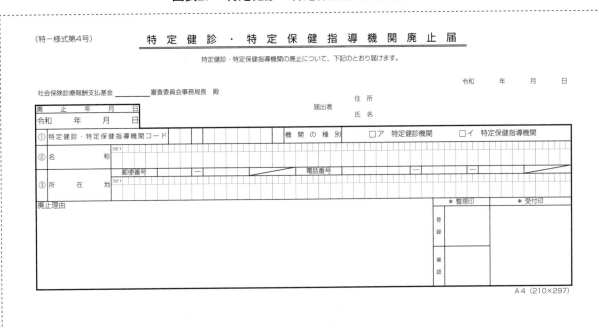

図表27：特定健診・特定保健指導機関廃止届

（特ー様式第4号）

特 定 健 診 ・ 特 定 保 健 指 導 機 関 廃 止 届

特定健診・特定保健指導機関の廃止について、下記のとおり届けます。

令和　　年　　月　　日

社会保険診療報酬支払基金＿＿＿＿＿審査委員会事務局長　殿

届出者　住 所
　　　　氏 名

廃　止　年　月　日
令和　　年　　月　　日

①	特定健診・特定保健指導機関コード	機関の種別　□ア　特定健診機関　□イ　特定保健指導機関
②	名　称	ﾌﾘｶﾞﾅ
③	所　在　地	郵便番号　－　電話番号　－　－ ﾌﾘｶﾞﾅ

廃止理由

	＊整理印	＊受付印
登録		
確認		

A4（210×297）

4-6　委託先機関の評価

4-6-1　委託基準の遵守状況の確認

保険者は、委託先の機関が委託基準を遵守しているかを確認する必要がある。健診・保健指導機関では基準を満たしていることを示す「運営についての重要事項に関する規程の概要」をホームページ等で公表することから、保険者では、これを確認するとともに、必要に応じ、契約先の健診・保健指導機関に関する資料の収集や疑義照会を行うことにより、随時、委託先を確認*1する。この仕組みを担保するため、受託機関は保険者の求めに応じ、資料提供依頼や疑義照会に対応する旨を契約書に明記しておく。

4-6-2　基準を満たさない機関が判明した場合の対応

委託基準を満たさない機関が判明した場合は、特定健診・特定保健指導を実施したとはみなせない。国は保険者に対し実施し直す等の指導は可能であるが、健診・保健指導機関への直接の指導の権限はない。このような制約下で健診・保健指導機関の適切性を確保するため、以下のような対策が考えられる。

①契約の解除

公開されている「運営についての重要事項に関する規程の概要」と実際の内容が相当異なり、委託内容等に影響があると判明した時点で、保険者は委託先の機関に対し改善を求めることとなるが、是正されない場合は、年度途中であっても契約の解除が考えられる。

この時、厳密には、基準を満たさない機関による実施は実施したと認められないことから、実施済みの結果を確認し（検査値の精度等明らかに問題がある等により）保険者での実施し直しが必要となる（実施結果が活用できない）場合は、支払済み委託料の返還に加えて、逸失利益を請求することも考えられる。

②次年度の契約を更新しない

年度途中の解除まで至らない、あるいは解除に向けた手続を踏む時間がない等の理由で解除ができない場合でも、次年度の継続・更新は回避できる。集合契約の場合は、各都道府県の保険者協議会において、該当する機関について評価した上で、翌年度の集合契約等の相手先からの除外を検討・決定する。除外が決定した場合は、支払基金や参加保険者に通知するとともに、代表保険者は契約時に契約書から除外する。

③健診・保健指導機関番号登録の抹消（あるいは一時停止）

契約の解除や更新のとりやめは一時的な措置であるが、相当悪質な場合は、特定健診・特定保健指導を受託できなくなるようにするため、健診・保健指導機関番号登録の抹消（あるいは一時停止）もできる。

この場合は、集合契約だけではなく、対象となる機関と個別に契約をしている全国の保険者に影響することから、各都道府県の保険者協議会において該当する機関について評価し登録抹消（あるいは一時停止）が適当と判断した場合は、保険者協議会中央連絡会を通じ、他の全ての都道府県の保険者協議会（その下に所属する保険者）にその旨を通知し、反対がない場合は、保険者協議会から支払基金へ登録抹消（あるいは一時停止）を依頼し、支払基金は依頼に対応するとともに、支払基金ホームページで更新情報を公表する。各保険者には、保険者協議会中央連絡会を通じ、他の全ての都道府県の保険者協議会（その下に所属する保険者）に機関番号登録の抹消（あるいは一時停止）した旨を通知する。

＊1　集合契約Ｂにおいては、保険者は、実施機関に直接資料提供依頼や疑義照会を行うのではなく、契約取りまとめ機関を通じて照会するルールとなっている（付属資料にある契約書の例を参照）。

④特定健診・特定保健指導結果の取扱い

基準を満たさない健診・保健指導機関による実施結果は、特定健診・特定保健指導を委託により実施したとはみなせないため、保険者にて実施し直すこととなる。しかし、健診・保健指導機関による不正の代償を保険者が負うことを避けるため、原則として（悪質な業者と保険者が共謀しているようなケースを除き）、実施した健診等については保険者の実施率に含める（実施したとみなす）こととする。

4-6-3　委託先の評価

保険者は、委託により狙い通りの成果が得られたのか、委託後の検証・評価を十分に行うことが必要である。特に特定保健指導は、定型的な業務ではなく委託先の力量が如実に問われる業務であり、実施後の評価が重要となる。

複数機関に委託している場合、まず機関間で成果の程度を比較検証する。次に機関内でのプログラム間（同じ機関で実施した場合の指導プログラムの違いによる比較）、実施者間（同じ指導プログラムで実施した場合の指導者の違いによる比較）、対象者間（同じ実施者でも対象者の違いによる比較）と掘り下げて比較、評価を行う。

評価の視点は、対象者の満足度等の指導プロセスや保健指導の継続率等のアウトプットのほか、メタボ関連指標（腹囲・BMI・血糖・血圧等）の改善や生活習慣の改善等の成果を評価することが重要である。

保健指導の評価とは別に、保健事業全体の成果として、生活習慣病に関する各保険者での医療費の増減状況について評価する。保健指導の評価を根拠に基づいて、適切に行うためには、特定健診・特定保健指導データやレセプトデータ等が保険者において、分析可能な状況にあることが必要であり、システム等によるデータ管理体制の整備を行う。

以上のような評価は各保険者が単独で実施することが基本ではあるが、保険者協議会の場で、各保険者が自らの評価結果や評価に必要な情報を持ち寄り、共同で実施することも考えられる。

5 集合契約

5-1 契約条件の標準化

市町村（国保）の実施機関との集合契約（集合契約Ｂ　詳細は５-２-１参照）において、市町村によって委託者と受託者の役割や責任の分担、紛争解決ルール等、契約単価以外の契約条件が異なるという事態が生じた場合、全国で集合契約に参加する保険者から見ると、地域によってさまざまな条件の契約が混在し、複雑化する。

このため、集合契約Ｂでは、契約書のフォーマット（条項と内容）は、原則として全国統一とし、契約単価・委託項目（健診項目等）部分のみ各市町村（国保）の条件を参考とする。これにより単価・項目以外の契約条件（支払条件、役割分担、責任分担や紛争解決ルール等）を全国共通化・標準化し、契約関係者の事務の煩雑さを解消する。

5-2 集合契約のパターン

集合契約の基本となるのは、市町村（国保）の実施機関との集合契約（集合契約Ｂ）である。保険者（あるいは健診・保健指導機関）は、集合契約のいずれか一つを選択し参加するのではなく、どの契約にも重複に参加して構わない。重複に参加することにより、保険者は、より多くの機関に委託できるだけでなく、委託単価もより低くすることができる（委託先機関と複数の契約ルートでつながる場合、内容が同じ場合は最も低廉な契約ルートで実施・請求がなされるルールのため）。一方、健診・保健指導機関にとっても、重複の参加は、より多くの保険者からの委託を受けることができるメリットが生じる。

図表28：集合契約等直営以外での主な実施形態

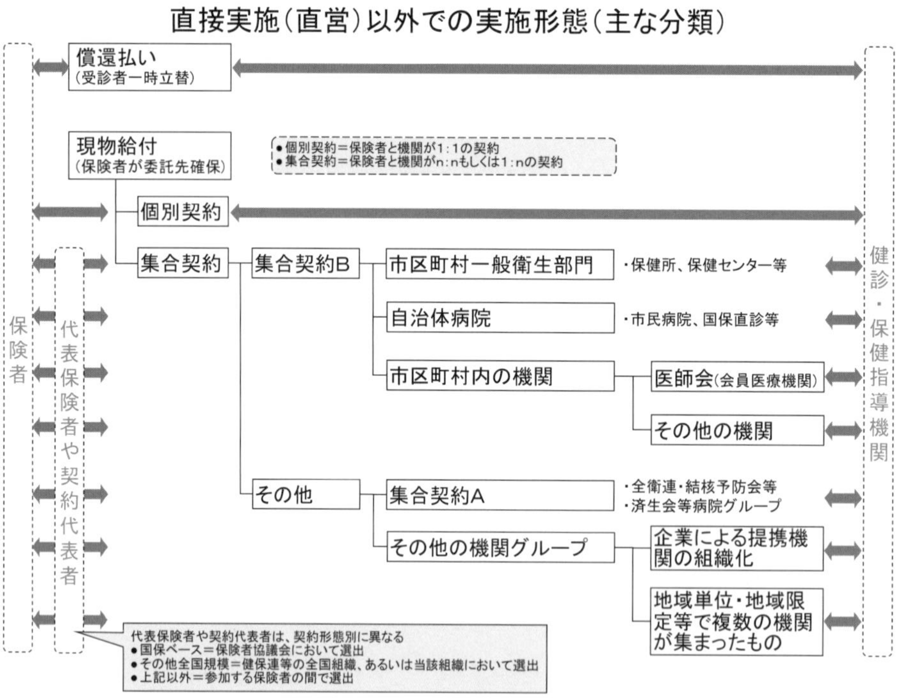

5-2-1　市町村国保の実施機関（地区医師会・直診・衛生部門等）

2007年度までは、40歳以上の住民を対象者とする老人保健法に基づく基本健康診査（住民健診）が市町村において実施されていたが、特定健康診査に置き換わったことによって、市町村国保被保険者でなければ市町村（国保）では受診できなくなった。

市町村において、これに伴う混乱を避け、どの保険者に加入していても地元で受診できるようにするためには、住民のうち市町村国保以外の保険者（被用者保険）の加入者が国保の実施する方法と同じ方法で受診できるよう、被用者保険が市町村（国保）の実施機関と委託関係を締結する必要がある。

この時、個々の保険者（被用者保険）が市町村（国保）の実施機関と個別に契約するような非効率を避けるため、当該機関と被用者保険グループとの間で集合契約（集合契約Ｂ）を締結する。市町村（国保）の実施機関には、主に次の形態が考えられ、市町村（国保）の契約の枠組みによって集合契約の相手先は異なることとなる。

図表29：市町村国保の実施機関（集合契約Ｂ）のイメージ

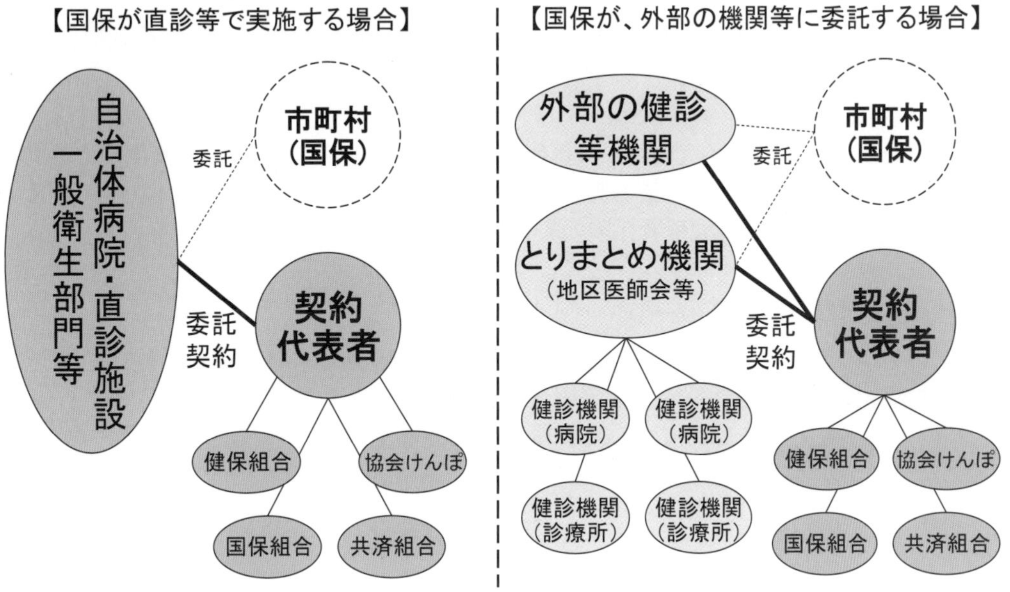

①市町村国保部門（保険者間委託）

市町村国保が、直接実施（直営）する場合は、被用者保険は市町村国保を委託先として集合契約を締結することとなる（高齢者の医療の確保に関する法律第26条の保険者間委託に該当）。この場合、委託費の収受や実施に要する経費の支出等は市町村国保特会にて処理することとなる。

ただし、十分な数の保健師や管理栄養士が確保できる等、内部での実施体制が確立できている市町村国保は少ない（市町村で抱える保健師数が十分でない中で国保に割けるマンパワーには限りがある）ことから、市町村国保が直営で行う場合は被用者保険分まで受託できない可能性もある。この場合は、被用者保険分のうち市町村国保で受けられない人数分は外部の機関に委託できるよう、加入する保険者の違いを問わず、住民に対する実施場所の提供という観点に立ち、市町村が仲介の労をとることも考えられる。

②市町村衛生部門

市町村における保健事業の実施体制として、市町村内で抱える保健師等の分散配置を避けるため、虐待や障害者への対応等特定健診・特定保健指導以外のさまざまな業務も含め、衛生部門に集中して配置する形態をとる場合が考えられる。

この形態では、市町村国保が特定健診・特定保健指導の実施を、市町村の衛生部門（場所としては保健所や保健センター等）に執行委任する形となるため、被用者保険は市町村の衛生部門を委託先として集合契約を締結することとなる。この場合、委託費の収受や実施に要する経費の支出等は一般会計にて処理することとなる。

特に、民間の保健指導機関による進出が困難と考えられる地域（いわゆるへき地や離島等）においては、地元市町村による（住民サービスの一環としての意味合いも含め）保険者の種別を問わない保健指導の実施が重要となることから、そのような市町村は、被用者保険との集合契約に積極的に対応することが求められる。

なお、市町村の衛生部門は健診・保健指導機関として機関番号の取得や支払基金への届出が必要となる。

③自治体病院

上記①②以外の市町村内部での実施体制としては、市民病院や国保直診施設等の自治体病院が残る選択肢として考えられるが、これは一般の医療機関への委託と同様、市民病院や国保直診施設等を委託先として集合契約を締結することとなる。この場合、委託費の収受や実施に要する経費の支出等は病院会計にて処理することとなる。これらの施設はすでに保険医療機関として番号を保有していると考えられるが、被用者保険からの受託に当たっては、健診・保健指導機関となる旨を支払基金へ届け出ておく必要がある。

④外部機関

①から③は市町村内部での実施体制であるが、市町村国保において市町村内部での実施体制を確立できない場合（都市部を中心に、対象者数の多い市町村国保は直営で賄いきれない可能性が高い）は、外部の機関に委託する必要がある。

主な委託先としては、地区医師会*1（集団健診における運営や、会員医療機関での個別健診等）や健診機関（バスによる巡回健診業者等）、医師会に加入していない市町村内の医療機関となっていることから、これら委託先が被用者保険の集合契約の相手先となる。

5-2-2　全国的な健診機関グループ

被用者保険の加入者が、市町村国保が健診等の実施を委託している機関、若しくは市町村国保が自ら行う機関等において、受診できる実施体制を全国で構築するのが集合契約Ｂである。これ以外の集合契約の相手先としては、主として、全国各地の健診機関を束ねた機関グループや、全国規模の病院グループが考えられる（集合契約Ａ）。この契約形態は、各グループ傘下の機関が立地する地域をカバーすることになる。保険者においては、加入者の状況（住所地等）に応じて、集合契約Ｂと組み合わせる等の対応が必要となる。

主な相手先としては、公益社団法人日本人間ドック学会／一般社団法人日本病院会、公益財団法人結核予防会、公益社団法人全国労働衛生団体連合会、公益財団法人予防医学事業中央会等がある。

図表30：全国的な健診機関グループとの集合契約のイメージ

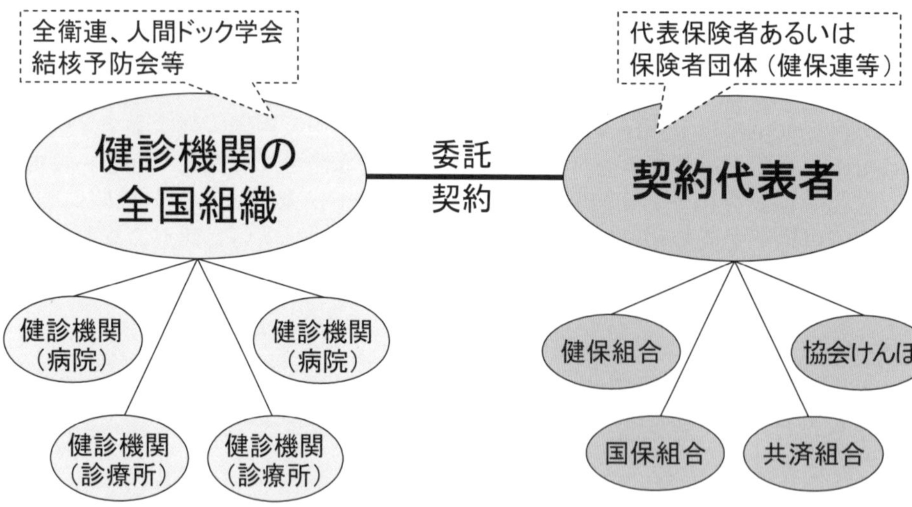

5-2-3　その他（地域グループ等）

①企業による全国各地の提携機関の組織化

企業の総務・福利厚生等の業務を代行するサービス事業者等では、企業や健保組合に対し、人間ドッ

*1　最小単位である郡市区医師会を基本的な契約相手先として想定しており、付属資料の契約書の例も乙の欄を「○○市医師会」としているが、郡市区医師会が都道府県単位で契約条件等をとりまとめることができる場合は、契約相手先が都道府県医師会となることもある。

ク等の健診について全国の提携機関での受診を可能とするサービスを提供する事業者があり、特定健診・特定保健指導でも同様のサービスを提供している。これら代行サービス事業者と契約することにより、当該事業者の提携機関全てで受診が可能となる。

②地域単位・地域限定等で複数の機関が集まったもの

保険者の利便性の向上と一定量の受診者（利用者）の確実な確保を目的として、複数の健診・保健指導機関がグループを形成して、保険者に一括契約を提供することも可能である。実施地域をある程度絞ることができる保険者に対し、その地域内のいくつかの機関がグループを形成するようなケースが主に想定される。仕組みとしては、契約取りまとめを行う代表機関と保険者が契約し、他の機関は代表機関に委任状を提出する形態となる。

5-2-4　成立に向けた手順

①集合契約Ｂ

集合契約の成立に向けた事務調整等は、全て都道府県単位の保険者協議会にて行われる。具体的には、協議会において、各都道府県内に拠点を有する保険者の中から契約代表者を選定し、都道府県内の実施機関と契約書を一斉に締結する運びとなる。各保険者協議会において、集合契約に参加する保険者を中心に進められるべき作業の、標準的な手順としては、以下のとおり。

(1)　各市町村（国保）における実施機関の確定
　　※市町村（国保）における契約情報の開示と実施機関調整（集合契約に参加する機関リストのとりまとめ等）
(2)　集合契約に参加する保険者（都道府県内）の仮設定
(3)　契約代表者の選定（※他の参加保険者は経費・要員・事務等を応分に負担）
(4)　契約代表者や参加保険者等による契約条件（単価・内容）の交渉・確定
(5)　他の都道府県の保険者協議会に契約代表者名・実施機関リスト・契約条件に関する情報を配布し、参加希望の保険者を募集
(6)　集合契約に参加する保険者（他の都道府県）の登録、委任状のとりまとめ
(7)　契約書のセット（委託元・委託先双方のリストの最終確定）
(8)　代行機関（支払基金）への契約情報の提出（基金での登録）
(9)　契約書の調印

図表31：集合契約Ｂにおける各主体間の関係（イメージ）

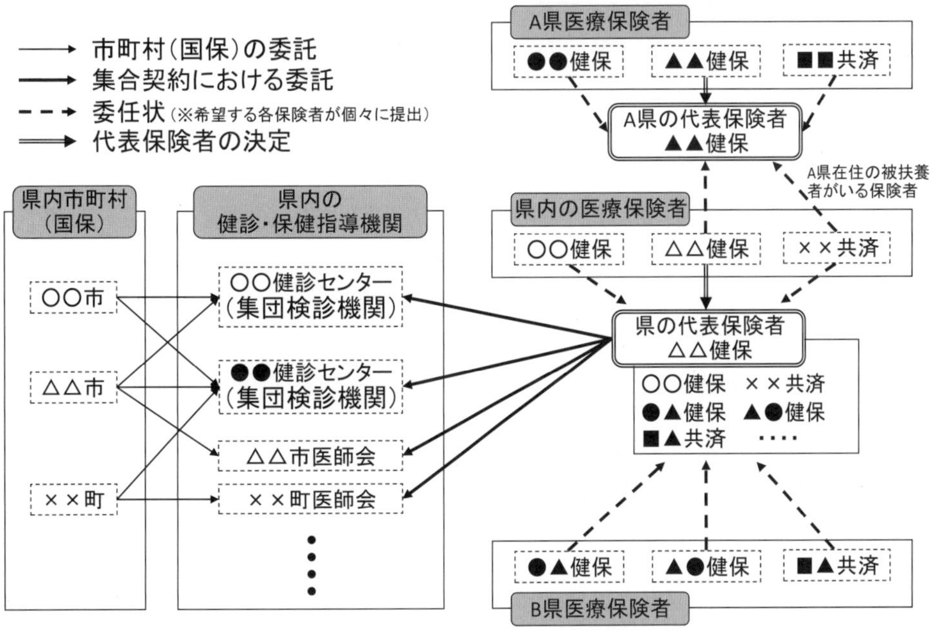

②集合契約A

具体的な事務遂行は、健康保険組合連合会（健保連）や共済組合連盟等の保険者団体を中心に行われている。契約代表者は、参加する保険者の中から選定するか、これら保険者団体となる。集合契約の成立に向けた手順は、①の手順の(2)から(9)となる。

③その他（地域グループ等）

特定のグループ単位での受診体制づくりとなることから、集合契約の成立に向けた事務調整等が参加する保険者の間で行われた上で健診・保健指導機関側と調整・契約に至る形態か、グループ化された健診・保健指導機関側が各保険者と個々に契約する形態となる。集合契約の成立に向けた手順は、保険者側がグループ化する場合は①の手順(2)から(9)となるが、保険者側が個々に契約する場合は特に手順はない。

5-2-5　成立に必要な注意点

①市町村国保における実施体制の確立等

集合契約Bは、主に被用者保険の被扶養者に対し、市町村国保が実施する方法と同じ方法で受診できる実施体制づくりを整備するものである。よって成立の前提となる市町村国保における実施体制が固まらない限り、集合契約の準備が進まないこととなる。

市町村国保が、特定健康診査及び特定保健指導を市町村国保自身で行う（直営）のか、市町村内他部局（衛生部門等）に執行委任するのか、外部の機関に委託するのか、検討・調整し確定する必要がある。

○市町村国保は、自身の被保険者に対する特定健診・特定保健指導の実施体制を固める。その際、住民である被用者保険の被扶養者のことも考慮する
○各都道府県の国保連合会や市町村国保は、被用者保険の集合契約の相手先の確定に向け、契約情報の提供をはじめとする必要な支援・協力を行う（具体的には、各市町村の契約予定機関・単価等のリストを都道府県でとりまとめ、保険者協議会に提供）

年度の早い段階では、実施体制が未定・未調整のために通知できないと考える市町村（国保）も考えられるが、実施計画の作成に加え、必要に応じ保険料を見直す場合そのスケジュールにも影響することから、できる限り早めの実施形態の確定（予定実施先及び予定単価のリスト作成）により、年度の中頃あたりまでには関係者にお知らせできることが必要である。また、ある程度委託先の見通しが見えてきた段階で被用者保険側と情報共有し、情報の内容に変更があれば順次知らせるなど、確定するまで（あるいは契約するまで）通知しないとするのではなく、関係者間の緊密な連携による柔軟な対応が望まれる。

②集合契約の前提となる市町村における契約の整理

市町村と地区医師会等との各種健診の契約では、健診の種類（人間ドック、骨粗しょう症検診、肝炎ウィルス検査、各種がん検診等）別に契約書を締結しておらず、全ての健診を一本の契約書で対応している市町村があることが想定されるが、主に以下の理由から、市町村では、役割別に（国保・衛生で分けて）契約を締結することが適当である。

○国保保険者としての市町村や、衛生部門としての市町村等、役割と実施すべき健診項目が明確に分けられる
○国保は国保特会、衛生は一般会計と、それぞれ会計が異なり、請求処理部門も異なることから、透明性を確保するためにも、契約を明確に分けておくことが適切

集合契約Bは、市町村国保部門における契約に準じるものとする。

なお、以上のように契約を分けても、市町村において、受診者の利便性向上のために各種健診の共同実施[*1]は望ましい（契約に準じ分離実施する必要はない）。特定健康診査とその他衛生部門等における健診とを共同実施する場合、被用者保険の被扶養者は、特定健康診査の受診券を持参すれば、共同実施して

＊1　実施方法としてはさまざまな方法が考えられるが、例えば、国保部門と衛生部門が連携し、同じ委託先と契約することで、実施日時・場所の共通化を図る方法がある。この時、国保と衛生の両方の受診券を持参した者は両方の健診を、いずれかのみ持参した者はいずれかの健診を受診することとなる。この取組により各健診で重複する検査項目を二度実施する必要がなくなる（なお、実施日時がずれた場合でも、実施機関の協力により、同じ実施場所であれば共同実施扱いとし検査項目が重複しないよう配慮することも考えられる）。

いる健診のうち該当するもの全てを一回で受診可能であり、すでに別途特定健康診査を受診済であれば衛生部門等特定健康診査以外の健診のみ受診可能となる。

③保険者協議会の活動の活性化

集合契約Ｂは、都道府県の保険者協議会*1においてその成立に向けた連絡調整や準備を行うこととなっており、保険者協議会の役割は非常に重要である。市町村国保の実施形態の整理・確定、関係者間での情報共有、委託先による被用者保険の受け入れ準備状況の確認等、必要な支援と協力を進めることが求められる。

また、被用者保険の保険者と市町村とが連携し、がん検診と特定健康診査の同時実施を行うことについては、保険者協議会等の場を活用し、その実施方法等を検討する。

集合契約Ｂは、主に被用者保険の被扶養者に対する受診体制づくりであることから、被用者保険（あるいは健保連等保険者団体）は、保険者協議会への積極的な関与・協力等（具体的には下記）が求められる。

○健保連の都道府県支部や各都道府県の主要な健保組合、あるいは保険者協議会に参加している共済組合（あるいは支部）、あるいは協会けんぽの都道府県支部は、代表保険者への立候補、若しくは他の保険者と選出の調整を進める
○各都道府県の健保組合・協会けんぽ・各共済組合・国保組合は、代表保険者の事務処理を分担する等、代表保険者の事務処理負担の軽減を図る

④事務の省力化と役割分担

集合契約Ｂでは、都道府県内の実施機関と一つ一つ調整・確認を進め、契約書をセットする。契約本数が多数の場合、事務量は少なくないことから、契約代表者に全て任せるのではなく*2、契約代表者以外の参加保険者が分担し事務を処理するのが原則である。

契約事務の処理に当たっては、できる限り省力化に努め、事務量や経費の効率化を図った上で、役割分担等を進める。特に委任状のとりまとめや分類、事務経費の精算等においては、中央の保険者団体にて一括で処理するのが最も効率的であることから、保険者中央団体で事務を行う。

＊1　保険者協議会の会議そのもので成立に向けた協議等を行うのではなく、実質的には、協議会の下に実務者による協議調整の枠組みを設けて詳細を進め、会議そのものでは形式的な合意形成のみなされるパターンが一般的。
＊2　代表者に押し付けると代表者のなり手が居なくなり、その都道府県では契約が進まない。

図表32：集合契約Ｂの成立に向けた保険者間の役割分担（一例）

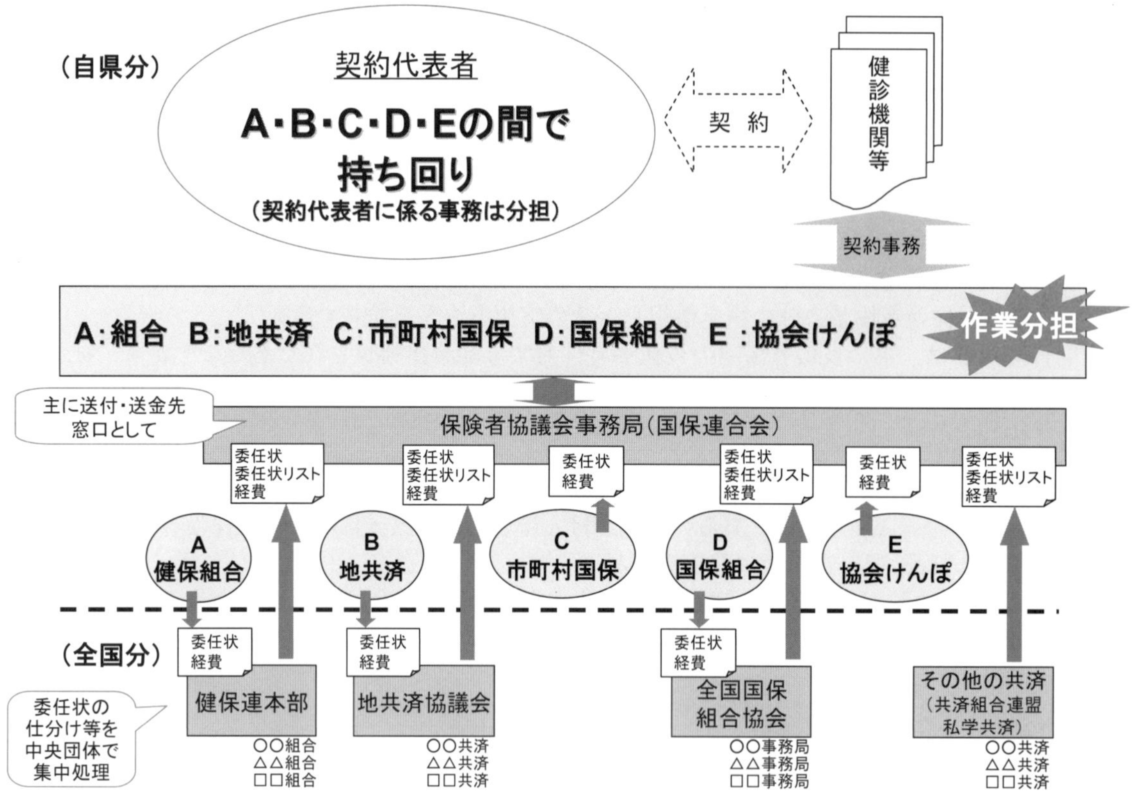

5-2-6　特定健康診査当日から1週間以内に初回面接を行う場合

保険者による優先順位付けは行わず、階層化の結果特定保健指導対象者となったもの全員（初回面接を分割実施する場合は、特定保健指導の対象と見込まれる者も含む）に対して保健指導を実施する保険者のグループと、特定健康診査当日から１週間以内に特定保健指導を実施できる健診・保健指導機関のグループとの集合契約が可能である。

①契約主体

従前の集合契約Ａ・集合契約Ｂの契約主体の中に含まれる保険者又は健診・保健指導機関のうち、特定健康診査当日から１週間以内に初回面接を行う場合の集合契約に参加したい保険者と、実施できる健診・保健指導機関との契約となる。

特定健康診査当日の初回面接を行わない従前の集合契約Ａ・集合契約Ｂをそれぞれ集合契約Ａ①・集合契約Ｂ①とし、特定健康診査当日から１週間以内の初回面接を行うものをそれぞれ集合契約Ａ②・集合契約Ｂ②とする[*1]。

②優先順位

集合契約間の優先順位は以下のとおり整理されている。

ア　保険者が当日から１週間以内に初回面接を行う集合契約（集合契約Ａ②、集合契約Ｂ②）に参加している、かつ、健診・保健指導機関が当日から１週間以内に初回面接可能な場合は、当日初回面接の集合契約を優先する[*2]。

イ　保険者が当日から１週間以内に初回面接を行う集合契約に参加しているが、健診･保健指導機関が

＊1　保険者及び実施機関における主な集合契約の選択肢は、従前は２種類（集合契約Ａ、集合契約Ｂ）だったが、第三期からは４種類（集合契約Ａ①、集合契約Ｂ①、集合契約Ａ②、集合契約Ｂ②）となる。なお、②のみ（集合契約Ａ②、集合契約Ｂ②）の契約は想定されず、②を契約する場合は①（集合契約Ａ①、集合契約Ｂ①）も契約することになる。

＊2　集合契約Ａ②と集合契約Ｂ②両方に参加している健診・保健指導機関の場合は、5-2 と同様に最も低廉な契約ルートで実施・請求がなされる。

当日から１週間以内に初回面接が実施できない場合は、従前の集合契約（集合契約Ａ①、集合契約Ｂ①）で実施する。

ウ　保険者が当日から１週間以内に初回面接を行う集合契約に参加していないが、健診・保健指導機関は当日から１週間以内に初回面接を実施できる場合は、従前の集合契約で実施する。

なお、集合契約Ａ②・集合契約Ｂ②に参加する保健指導機関は、動機付け支援及び積極的支援両方を実施できる必要がある＊1。

③集合契約における対応

当日から１週間以内の初回面接の集合契約（集合契約Ａ②、集合契約Ｂ②）は、以下のとおり対応する。

	健診当日から１週間以内に初回面接を実施しない集合契約		健診当日から１週間以内に初回面接を実施する集合契約	
	集合契約A①	集合契約B①	集合契約A②	集合契約B②
行動計画の実績評価の時期の見直し（2-4、2-5参照）	○	○	○	○
初回面接と実績評価の同一機関要件の廃止（2-8-2参照）	－	－	－	－
健診結果が揃わない場合の初回面接の分割実施（2-7-2②参照）	－	－	○※１	○※１
２年連続して積極的支援に該当した者への２年目の特定保健指導（2-6①参照）	○	○	－	－

※１：特定健康診査と特定保健指導を同一機関が実施する場合に限る

④集合契約Ａ②・Ｂ②において初回面接を分割して実施した場合の費用請求

集合契約Ａ②及び集合契約Ｂ②において初回面接を分割して実施した場合、１回目の請求は、初回面接終了後である初回面接２回目が終了した後に行う。初回面接１回目を実施した後、初回面接２回目の実施前に被保険者資格喪失による利用停止・脱落等により初回面接が未完了となってしまう場合は、初回面接１回目の実施日から起算して４ヶ月を経過した時点で、「初回未完了」として費用請求する。

5-3　代表保険者・契約代表者の選定

①集合契約Ｂ

都道府県の保険者協議会において、各都道府県内に拠点を有する保険者＊2の中から代表保険者を選定する。代表保険者は、各都道府県を代表し、他の都道府県の保険者からの委任も受けることから、特に契約事務処理等に対応＊3できるスタッフ体制がある等、確実に契約処理を遂行できるしっかりした保険者が担当する。

主な選定方法としては、各都道府県内で規模の大きい主要な保険者（地元で有数の企業の健保組合か、共済組合、協会けんぽの都道府県支部）にお願いする方法がある。毎年同じ保険者に引き受けて貰えない場合は、いくつかの主要な保険者の間で輪番制とすることも考えられる。特定の保険者への依頼が難しい場合は、健保・協会けんぽ・共済で輪番制とする方法が考えられる。この時の健保や共済における代表保険者は常に同じ保険者でも、候補が複数考えられるためにその中でも交代制とすることもありえる。

＊1　集合契約Ａ②、集合契約Ｂ②は特定健康診査当日から１週間以内に初回面接を実施することになるが、初回面接を分割実施する場合は初回面接を始めた時点で当該対象者が動機付け支援対象者か積極的支援対象者かが確定していないため、特定健康診査の結果が出揃った後に継続して特定保健指導を実施するためには、動機付け支援と積極的支援両方が実施できる保健指導機関である必要がある。

＊2　市町村（国保）も集合契約Ｂに参加する場合は、主たる市町村（国保）や当該都道府県の国保連合会が代表保険者となることも考えられる。

＊3　契約に関する代表保険者の事務負担は少なくなく、代表保険者の負担のみに依存する仕組みでは持続可能性が危ういことから、代表保険者の事務負担を軽減するための環境整備、すなわち代表保険者以外の保険者の事務分担等実務面での協力体制が重要である。代表保険者にならない場合でも、各保険者（あるいは保険者協議会）が一丸となって取組んでいく必要がある。また、国保についても市町村等のとりまとめを都道府県又は国保連合会が行い、被用者保険側に逐次情報提供を行う等の協力が必要不可欠である。

②集合契約A

契約代表者は、参加する保険者の中から選定するか、健保連や共済組合連盟等の保険者団体となる。

③その他

参加する保険者の中から選定するか、選定せず（保険者側はグループ化せず）に個々に契約する形態となる。

代表保険者・契約代表者が最低限果たすべき主な役割としては、以下のようなものが考えられる。

○各都道府県内の委託先機関の確定 ○参加する保険者の確定 ○委任状の収集・管理 ○契約条件（単価・内容）の交渉・確定 ○契約書のセット（委託元・委託先双方のリストの最終確定） ○代行機関（支払基金）への契約情報の提出（基金での登録） ○各都道府県内の委託先機関との契約書の調印

5-4 受診券・利用券

5-4-1 定義

特定健診・特定保健指導を、主として*1委託により実施する場合に、業務を受託した健診・保健指導機関が窓口における事務処理上必要となる情報に基づき正確に受託業務を遂行するため、保険者が必要な情報を印字し発行する券を「受診券」（特定健康診査の場合）、「利用券」（特定保健指導の場合）という。

受診券は、保険者が特定健康診査の受診対象者に発行、受診案内と共に配布し、受診対象者が健診機関に提出*2する。健診機関において受診資格の確認のほか、受診者に実施すべき健診内容及び受診者から徴収する窓口負担額を確認できるよう、券面に必要な情報を印字する。

利用券は、保険者が特定保健指導の対象者に発行、利用案内と共に配布し、対象者が保健指導機関に提出する。保健指導機関において利用資格の確認のほか、対象者に実施すべき保健指導の内容及び対象者から徴収する窓口負担額を確認できるよう、券面に必要な情報を印字する。

5-4-2 主な役割・目的

健診・保健指導機関において、受診者が訪れた際に当該受診者が契約相手先の保険者の加入者であるか否かを判別するため、受診券・利用券の券面の確認とともに、オンライン資格確認等により保険資格を確認することにより、有資格者か否かを判別する。また、契約で定めた実施内容（健診の項目、保健指導の支援内容等）を確認するとともに、保険者への請求額を算定するための各保険者が設定する窓口負担額を確認する。

特定健康診査当日から１週間以内に初回面接を行う場合は、事前に特定保健指導対象者に対して利用券を発行できないため、受診券は利用券も兼ねる（セット券）。受診券には、当日から１週間以内の初回面接の集合契約（集合契約A②、集合契約B②）に参加していること、特定保健指導対象者となった場合における窓口負担額を確認できるよう、券面に必要な情報を印字する（図表36：受診券（セット券）の様式）。

＊1　個別契約でも必要に応じ保険者の判断で発券する。委託せずに実施する場合も、必要と判断する場合は発券できる。

＊2　健診・保健指導機関は受診者（利用者）から受領した受診券（利用券）を、少なくとも（偽造券での請求等により保険者や代行機関等から照会があった場合に提出できるよう、できれば終了後もしばらく保管が理想）一連の委託業務の処理が終了（決済が完了）するまでは保管する。特定保健指導の積極的支援において対面での指導を行う場合は、保管している利用券の確認とオンライン資格確認等による保険資格の確認のためにも保管が必要。

オンライン資格確認を用いて有資格者か否かを判別する場合、オンライン資格確認実施機関の一元的な把握のために健診・保健指導機関番号が必要となるが、保険者自身が特定健診・特定保健指導を実施する場合においては、健診・保健指導機関番号が付番されていないため、新たにオンライン資格確認用の番号（オンライン資格確認用コード）を付番する必要があり、社会保険診療報酬支払基金に付番に係る届出が必要となる。（図表33：オンライン資格確認導入届、図表34：オンライン資格確認廃止届）

なお、届出様式や提出方法等の詳細については、施術所等向け総合ポータルサイト（https://iryohokenjyoho.service-now.com/omf?id=kb_article_view&sysparm_article=KB0010176）を参照すること。

図表33：オンライン資格確認導入届（保険者）

オ ン ラ イ ン 資 格 確 認 導 入 届 （保険者）

オンライン資格確認を導入する保険者として、下記のとおり届けます。

令和　　年　　月　　日

社会保険診療報酬支払基金　情報化企画部

届出者　住 所
　　　　氏 名

① 機関の種別	□ア 特定健診機関　□イ 特定保健指導機関
② 名称	ﾌﾘｶﾞﾅ
③ 所在地	郵便番号 　－　　電話番号 　－　－ ﾌﾘｶﾞﾅ
④ 代表者名	ﾌﾘｶﾞﾅ
⑤ 保険者コード（左詰め）	

＊ 整理印	＊ 整理印	＊ 受付印
登録	確認	

（備考）

（基金使用欄）
＊オンライン資格確認用コード（10桁）

A 4 （210×297）

1　本届の内容のうち、個人情報に該当する事項については、社会保険診療報酬支払基金の業務に用いるものであり、個人情報保護法第16条第3項に定める場合のほか、本人の同意なくして他の利用目的に使用することはありません。

2　本届出については、社会保険診療報酬支払基金情報化企画部へ提出後、登録手続きが行われた後に返還されます。返還後は大切に保管を行ってください。

※　施術所等向け総合ポータルサイトで「マイナ資格確認アプリ」の利用申請を行う際に、返還後の本届出を証拠書類として添付する必要があります。

図表34：オンライン資格確認廃止届（保険者）

オ ン ラ イ ン 資 格 確 認 廃 止 届（保険者）

オンライン資格確認を廃止する保険者として、下記のとおり届けます。

令和　　年　　月　　日

社会保険診療報酬支払基金　情報化企画部

廃止年月日
令和　　年　　月　　日

届出者　住 所
　　　　氏 名

① オンライン資格確認用コード（10桁）		機関の種別	□ア 特定健診機関　□イ 特定保健指導機関
② 名称	ﾌﾘｶﾞﾅ		
③ 所在地	郵便番号 　－　　電話番号 　－　－ ﾌﾘｶﾞﾅ		
④ 保険者コード（左詰め）			

＊ 整理印	＊ 受付印
登録	
確認	

廃止理由

A 4 （210×297）

5-4-3　様式

受診券・利用券は、集合契約の参加保険者が自由な大きさや様式で発行した場合、健診・保健指導機関の窓口での券面等の確認の業務が煩雑になり、確認ミス等が生じる。これを避けるため、集合契約に参加する各保険者は全国統一の標準的な様式で発券することとし、健診・保健指導機関は券面の決まった箇所を素早くチェックすることを可能とする。

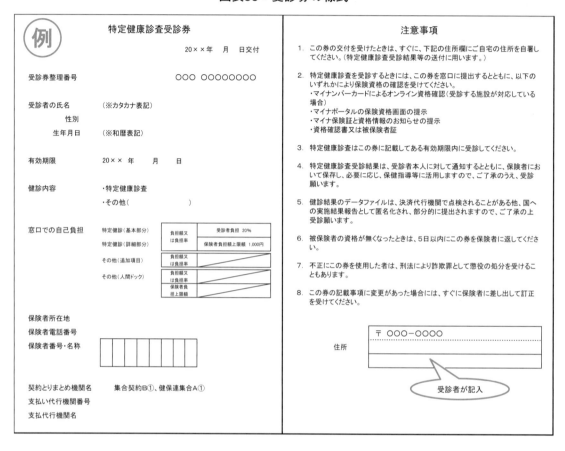

図表35：受診券の様式

例

特定健康診査受診券

20××年　月　日交付

受診券整理番号　○○○ ○○○○○○○○

受診者の氏名　（※カタカナ表記）

性別

生年月日　（※和暦表記）

有効期限　20×× 年　月　日

健診内容　・特定健康診査
・その他（　　　　　　）

窓口での自己負担

特定健診（基本部分） 特定健診（詳細部分）	負担額又は負担率	受診者負担 20% 保険者負担額上限額 1,000円
その他（追加項目）	負担額又は負担率	
その他（人間ドック）	負担額又は負担率	
	保険者負担上限額	

保険者所在地

保険者電話番号

保険者番号・名称

契約とりまとめ機関名　集合契約B①、健保連集合A①

支払い代行機関番号

支払代行機関名

注意事項

1. この券の交付を受けたときは、すぐに、下記の住所欄にご自宅の住所を自署してください。（特定健康診査受診結果等の送付に用います。）
2. 特定健康診査を受診するときには、この券を窓口に提出するとともに、以下のいずれかにより保険資格の確認を受けてください。
・マイナンバーカードによるオンライン資格確認（受診する施設が対応している場合）
・マイナポータルの保険資格画面の提示
・マイナ保険証と資格情報のお知らせの提示
・資格確認書又は被保険者証
3. 特定健康診査はこの券に記載してある有効期限内に受診してください。
4. 特定健康診査受診結果は、受診者本人に対して通知するとともに、保険者において保存し、必要に応じ、保健指導等に活用しますので、ご了承のうえ、受診願います。
5. 健診結果のデータファイルは、決済代行機関で点検されることがある他、国への実施結果報告として匿名化され、部分的に提出されますので、ご了承の上受診願います。
6. 被保険者の資格が無くなったときは、5日以内にこの券を保険者に返してください。
7. 不正にこの券を使用した者は、刑法により詐欺罪として懲役の処分を受けることもあります。
8. この券の記載事項に変更があった場合には、すぐに保険者に差し出して訂正を受けてください。

住所　〒 ○○○−○○○○

受診者が記入

図表36：受診券（セット券）の様式（当日から１週間以内の初回面接の集合契約の場合）＊1

例

特定健康診査受診券（セット券）

20××年　月　日交付

受診券整理番号　○○○ ○○○○○○○○

セット券の場合は、3桁目が「5」

受診者の氏名　（※カタカナ表記）

性別

生年月日　（※和暦表記）

有効期限　20×× 年　月　日

健診内容　・特定健康診査
・その他（ 当日保健指導 ）

窓口での自己負担

特定健診（基本部分） 特定健診（詳細部分）	負担額又は負担率	受診者負担 20%
		保険者負担額上限額 1,000円
その他（追加項目）	負担額又は負担率	
その他（保健指導）	負担額又は負担率	利用者負担額 1,000円
	保険者負担上限額	

保険者所在地

保険者電話番号

保険者番号・名称

契約とりまとめ機関名　集合契約B①、健保連集合A①、健保連集合A②

支払い代行機関番号

支払代行機関名

注意事項

1. この券の交付を受けたときは、すぐに、下記の住所欄にご自宅の住所を自署してください。（特定健康診査受診結果等の送付に用います。）
2. 特定健康診査を受診するときには、この券を窓口に提出するとともに、以下のいずれかにより保険資格の確認を受けてください。
   ・マイナンバーカードによるオンライン資格確認（受診する施設が対応している場合）
   ・マイナポータルの保険資格画面の提示
   ・マイナ保険証と資格情報のお知らせの提示
   ・資格確認書又は被保険者証
3. 特定健康診査はこの券に記載してある有効期限内に受診してください。
4. 特定健康診査受診結果は、受診者本人に対して通知するとともに、保険者において保存し、必要に応じ、保健指導等に活用しますので、ご了承のうえ、受診願います。
5. 健診結果（・保健指導結果）のデータファイルは、決済代行機関で点検されることがある他、国への実施結果報告として匿名化され、部分的に提出されますので、ご了承の上受診願います。
6. 被保険者の資格が無くなったときは、5日以内にこの券を保険者に返してください。
7. 不正にこの券を使用した者は、刑法により詐欺罪として懲役の処分を受けることもあります。
8. この券の記載事項に変更があった場合には、すぐに保険者に差し出して訂正を受けてください。

※ 特定健康診査の結果特定保健指導の対象となった場合であって、この券を用いて健診当日から1週間以内に特定保健指導を利用するときは、以下をご注意ください。

9. 医療機関に受診中の場合、主治医に特定保健指導を受けてもよいかどうかを確認してください。
10. 窓口での自己負担は、原則、健診当日（特定保健指導開始時）に全額をお支払い頂きます。なお、全額徴収できない場合は、次回利用時以降にもお支払い頂きます。
11. 特定保健指導の実施結果は保険者において保存し、必要に応じ、次年度以降の保健指導等に活用しますので、ご了承の上、受診願います。

住所　〒 ○○○−○○○○

図表37：利用券の様式＊1

例

特定保健指導利用券

20××年　月　日交付

利用券整理番号　○○○ ○○○○○○○○

特定健康診査受診券整理番号　○○○ ○○○○○○○○

受診者の氏名　（※カタカナ表記）

性別

生年月日　（※和暦表記）

有効期限　20×× 年　月　日

特定保健指導区分　・動機付け支援
・積極的支援
・動機付け支援相当

窓口での自己負担

負担額又は負担率
保険者負担上限額

（自己負担額は初回利用時の負担として、特定保健指導開始時に全額徴収）

保険者所在地

保険者電話番号

保険者番号・名称

契約とりまとめ機関名

支払い代行機関番号

支払代行機関名

注意事項

1. 特定保健指導を利用するときには、この券を窓口に提出するとともに、以下のいずれかにより保険資格の確認を受けてください。
   ・マイナンバーカードによるオンライン資格確認（受診する施設が対応している場合）
   ・マイナポータルの保険資格画面の提示
   ・マイナ保険証と資格情報のお知らせの提示
   ・資格確認書又は被保険者証
2. 医療機関に受診中の場合、主治医に特定保健指導を受けてもよいかどうかを確認してください。
3. 特定保健指導はこの券に記載してある有効期限内に利用してください。
4. 窓口での自己負担は、自己負担額は初回利用時の負担として、特定保健指導開始時に全額お支払頂きます。なお、全額徴収できない場合は、次回利用時以降にもお支払頂きます。
5. 特定保健指導の実施結果は保険者において保存し、必要に応じ、次年度以降の保健指導等に活用しますので、ご了承のうえ、受診願います。
6. 保健指導結果のデータファイルは、決済代行機関で点検されることがある他、国への実施結果報告として匿名化され、部分的に提出されますので、ご了承のうえ、受診願います。
7. 被保険者の資格が無くなったときは、5日以内にこの券を保険者に返してください。
8. 不正にこの券を使用した者は、刑法により詐欺罪として懲役の処分を受けることもあります。
9. この券の記載事項に変更があった場合には、すぐに保険者に差し出して訂正を受けてください。

＊1　2018 年度以降に発行される国民健康保険の被保険者証は、「交付者名」として国保の保険者としての市町村の名称が記載されるため、受診券又は利用券の保険者名と、被保険者証の交付者名とを照合・確認すること。

①集合契約における様式

集合契約の受診券・利用券の様式は図表36：受診券（セット券）の様式（当日から１週間以内の初回面接の集合契約の場合）・図表37：利用券の様式 参照。なお、「表面」「裏面」としているが（手渡しによる両面１枚の場合を想定）、３つ折りの圧着はがきで両面を内側に折り込んで発券・郵送する場合等、必ずしも表面・裏面とはならない場合は差し支えない。

②個別契約における受診券・利用券

集合契約に参加しつつ別途個別に契約を結んで実施機関を増やしている保険者や、集合契約に参加しておらず個別契約のみでも発券している保険者も少なくない。

前者のケースは、集合契約の発券ルール等を遵守し（個別契約も含んだ内容の券面表示とし別途個別契約用の発券は行わない）、契約とりまとめ機関名欄に「個別契約」と明示することとなるが、後者のケースは全く自由に発券されていることから、実施機関の窓口における事務処理で混乱するケースが見られる。

このことから、実施機関の窓口での混乱を避けるため、個別契約のみの保険者は、集合契約の受診券・利用券と混同されないよう、受診券・利用券を発券せず受診案内の送付にとどめる（実施機関においてはオンライン資格確認等による保険資格の確認のみで受診）か、受診券・利用券を発券する場合は集合契約の受診券・利用券と全く異なることが判別できる（例えば、大きさやレイアウト、券の色を変え、個別契約用という券面表示とする等）よう注意することとする。

5-4-4 作成上の注意事項

①受診券

受診券は、対象者１名ごとに作成する。大きさは、縦140 ～ 154mm・横90 ～ 107mm（はがき大*1）を基本とする（郵送での受診券送付に対応できるよう）。各欄の表記は、基本的には以下のとおりであるが、必要に応じて、健診内容、窓口での自己負担、注意事項その他の記載内容について、所要の変更又は調整を加えることができる。

「受診券整理番号」欄	●年度（西暦下2桁）＋種別（１桁：特定健康診査の場合は「1」、当日初回面接の集合契約により受診券と利用券を兼ねる場合（セット券）は「5」）＋個人番号（8桁：自由に設定。例えば発行場所が複数の場合に支所番号を先頭に付番する等。ただし連番での設定を遵守）の11桁 ⇒YY1********
「健診内容」欄	●複数に該当する場合には、全て記載すること。 ●集合契約において共通で追加する健診項目が無い場合は、その他の欄は抹消すること。 ●当日初回面接の集合契約の場合は、その他の欄に「当日保健指導」と記載すること。

＊1　3つ折りにしドライシールで圧着して郵便葉書として送付することが想定されることから、広げた時の大きさがはがき大ではなく、最終的に折り込んだ場合の大きさ（3つ折りならば各ページの大きさ）をはがき大とする。

「窓口での自己負担」欄	●不要な欄は抹消する（「健診内容」欄に合わせる）。 ○追加の健診項目がない場合は「その他」の2欄は抹消 ○特定健康診査の代わりに人間ドックを実施する場合は「その他（人間ドック）」の欄以外は抹消、等 ●残されている全ての欄に、受診者の負担額（あるいは負担率）、もしくは保険者の負担上限額を記載（例：「受診者負担1000円」「受診者負担30%」「保険者負担上限額20000円」等）。 ●自己負担がない場合は、残されている全ての欄（「健診内容」欄にあるもの）に斜線を入れること。 ●当日初回面接の集合契約の場合は、「その他（人間ドック）」を「その他（保健指導）」とした上で、特定保健指導における負担額又は負担率及び保険者負担上限額を記載すること。
「契約とりまとめ機関名」欄	●全都道府県の集合契約Ｂ①の契約を締結していれば集合B①と記載。ただし、契約に不参加の都道府県がある場合は、除外する都道府県名を記載（参加する都道府県数の方が少ない場合は、参加する都道府県名のみ記載）。 ●国保ベースに加えて、健診機関グループとの集合契約にも参加している場合は、そのとりまとめ機関名（例：健保連集合Ａ等）を記載。 ●集合契約と個別契約が混じる保険者は、以上のような表記に加え、「個別契約」と記載（健診機関が窓口にて個別契約の有無を識別し、当該機関が個別契約も行っているかの確認を喚起する目的で表示） ●市町村国保と地域医師会の契約においては、発行する受診券に契約とりまとめ機関欄がある場合は、「医師会」と記載。
「支払代行機関番号」及び「支払代行機関名」	●必要ない場合は抹消すること。 ●複数の契約とりまとめ機関の契約に参加し、契約とりまとめ機関別に支払代行機関が異なる場合は、各々について「代行機関名（契約とりまとめ機関名）」という形で連ねて記載すること。 ●複数の契約とりまとめ機関の契約に参加しているものの、代行機関は一つに集約する場合は代行機関番号や代行機関名の欄は一つのみでよい
QRコードを印刷したい場合（任意*1）	●表面に表示されている事項について、裏面の右下に、共通仕様（付属資料「受診券QRコード収録項目」）に基づき生成・印刷すること。 ●コードと併せて「このQRコードは、券面の情報の入力ミスを防ぎ、事務の効率化・迅速化を図るためのものです（券面の表示に関わりない情報はコード化されていません）。」等の注意書きを添えること。

②個別契約と集合契約の両方が有る場合の受診券

集合契約に参加しつつ個別契約もある保険者では、次のような発券ルールとなっている。

○　個別契約の内容を券面に併せて表示すると窓口の混乱を招く恐れがあることから、集合契約のみの内容を表示する（個別契約の内容は券面には表示せず、「契約とりまとめ機関」欄の「個別契約」の表示で個別契約の有無を判別し、別途契約書等で確認）

○「窓口での自己負担」欄は、集合契約と個別契約で負担率や額が異なる場合に限り、「その他」欄に額や率を印字する

③利用券

利用券は、対象者１名ごとに作成する。大きさは、縦140 ～154mm・横90 ～107mm（はがき大）とする（郵送での利用券送付に対応できるよう）。各欄の表記は、基本的には以下のとおりであるが、必要に応じて、窓口での自己負担、注意事項その他の記載内容について、所要の変更又は調整を加えることができる。

＊1　健康保険証へのQRコードの搭載が予定されていたことから、これに伴い医療機関の窓口にQRコードの読み取り機が普及することを想定し、過誤請求による事務負担を避けたい保険者が任意で受診券・利用券にQRコードを印刷し、読み取り機のある医療機関であれば読み取って窓口業務の効率化・正確化を図ることができるよう検討が進められてきた。しかし、健康保険証等のICカード化を検討する動きがあることから、健康保険証へのQRコードの搭載に関する省令改正が中止された。この状況下であっても、大規模な健診機関（あるいは健診機関グループ）が窓口業務の省力化等のため、QRコードで受診券・利用券を取り扱うことは考えられることから、そのような機関が使用する際に、一応の共通仕様を関係者間で共有しておくことが必要なことから、上記注意事項及び付属資料の「受診券（利用券）QRコード収録項目」を掲載している。

「利用券整理番号」欄	●年度（西暦下２桁＋種別（１桁：積極的支援の場合は「2」、動機付け支援の場合は「3」、動機付け支援相当の場合は「4」）＋個人番号（8桁：自由に設定。例えば発行場所が複数の場合に支所番号を先頭に付番する等。ただし連番での設定を遵守）の11桁 ⇒YY2********若しくはYY3********若しくはYY4******** ●年度（西暦下２桁）は、特定保健指導の基となった特定健康診査の実施年度を記載する。
「特定健康診査受診券整理番号」欄	●券面の対象者が特定健康診査を受診時に発行した受診券の整理番号を記載（健診結果と保健指導の結果が紐付けしやすいように） ●労働安全衛生法等他の法令に基づく健診を受診した場合等、受診券を発券していない場合は、保健指導機関がデータ作成時に迷わないようその旨を明示（例えば線で消す、「事業者健診のため番号なし」と記載する等。欄自体の削除はあまり好ましくない）
「特定保健指導区分」欄	●該当しない事項は抹消すること。
「窓口での自己負担」欄	●利用者の負担額（あるいは負担率）、若しくは保険者の負担上限額を記載（例：「受診者負担1000円」「受診者負担30%」「保険者負担上限額20000円」等）。 ●初回時に全額徴収する場合はその旨を明記（例えば、「自己負担額は初回利用時の負担として、特定保健指導開始時に全額徴収」や「記載の額（若しくは率）を初回時に全額お支払い下さい」等） ●自己負担なしの場合は、全ての欄に斜線を入れること。 ●総額が保険者負担額の上限額に満たない時（例：保険者負担上限が2万円で総額が１万円等上限額を下回る場合）に一定率の受診者負担を設定する場合、負担率と上限額の両方の欄に記載。どちらかのみの場合は記載しない欄には斜線を入れること。
「契約とりまとめ機関名」欄	●全都道府県の国保ベースの契約を締結していれば集合B①と記載。ただし、契約に不参加の都道府県がある場合は、除外する都道府県名を記載（参加する都道府県数の方が少ない場合は、参加する都道府県名のみ記載）。 ●国保ベースに加えて、保健指導機関グループとの集合契約にも参加している場合は、そのとりまとめ機関名（例：健保連集合Ａ等）を記載。 ●集合契約と個別契約が混じる保険者は、以上のような表記に加え、「個別契約」と記載（保健指導機関が窓口にて個別契約の有無を識別し、当該機関が個別契約も行っているかの確認を喚起する目的で表示） ●市町村国保と地域医師会の契約においては、発行する利用券に契約とりまとめ機関欄がある場合は、「医師会」と記載。
「支払代行機関番号」及び「支払代行機関名」	●必要ない場合は抹消すること。 ●複数の契約とりまとめ機関の契約に参加し、契約とりまとめ機関別に支払代行機関が異なる場合は、各々について「代行機関名（契約とりまとめ機関名）」という形で連ねて記載すること。複数の契約とりまとめ機関の契約に参加しているものの、代行機関は一つに集約する場合は代行機関番号や代行機関名の欄は一つのみでよい。
QRコードを印刷したい場合（任意*1）	●表面に表示されている事項について、裏面の右下に、共通仕様（付属資料「利用券QRコード収録項目」）に基づき生成・印刷すること。 ●コードと併せて「このQRコードは、券面の情報の入力ミスを防ぎ、事務の効率化・迅速化を図るためのものです（券面の表示に関わりない情報はコード化されていません）。」等の注意書きを添えること。

＊1　5-4-4 ①の脚注に同じ。

図表38：自己負担の記載例[*1]

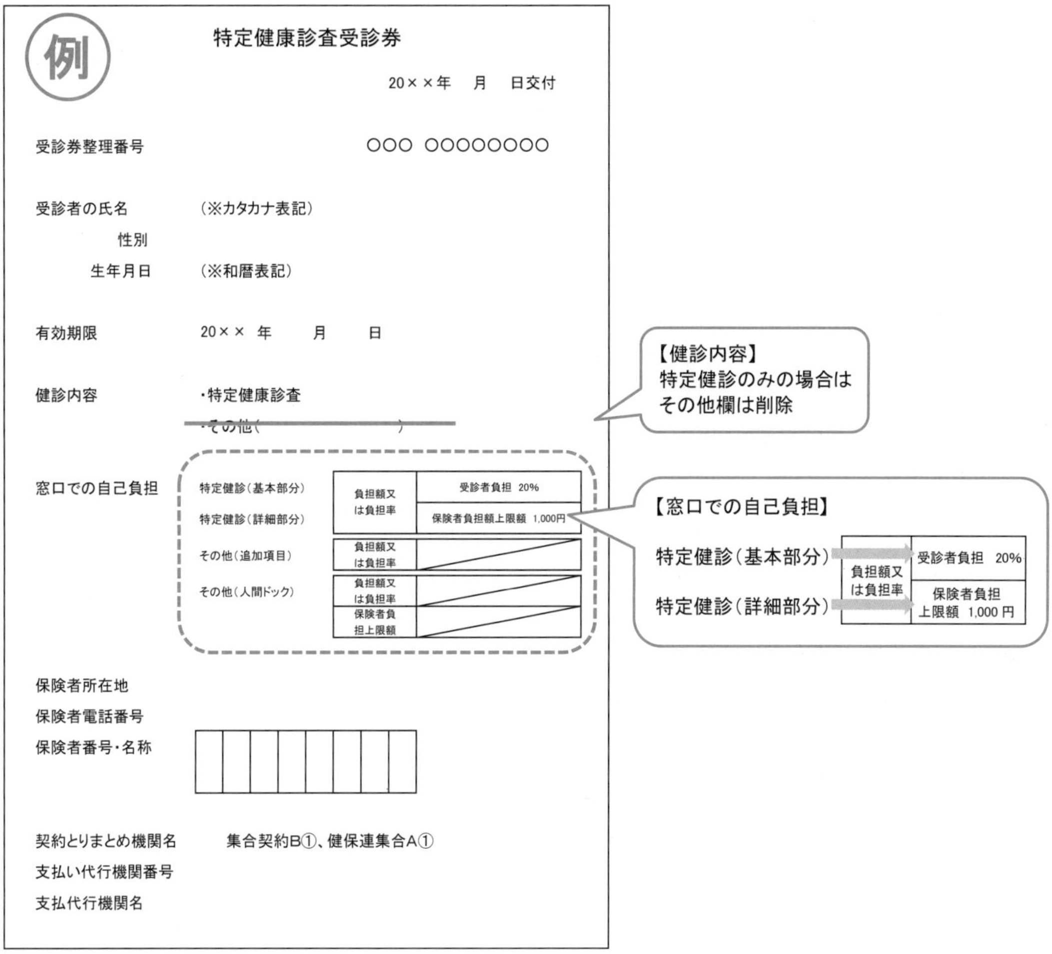
例

特定健康診査受診券

20××年　月　日交付

受診券整理番号　○○○ ○○○○○○○○

受診者の氏名　（※カタカナ表記）
性別
生年月日　（※和暦表記）

有効期限　20××年　月　日

健診内容　・特定健康診査
~~・その他（　　）~~

窓口での自己負担
特定健診（基本部分）
特定健診（詳細部分）　負担額又は負担率　受診者負担 20%　保険者負担額上限額 1,000円
その他（追加項目）　負担額又は負担率
その他（人間ドック）　負担額又は負担率　保険者負担上限額

保険者所在地
保険者電話番号
保険者番号・名称

契約とりまとめ機関名　集合契約B①、健保連集合A①
支払い代行機関番号
支払代行機関名

【健診内容】
特定健診のみの場合は
その他欄は削除

【窓口での自己負担】
特定健診（基本部分）
特定健診（詳細部分）
負担額又は負担率
受診者負担　20%
保険者負担上限額　1,000 円

5-4-5　発券時期・有効期限

発券時期・有効期限ともに各保険者で自由に設定することができるが、設定に当たっては以下の点に注意しておく必要がある。

①発券時期

印刷等のコストを考えた場合、健診の受診券は、年度初めに全ての対象者分を一括で印刷することが効率的と考えられる。この時、４月１日前後での異動が多いことから、前年度中に印刷対象者リストを設定するのではなく、年度が替わってから設定する必要がある。

また、発行時期直後の受診集中を避けるためには、年１回・年度初めの発行とするのではなく、複数回に分ける（例えば誕生月[*2]の対象者に順次発券）ことも考えられる。

特定保健指導の利用券は、全員が対象者とならないことから、年度初めの一斉発行は不可能である。また、通常（健診と保健指導の一括委託を行わない限り）は健診終了後の発券となるが、健診から時間を置かず保健指導を実施することが有効であることから、健診実施後に順次発券することが適当である。

受診券・利用券ともに年度を通じて順次発券するような場合、当該年度の実績として計上し評価を受けるためのスケジュールとして、保健指導の初回面接を年度内に完了するためには、利用券の発券・送付は

＊1　自己負担欄において「受診者負担 30%」と「保険者負担上限額 21000 円」の両方が記載されている場合は、保険者負担額が 21000 円に達するまで受診者負担が 30% であることを意味する。QR コードを使用する場合の負担区分は 5 を使用し、データファイルへの請求額の格納においては、実施単価の 70% か 21000 円かを判断し格納する
＊2　現実としては 4 月生まれの方について、3 月末までに発券・送付することは困難。

２月、そのためには健診を１月中に受診してもらう必要があり、受診券の最終発券・送付は12月中となる。なお、年度末を超えて特定保健指導を実施する場合の取扱い等は、原則として実績報告時期である翌年11月１日に間に合う分まで実施年度の実績とし、それ以降は翌年度の実績計上とすることができるが、計上等におけるデータ処理や管理上非常に複雑となること等、少なからず手間が発生することとなる。

②有効期限

発行時期によるが、特定健診・特定保健指導は年度を単位とすることから、①に示した当該年度の実績として計上し評価を受けるための最終のスケジュールを踏まえると、受診券は保健指導に必要な期間を除いた１月末あたり、利用券は年度末までとなる。

保健指導は、年度末の３月に開始する場合も考えられるので、有効期限の考え方としては、初回利用の期限とすることが適当である。発券後間もない早期の受診による実施率の向上や、発券後における資格喪失後の受診回避のため、有効期限を短く設定する（例えば誕生月の１ヶ月に限定する等）ことも一つの考え方である。

健診・保健指導機関の繁閑の都合への配慮や、市町村国保の実施時期と被用者保険の実施時期をずらす必要があるならば、集合契約の調整において利用時期の設定を行い、受診券・利用券にはその調整された条件に基づく有効期限（又は有効期間）を明記する。

③発券時期・有効期限と実施率・窓口負担との関係

受診券整理番号には発券した年度が入り、利用券整理番号には特定保健指導のもととなる特定健康診査の実施年度が入ることから、基本的には、特定健康診査受診券を発券した年度が特定健診・特定保健指導を実施すべき年度である。しかし、保健指導は３ヶ月を要することから、年度をまたぐことが考えられ、契約上はその者のみ年度を越え実績評価完了時までを契約期間とすることになる。そのため、契約単価や窓口負担は年度をまたぐ場合でも発券年度のものを終了時まで適用することとなる。

実施率にカウントするためには完了が前提となることから、保健指導の場合は３ヶ月以上経過後の実績評価が完了することが必要となる。実施率を算定し保険者が支払基金又は国保連合会を経由して国に実施結果を提出する時期は、年度をまたぐ保健指導の大半が完了する、実施年度の翌年の11月１日となっている（途中で中断した、保健指導の開始があまりに遅かった等によりこの時期に間に合わないが、最後まで完了した場合は、当初実施年度の実績から抜き、当初実施年度の翌年度の実績として翌々年の提出分に盛り込む）。

5-4-6　対象者への送付

①被保険者

保険者が対象者の住所を把握し、システム上住所情報が利用可能になっている場合には、郵送による対象者への直送が可能である（市町村国保等）。被用者保険においては、上記の方法による送付形態（任意継続者・特例退職者）と、保険者から事業者に一括で送付し、事業者から被保険者（従業員）に配布（送付）する形態がある。

②被扶養者

保険者が被扶養者の住所をやむを得ず把握できていない場合は、特に受診券の送付においては対象者への直送が不可能な場合もある。代替手段としては、事業者の協力を得て、保険者から事業者に一括で送付し、事業者から被保険者（従業員）に配布（送付）、被保険者から被扶養者に渡す、という方式をとらざるを得ない。

一方、利用券については対象者への直送が可能である。これは、受診券を健診機関に提出し受診する際に、健診結果通知を送付するための住所を受診券に記入することとなっており、この住所データが健診データファイルにも格納され保険者へ送付されるためである。このデータを翌年度も利用するならば（大半が住所を変えていないと想定し）、翌年度は受診券から直送が可能である。

5-4-7　健診・保健指導機関窓口での取扱い

保険者や健診・保健指導機関は、集合契約のいずれか一つを選択するのではなく、どの契約にも重複参加する可能性が高いことから、健診・保健指導機関の窓口に来た受診者・利用者が、自機関の契約相手先であるか否か、どの契約ルートで保険者とつながるのか（どの契約の単価・請求額となるのか）を判別できる必要がある。その判別の手段が受診券・利用券であるので、券面の記載方法と窓口での判別方法は、次のように整理される。

①券面の記載方法

保険者は、受診券・利用券の「契約取りまとめ機関名」欄に、契約先を次のルールで表記（印字）する。

> ○全都道府県の国保ベースの契約のみであれば集合Ｂ①（及び集合Ｂ②）と記載。ただし、契約に不参加の都道府県がある場合、除外する都道府県名の記載が必要（参加する都道府県数の方が少ない場合は、参加する都道府県名のみ記載）。
> ○集合契約Ｂに加えて、全国的な健診機関グループとの集合契約にも参加している場合は、そのとりまとめ機関名（例：健保連集合Ａ①）を記載。
> ○当日初回面接の集合契約にも参加している場合は、全て記載（例：集合Ｂ①、健保連集合Ａ①、健保連集合Ａ②）
> ○集合契約と個別契約が混じる保険者は、以上のような表記に加え、「個別契約」と記載（健診機関が窓口にて個別契約の有無を識別し、当該機関が個別契約も行っているかの確認を喚起する目的で表示）

図表39：契約取りまとめ機関名の記載方法

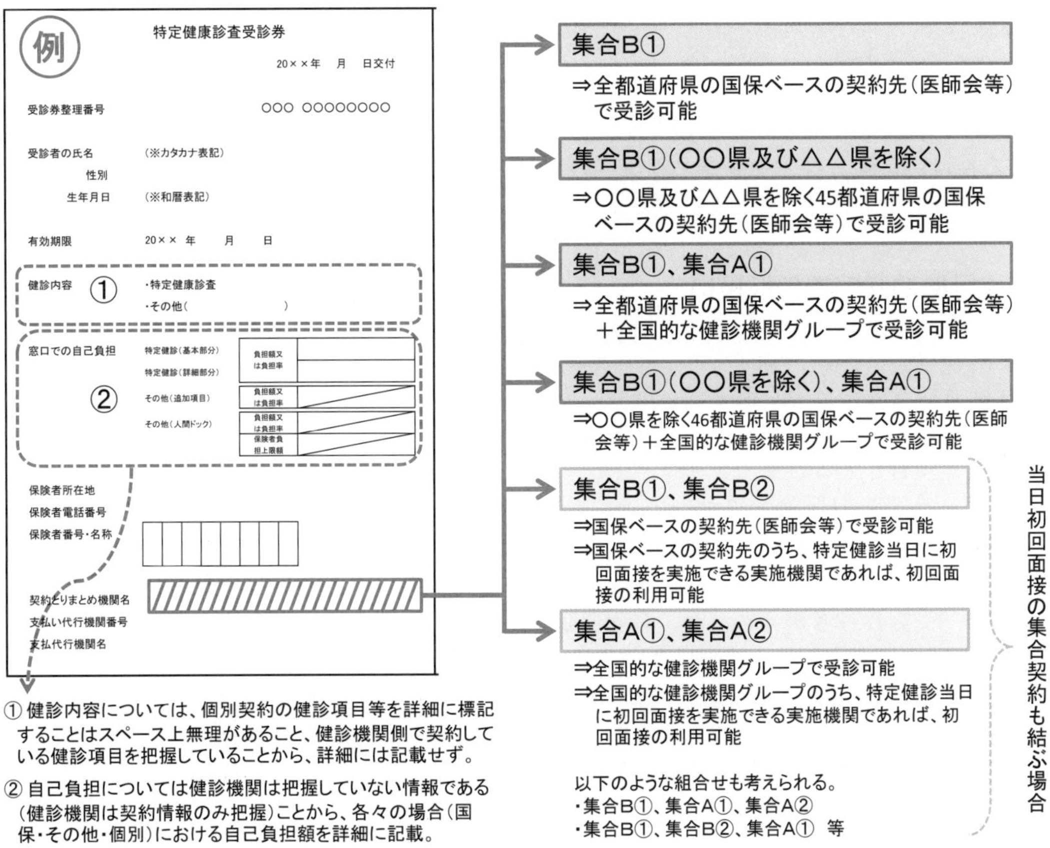

②窓口での判別方法

健診・保健指導機関は、窓口にて提示された受診券・利用券の「契約取りまとめ機関名」欄の表示を見て、次のルールで請求先や単価等を判別する。

○「契約取りまとめ機関名」の欄に集合B①、集合B②とのみ記載されている場合は、国保ベースの契約単価で請求する。
○何らかのとりまとめ機関名の記載が入っている場合は、
＊各契約の項目が一致する場合は、国保ベースやそれ以外の契約単価のうち最も低い額[*1]で請求（代行機関では契約情報と照合しチェック）。
＊項目が不一致している場合には、受診者の選択により受診項目と請求額を選択。
○大抵の場合、全国で受診可能となることから、居住地ではなく受診地の契約単価によって請求されることとなる。

5-4-8　受診券・利用券情報の管理・登録

①受診券・利用券情報の管理

保険者は、対象者あるいは健診・保健指導機関等において滞留、紛失・廃棄等による未使用の券や、失効した券等受診券・利用券を発券・送付後の状況を管理するため、発券・送付時に誰に、どのような（内容・有効期限等）券を発券・送付したかを管理しておく必要がある。少なくとも、受診券番号・利用券番号の発番・利用状況、資格喪失による失効番号については、管理しておく必要がある。

②受診券・利用券情報の登録

集合契約では代行機関を利用することとなる。代行機関では健診・保健指導機関から送付されてきたデータ及び請求について、内容のチェックと整理がなされる。

この内容のチェック項目としては、受診券・利用券に記載された自己負担の内容と契約情報に基づく契約単価から請求額が算定されているか、実施内容が受診券・利用券に記載された内容と一致するか等であり、チェックのためには受診券・利用券の券面に関する情報をあらかじめ代行機関が持っている必要がある。

代行機関が受診券・利用券の発券・送付まで受託・担当する場合は、代行機関が受診券・利用券情報をすでに保有しているが、保険者が受診券・利用券の発券・送付を行う場合（大半がこのケースとなる）は、保険者は、受診券・利用券の発券・送付後間もなく、代行機関に受診券・利用券の券面に関する情報を登録しておく必要がある。

5-4-9　代行機関窓口での取扱い

以下は、支払基金の場合における、受診券・利用券情報の登録手順である。

1　保険者が受診資格の点検を代行機関に委託する場合、受診券・利用券の発行情報を代行機関のウェブサイトに登録する。登録内容は、受診券･利用券の記載内容のうち、別紙登録用フォームの所定項目とする。
2　非オンラインの保険者においては、登録用フォーム（紙媒体）に所定項目を記載のうえ、ファクシミリ又は郵送で報告する。
3　代行機関では、登録内容と特定健診・特定保健指導データのチェックを行い、受診資格を確認する（受診券番号が発券済か、有効期限内か、契約単価から自己負担分を除した金額での請求か等）。登録内容と不一致の場合は、健診・保健指導機関に照会・返戻等を行う。
4　照会・返戻の結果、特定健診・特定保健指導データに誤りの無い場合は、保険者に確認を依頼する旨のデータ（フラグ）を付加し、保険者へ送信・送付する。
5　登録フォームの窓口負担額情報欄は、特定健診・特定保健指導の各種別ごとに該当する窓口負担を登録する（窓口負担なしの場合はチェックボックスをチェック）。

＊1　最も低い契約単価は、支払基金の場合、契約単位で選択することとなっている。例えば、基本部分及び詳細部分の各項目の最低単価が契約によって異なる場合（基本部分なら契約Aだが、心電図なら契約Bが、等々）であっても、それぞれ最も安い契約を別個に選択し組み合わせるのではなく、実施した部分での合計金額で比較し最低単価の契約を選択する。よって、基本部分のみ実施の場合は基本項目の単価が最低の契約が、基本部分に詳細部分が1つ（もしくは複数）加わった場合はその単価の合計額が最低の契約が選択される。

図表40：受診券・利用券情報登録用フォーム（支払基金の例）

特ー様式第53号

整理番号＿＿＿＿＿

受　診　券　情　報　登　録　票

特定健診・特定保健指導に係る受診券を下記のとおり発行しましたので、登録願います。

令和　　年　　月　　日

社会保険診療報酬支払基金＿＿＿＿審査委員会事務局

保　険　者　番　号　□□□□□□□□

保　険　者　名　称　＿＿＿＿＿＿＿＿＿＿

交　付　年　月　日　令和　　年　　月　　日

有　効　期　限　令和　　年　　月　　日

受　診　券　整　理　番　号

	開始番号		終了番号
1		～	
2		～	
3		～	
4		～	
5		～	

※整理番号のパターンが入りきらない場合、受診券情報登録票を複数枚提出してください。

窓口負担額情報

窓口負担	①特定健診基本部分	②医師の判断による追加項目	③その他	
			Ⅰ追加健診項目	Ⅱ人間ドック
窓口負担なし	□	□	□	□
定額(円)	円	円	円	円
定率(%)	%	%	%	%
保険者負担上限額(円)	円	円	円	円
登録しない	□	□	□	□

※該当するものが無い場合は「登録しない」のチェックボックスをチェックしてください。
（「登録しない」を選択した場合、支払基金では窓口負担額の確認を行いません。）

作成要領

1　本登録票は、保険者の所在する支払基金審査委員会事務局へ届け出てください。
2　本登録票は、受診券を発行する前月２０日までに届け出てください。
3　保険者番号欄は、８桁に満たない場合は右詰めで記入してください。
4　保険者名称欄は、支払基金へ届け出た名称を記入してください。
5　交付年月日欄は、受診券を交付した年月日を記入してください。
6　有効期限欄は、受診券の有効期限を記入してください。
7　受診券整理番号欄は、交付した受診券整理番号を１１桁の連番で記入してください。
　発行のパターンが入りきらない場合は、本登録票を複数枚利用ください。

記入例

受診券整理番号を「18100000001」から「18100010000」まで、「18100200001」から「18100210000」まで発行した場合。

開始番号		終了番号
18100000001	～	18100010000
18100200001	～	18100210000

※受診券整理番号の設定方法

年度（西暦下２桁）＋種別（特定健康診査「１」）＋個人番号（８桁）

（特定健康診査・特定保健指導の円滑な実施に向けた手引き
（厚生労働省保険局）より）

8　窓口負担情報は、発行した窓口負担の種類を記入してください。
　窓口負担額がない場合は、「窓口負担なし」に✔を記入してください。
　該当する窓口負担種類がない場合又は支払基金での窓口負担額の確認を希望しない場合は、「登録しない」に✔を記入してください。
9　整理番号欄は、記入しないでください。

図表41：集合契約Ａ②、集合契約Ｂ②の場合の登録用フォーム（支払基金の例）

特ー様式第55号

整理番号＿＿＿＿＿

セット券情報登録票

特定健診・特定保健指導に係る特定健診受診日に保健指導を行う場合のセット券を発行しましたので登録願います。

令和　　年　　月　　日

社会保険診療報酬支払基金＿＿＿＿＿審査委員会事務局

保険者番号	□□□□□□□□
保険者名称	
交付年月日	令和　年　月　日
有効期限	令和　年　月　日

セット券整理番号

	開始番号	～	終了番号
1		～	
2		～	
3		～	
4		～	
5		～	

※整理番号のパターンが入りきらない場合、セット券情報登録票を複数枚提出してください。

特定健診窓口負担額情報

窓口負担	①特定健診基本部分	②医師の判断による追加項目	③その他	
			Ⅰ追加健診項目	Ⅱ人間ドック
窓口負担なし	□	□	□	□
定額(円)	円	円	円	円
定率(%)	%	%	%	%
保険者負担上限額(円)	円	円	円	円
登録しない	□	□	□	□

特定保健指導窓口負担額情報

窓口負担	①動機付け支援	②積極的支援
窓口負担なし	□	□
定額(円)	円	円
登録しない	□	□

※該当するものが無い場合は「登録しない」のチェックボックスをチェックしてください。

（「登録しない」を選択した場合、支払基金では窓口負担額の確認を行いません。）

作成要領

1　本登録票は、保険者の所在する支払基金審査委員会事務局へ届け出てください。
2　本登録票は、セット券を発行する前月２０日までに届け出てください。
3　保険者番号欄は、８桁に満たない場合は右詰めで記入してください。
4　保険者名称欄は、支払基金へ届け出た名称を記入してください。
5　交付年月日欄は、セット券を交付した年月日を記入してください。
6　有効期限欄は、セット券の有効期限を記入してください。
7　セット券整理番号欄は、交付したセット券整理番号を１１桁の連番で記入してください。
発行のパターンが入りきらない場合は、本登録票を複数枚利用ください。

記入例

セット券整理番号を「18500000001」から「18500010000」まで、「18500200001」から「18500210000」まで発行した場合。

開始番号	～	終了番号
18500000001	～	18500010000
18500200001	～	18500210000

※セット券整理番号の設定方法

年度（西暦下２桁）＋種別（特定健康診査・特定保健指導「5」）＋個人番号（８桁）

（特定健康診査・特定保健指導の円滑な実施に向けた手引き（厚生労働省保険局）より）

8　窓口負担情報は、発行した窓口負担の種類を記入してください。
窓口負担額がない場合は、「窓口負担なし」に✔を記入してください。
該当する窓口負担種類がない場合又は支払基金での窓口負担額の確認を希望しない場合は、「登録しない」に✔を記入してください。
9　整理番号欄は、記入しないでください。

6 健診・保健指導データ

6-1 標準的なデータファイル仕様

6-1-1 必要性

保険者には、様々な健診・保健指導機関や他の保険者、事業者健診を実施する事業者などから、特定健診・特定保健指導データが送付されてくることとなり、複数の経路で複雑に情報のやりとりが行われるが、それぞれ独自のフォーマットやファイル形式で送付されるとフォーマット変換等を行わないと利用できないなどの支障がある。特定健診・特定保健指導の実績を分析・評価する際にも、膨大なデータの整理・抽出等を行うことから、多様な仕様のデータでは、分析・評価の前に膨大なデータの整理作業が必要となる。

こうした問題を回避するため、関係者間でデータの互換性を確保し、保険者が継続的に多くのデータを蓄積・活用していけるよう、標準的なデータファイルの仕様を定めている。

6-1-2 仕様のイメージ・構成

①基本的な考え方

さまざまな健診機関の多様な記録作成システムが健診データファイルを生成し、代行機関や保険者等とやりとりすることになるため、以下の考え方に基づき、標準的なファイル仕様を定めている。この考え方に沿って、記録の順序が各機関で順不同の場合でも受け取った者が判別できるようXML形式で記録するようにする、何の検査項目をどのような方式で実施したのかを判別できるように標準コード（JLAC10コード。3-3-1③の脚注参照）を設定する、等の整理を行っている。

- 特定メーカーのハード、ソフトに依存しない形式にすること
- 将来、システム変更があった場合でも対応が可能な形式にすること
- 健診機関、保険者等の関係者が対応できる方式とすること

②健診結果データファイル・保健指導結果データファイル

個人単位の健診結果データファイル、保健指導結果データファイルの詳細は、付属資料に示している。標準仕様書は、厚生労働省のホームページ*1に詳細な技術仕様が示されている。関係者が遵守すべき仕様は、国から示している「令和６年度以降における特定健康診査及び特定保健指導の実施並びに健診実施機関等により作成された記録の取扱いについて（令和５年３月31日付け健発0331第４号・保発0331第６号厚生労働省健康局長・保険局長連名通知。令和5年7月31日一部改正）」*2等による。

関係者が自由に開発・運用すべき各関係者内のシステムの仕様まで規定することは適当でないため、国が示す範囲は、関係者間での円滑な送受信等を可能にするための様式に限定している。この様式は、送付されたファイルが受領側で確実に読み取れるためのフォーマットであり、読み取ったデータをどのように取り扱うか等は、各関係者の運用による。

③仕様の種類

法定報告におけるデータの流れとしては、健診・保健指導機関から代行機関や保険者（以下「納品用」という。）、保険者から支払基金又は国保連合会（国）（以下「実績報告用」という。）が主な流れとなる。

納品用は請求・決済に関する情報が必要であり、実績報告用は請求・決済情報が不要である。

このうち、②の通知で示したものは納品用であり、実績報告用は、「保険者が社会保険診療報酬支払基金に提出する令和６年度以降に実施した特定健康診査等の実施状況に関する結果について（令和５年３月31日付け保発0331第４号厚生労働省保険局長通知。令和5年7月31日一部改正）」等により

＊1　特定健康診査・特定保健指導等の電子的な標準の仕様に関する資料
（https://www.mhlw.go.jp/stf/seisakunitsuite/bunya/xml_30799.html）
＊2　特定健診・特定保健指導の関係通知等については、厚生労働省のホームページを参照のこと。
（https://www.mhlw.go.jp/stf/seisakunitsuite/bunya/0000161103.html）

示している。
　また、特定健康診査データをマイナポータル経由で閲覧するため、いわゆる閲覧用ファイルの登録が可能となり、そのファイル仕様等については「保険者が社会保険診療報酬支払基金等に随時提出する特定健康診査情報等について（令和５年３月31日付け保発0331第３号厚生労働省保険局長通知。令和5年7月31日一部改正）」により示している。

④ファイル構成

　納品用ファイル及び実績報告用ファイルについては、個人単位のデータファイルを、交換用基本情報ファイル（宛先や総ファイル数等の情報を格納）と集計情報ファイル（各ファイルを集計した情報を格納）で挟むことにより、データファイルの漏れや集計チェックができる構成となっている。
　閲覧用ファイルについては、交換用基本情報ファイルと特定健診情報ファイルで構成される。

⑤納品用ファイル

　個人単位の健診結果・保健指導結果データのファイル群と、結果データに伴う請求データファイル群（結果データの主と請求データの主は、内部で関連付けを行う）を、交換用基本情報ファイルと集計情報ファイルで挟む構成となっている。
　健診・保健指導機関から代行機関に送付される場合は、当該機関で実施された特定健診・特定保健指導の結果データが、保険者の区別なく混載状態で構成される。この時の集計情報ファイルは、保険者の区別なく当該機関に支払われるべき総額が記載される。
　代行機関から保険者に送付される場合は、代行機関にて保険者別に分類・整理し直されることから、当該保険者の加入者分のみの結果データと請求データがまとめられ、集計情報ファイルには当該保険者への総請求額が記載される。
　代行機関を介さず、健診・保健指導機関から直接保険者に送付される（個別契約）場合は、当該保険者の加入者分の結果データが送付される。なお、請求データは必ずしも一人分ずつファイルに入れる必要はなく、別途まとめて請求書を添える方法もある。集計情報ファイルには当該保険者への総請求額が記載される。
　事業者から保険者へ事業者健診の結果を送付する等、他の健診結果をデータで受領することができ、かつ、この標準仕様に基づくファイルで受領できる場合は、請求データファイルにデータが入らないため（データ提供に要した費用が請求される場合であっても、対象者別に１件１件請求額の入ったファイルを生成する必要はなく、一括で請求すればよい）健診結果・保健指導結果データのファイル群のみとなる。

図表42：標準的なデータファイル仕様におけるファイル構成（納品用）

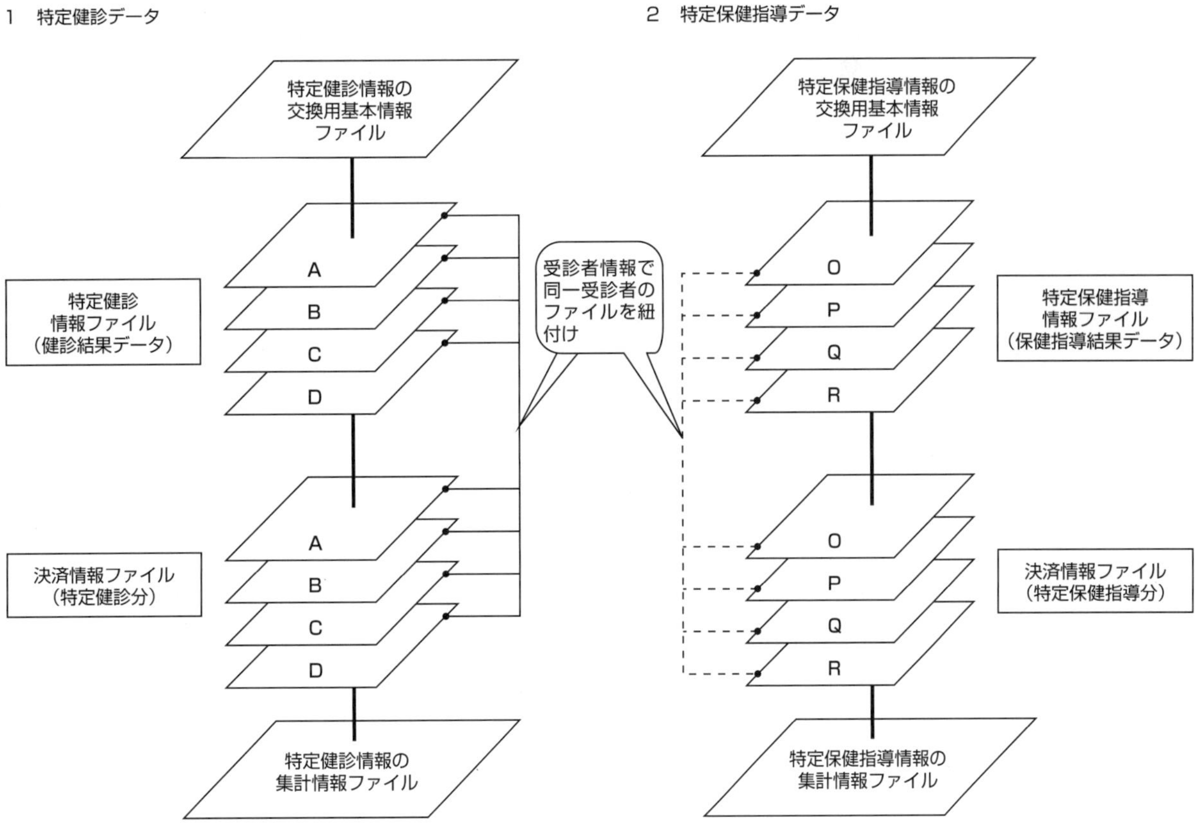

⑥実績報告用ファイル

個人単位の健診結果データのファイル群と保健指導結果データファイル群を、交換用基本情報ファイルと集計情報ファイルで挟む構成となっている。（健診結果データの主と保健指導結果データの主は、内部で関連付けを行う。）

集計情報ファイルは、納品用のように決済金額総計等ではなく、総括表と男女別・５歳階級別での実績報告集計表が格納されることとなる。

健診結果データと保健指導結果データは、支払基金又は国保連合会において匿名化処理が施されると同時に、氏名・住所等の不要な情報が削除された実績報告用のデータファイルとなる。

保険者からの送付形態は、保険者から支払基金又は国保連合会へという流れとなる。

⑦閲覧用ファイル

医療保険制度の適正かつ効率的な運営を図るための健康保険法等の一部を改正する法律（令和元年法律第９号）により、保険者が特定健診等の実施に係る被保険者の情報の利用又は提供に関する事務を支払基金又は国保連合会に委託することができるようになったことを踏まえ、支払基金及び国保中央会が共同で運営するオンライン資格確認等システムを利用し、マイナポータルを通じて本人が自らの特定健康診査情報等を閲覧できる仕組みを構築した。

当該閲覧に当たっては、本人の特定健康診査情報について、本人が特定出来る形（顕名）でオンライン資格確認等システムに格納される必要がある。

当該顕名データ（以下「閲覧用ファイル」という。）については交換用基本情報ファイルと個人単位の特定健診情報ファイルで構成される。

閲覧用ファイルは、実績報告用ファイルと別の時期に登録することができることとする。また、実績報告用として登録したファイルも、支払基金又は国保連合会において「特定健診情報ファイル」のみを抽出し、閲覧用ファイルとしてオンライン資格確認等システムに連携することとしている。

なお、その他の運用は下記のとおりである。

・　同一受診日の健診情報は、後から登録されたファイル情報に更新され格納される。
・　同一年度に複数回の健診を受診した場合（年度に１度行われる特定健診に加えて、年に１度の事業者健診を受診し、特定健診と見なした場合等）は、そのそれぞれについての登録を可能とする。

- 閲覧用ファイル（閲覧用ファイル生成のために登録する実績報告用ファイルを除く）については、オンラインでの登録とする。登録頻度としては、月次までを想定している。
- 受診年月日を誤って登録する等、上書きで対応できないケースのために、閲覧用ファイルの削除を可能とする。
- 削除依頼もオンラインでの登録とする。

図表43：標準的なデータファイル仕様におけるファイル構成

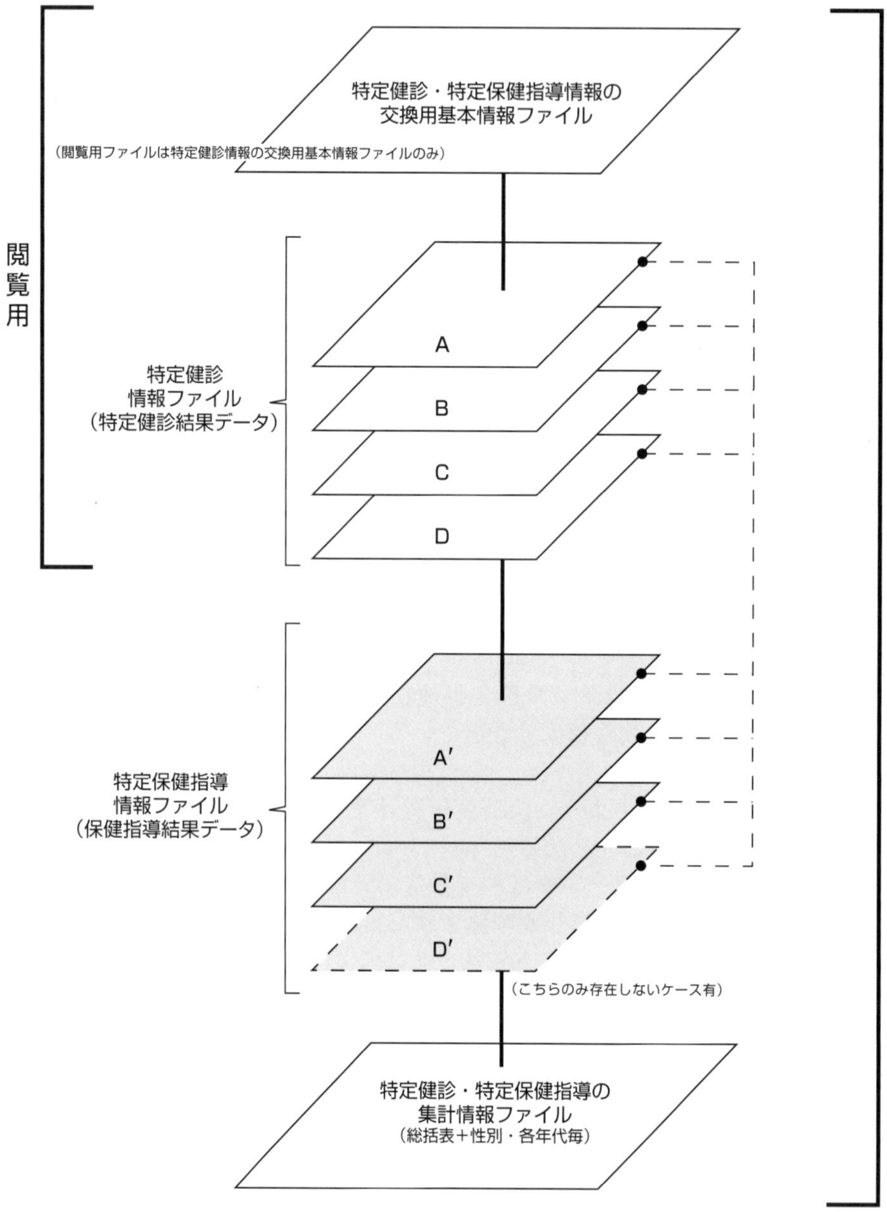

6-1-3　特定保健指導における電子データ化の範囲

①電子化の主な目的

特定保健指導の結果を電子的に記録・保管する目的は、主には保険者による特定保健指導の実施後評価（保険者が直接実施した場合はプログラム評価、委託の場合は委託先評価）や決済に際しての確認である。

しかし、評価・決済等に用いる個票（個人別の指導記録のことであり、「標準的な健診・保健指導プログラム」では「特定保健指導支援計画及び実施報告書」として様式例（図表14参照）が示されているもの。大半は紙ベースでの記録になると考えられる）ファイルには詳細なデータが含まれることから、副次的な用途として、国や保険者が有効な指導形態等を峻別することにも利用できる。

特定保健指導の実施方法については、保健指導機関の創意工夫による有効な指導プログラムの開発を促進する必要があること等から、最低要件を一定の枠として定めた以外は自由度を高めたものとしている。

国や保険者が、多種多様な指導形態等から有効な指導形態等を検討していくことは非常に重要であり、検討を行う際には、結果が印字された紙の束から分析するのではなく、電子データで効率的に抽出・分析していけるようにすることが重要である。

以上を踏まえ、保険者、代行機関、国のそれぞれにとってのデータの用途・目的としては、次のように整理できる。

図表44：保健指導データの主な用途・目的

No	用途・目的		必要とする者			
1	決済時の内容・決済額等確認			保険者	代行機関	
2	委託先の評価	事業者評価		保険者		
		プログラム評価	国	保険者		
3	毎年度の実績確認		国	保険者		支払基金
4	（副次的）有効な指導形態の絞り込み		国	保険者		

②電子化すべき範囲を設定する背景

特定保健指導の個票を電子的に記録・保管すると、さまざまな用途があり、多くのメリットがある。しかし、その一方で、特定保健指導の個票を全て電子化するのは大きな負荷が発生する。特定健康診査は定型的なため、限られた所定の項目に検査結果等を入力するだけでよく、検査機器から直接検査値データが入力されるような設備も販売されているが、特定保健指導は非定型であり、記録すべき事項も多い。面接や指導をしながらデータを入力するような指導形態も考えられなくはないが、多くの実施者はそのような指導形態をとらず、紙の様式に筆記具でメモ等をとりながら指導するのが一般的であると考えられ、面接や指導をしながらデータを入力するのは難しいと考えられる。

そのため、用途別に最低限電子化が必要な項目を洗い出し、保健指導の記録を全て電子化することがないようにすることとしている。

図表45：用途・目的別での電子化が必要な情報

No	用途・目的		必要な情報の種類（一連の保健指導の記録から）
1	決済時の内容・決済額等確認		実施形態、回数、ポイント数等金額と実施内容に誤りがないかを確認できる項目
2	委託先の評価	事業者評価	事業者、実施者、実施形態、回数、評価結果等事業者を比較できる項目
		プログラム評価	事業者、実施者、実施形態、回数、評価結果等異なる事業者間あるいは同一事業者内でプログラムを比較できる項目
3	毎年度の実績確認		実施形態、回数、ポイント数、評価結果等最低限の要件を満たしているかを確認できる項目
4	（副次的）有効な指導形態の絞り込み		対象者の特徴、実施者の職種、実施形態、回数、評価結果等

③電子化すべき範囲

データが流れる（データを活用する）順番は図表45のNo.1から順となる。1は内容と金額の一致を確認するだけであることから必要最低限の情報があればよいが、2（あるいは4）は1よりも必要とする情報項目が多くなる。そのため、2（あるいは4）が必要とする項目は電子化するべきである。

ただし、評価を細かく行うために必要とする項目が多くなると、範囲を限る意義が薄れることから、電子的に抽出・分類した上で、それ以上の詳細情報を比較・評価する場合は電子化前の元の個票をたどることとし、電子化の項目は抽出・分類に必要となる最小限の項目に限ることが適当である。

個人単位の保健指導結果データファイルの項目は、上記の整理に基づき定められている。詳細は、付属資料を参照のこと。

なお、この整理は標準的な考え方であり、個票の全てを電子化する意向を持つ意欲的な保健指導機関あるいは保険者が全ての記録を電子的に管理することは、理想的なことである。

④委託の有無による電子化すべき範囲の違い

特定保健指導の個票「特定保健指導支援計画及び実施報告書」を電子化する範囲は必要最低限の項目とするが、特定保健指導を委託する場合と保険者自身で実施する場合とでは、求める情報項目の種類や数に違いが出る可能性がある。

委託している場合は決済時の内容・決済額等の確認やアウトカム評価の実施状況や成果等も含めた事業者評価が重要であるが、委託しなければ、これらの用途はなく、プログラム評価やそれに関連した有効な指導形態を検討する際の情報項目をより重要視することとなる。

委託している場合は、委託先が誠実に業務を遂行しているかを細かくチェックする必要性を踏まえ、保険者は、確認に必要な最低限の項目ではなく、できる限り個票に近い情報量の提出を保健指導機関に求める可能性が高い。このような時は、両者の契約に基づき電子化の範囲（電子データとして納品すべき項目）は自由に定めればよい。

逆に、保険者が直接実施している場合は、有効な指導形態の検討は保険者内での取組であり、必ずしも多くの項目を電子化する必要はない。この場合は、最低限の電子化の範囲は、国への実績報告に必要な項目に限られる。ただし、直接実施しているプログラムの比較・評価・検証等を行うためには、比較のために必要な項目をできる限り電子化しておくことが必要である。

6-1-4　追加健診項目のサポート範囲

①健診項目のコード設定の標準化

健診データファイルへの検査結果の記録においては、実施後あるいは長期的な分析等のためにも、その検査記録が、何の検査項目の、どのような検査方法でなされたものかを判別できるようにしておく必要があることから、JLAC10コード（17桁コード）を標準コードとして設定*1し、データファイルの作成時にはそのコードを用いて記録する。

②必要性

保険者や健診機関等は、現在、特定健康診査以外の多様な健診を実施しており、特定健康診査以外の検査項目も上乗せし、特定健康診査と同時に実施する場合が少なからずある。

このような実施形態の場合、特定健康診査の項目のみ標準的なデータファイル仕様に基づき記録することができ、その他の項目は別ファイル（あるいは紙）に記録するしかないということでは、健診機関の業務が煩雑になるだけでなく、記録を受領・管理・分析する保険者にとっても不便である。

以上も踏まえ、特定健康診査の項目以外についても、同時実施時に同じデータファイルに記録できるようにしておく。標準的なデータファイル仕様では、基本的にはどのような検査項目・検査値も自由に格納できるようになっているが、重要なことは、格納された検査結果が誰でも何の検査項目・検査方法で実施されたかが判別できるように記録されていることであり、標準コードが設定されていない検査項目の場合、ファイルを作成した機関以外はその検査値が何の検査項目・検査方法で実施されたかがわからないため、コードを割り振る。

6-1-5　データ作成・管理のシステム

健診・保健指導機関が特定健診・特定保健指導の結果を標準的なデータファイル仕様に基づき作成・送付し、代行機関や保険者、国等がデータファイルを受領・保管・分析等を行うという事務の流れとなることに伴い、健診・保健指導機関はデータファイルを作成する仕組みが、保険者等は受領したデータファイルを管理・分析等を行う仕組みが必要となる。

＊1　血液検査データについては日本臨床検査医学会が作成した既存のJLAC10コード（17桁コード）を使用する。質問項目（質問票）や身長等のJLAC10コードのない項目については、JLAC10の17桁コード体系に準じたコードを検討し、標準コードとして設定する。

①データ作成・ファイル生成システム（主に健診・保健指導機関）

健診・保健指導機関は、特定健診・特定保健指導の結果や、決済情報（代行機関、特に支払基金を通じて処理する場合は必須だが、それ以外では決済情報は請求書の別送等も可）を記録するデータファイルを作成するためのソフトウェアや、そのソフトウェアを動かすパソコン等の準備が必要である。

ソフトウェアは、公開されている標準仕様に基づき、各メーカーにより製造・販売されており、それらを購入・インストールすることで対応可能である。

②いわゆるフリーソフトと呼ばれるものについて

データ作成・ファイル生成システムの導入に際しては、このように少なからず負担が伴うことから、最低限の支援措置として、複数の無償配布版*1のソフトウェア（フリーソフト）が提供されている。

令和6年4月以降に厚生労働省が提供しているフリーソフトが公開されるので参照されたい。(https://kenshin-soft.mhlw.go.jp)

なお、データ作成・ファイル生成のためのソフトウェアであることから、基本的には健診・保健指導機関向けであるが、他の保険者から委託を受ける保険者や、直接特定健診・特定保健指導を実施する保険者が利用することも考えられる。

③データ管理システム（保険者）

保険者は、受領したデータファイルを取り扱うためのソフトウェア（データ管理システム）や、そのソフトウェアを動かすパソコン等の準備が必要である。ソフトウェアとして主に必要となる機能は次のようなものが考えられる。

> ○受領したデータファイルの内容をチェックする機能（代行機関を利用する場合は不要）
> ○データファイルを整理して保管（ファイルからデータを抽出しデータベースに格納、個人別・年度別等に分類・整理）する機能
> ○データから特定保健指導の成果の検証等、事後評価・分析を行う機能
> ○データ（受領したデータファイルあるいは管理しているデータベース）から国への実績報告用のデータのみ抽出し、標準仕様のファイルを生成する機能（※支払基金提出時は、国から配布している項目抽出プログラムを利用）
> ○権限の在る者のみ閲覧・分析等が行えるような保護・管理の機能

ソフトウェアについては、公開されている標準仕様に基づき、各メーカーが製造・販売しているため、それらを購入・インストールすることで対応可能である。

加入者数の少ない保険者で、専用のソフトウェアを導入するまでもないという判断ができる場合、市販の表計算ソフト（Microsoft Excel等）やデータベースソフト（Microsoft Access等）でデータを取り扱うことも考えられる。

また、国保中央会は共同利用システムを開発しており、この共同システムを利用する選択肢もある。

④健診事務処理システム（保険者）

保険者は、③に示したような機能を持つデータ管理システム以外に、事務処理システム（受診券・利用券の発券や請求管理等）が必要な場合があるので留意する。なお、規模が小さい保険者やその部分は一括で委託する保険者では不要となる。

6-1-6　データ入力

①特定健康診査項目の入力許容範囲外（入力最大値以上又は入力最小値以下を指す。）*2の取扱い

測定値が、項目毎に指定された入力許容範囲外の値の場合、「H」又は「L」を示すとともに、実測値の入力も必要である。

＊1　無償ではあるがデータ作成・ファイル生成等の基本的な機能は備わっている。当然ではあるが、ソフトウェア本体のみが無償でありパソコン等は各自で用意が必要なほか、ダウンロードやインストール等の使用準備は各自で行う必要がある。

＊2　入力最大値・最小値については、「標準的な健診・保健指導プログラム」第２編別紙7-３を参照。

・入力許容範囲外の時は、データ上、数値型（PQ型）とコード型（CD型）を両方出現させなければならない。（図表46）

図表46：コード表

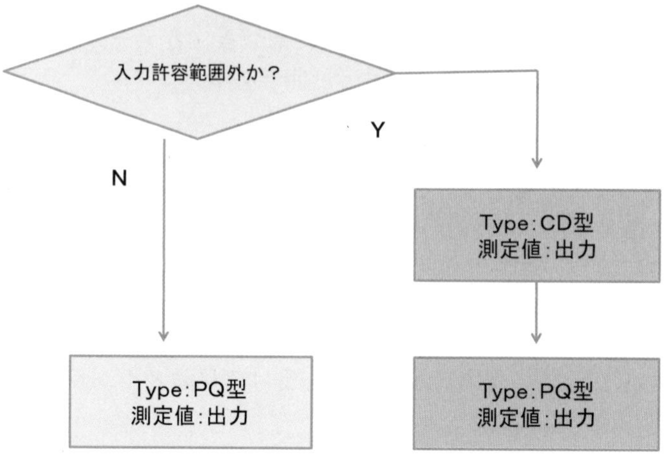

・階層化基準に必要な特定健康診査項目において、「H」又は「L」が出現している場合にも、数値型（PQ型）の値を用いた階層化を行うことが可能である。

②特定健診情報ファイルと特定保健指導情報ファイルを紐付けるための利用券整理番号の付番ルール

特定保健指導がどの年度の特定健康診査の結果に基づくものかを把握するために、保険者から国への実績報告時に、利用券整理番号の入力を必須とし、利用券整理番号の先頭２桁で特定保健指導の対象健診年度を識別する。

利用券を発行して特定保健指導を行う場合は、付番方法に則り発番された利用券整理番号を記載する（5-4-4③参照）。

利用券を発行せずに特定保健指導を行う場合は、次のとおりとする。

・年度（西暦下２桁*1）＋種別（１桁*2）＋固定コード（８桁：全て０）の11桁
・保健指導機関から保険者の受け渡し時に、利用券情報が出現した場合、利用券の有効期限も必須となることから、利用券の有効期限には便宜上、年度末日（2018年度の場合は20190331（西暦４桁＋0331））を記載する。

③特定健康診査の実施形態情報（事業者健診かその他の健診か等の種別）の取得

保険者が、事業者健診をもって特定健康診査に代える運用を行っている実態を把握するため、「健診プログラムサービスコード」へ健診種別を記載する。健診プログラムサービスコードは以下のとおりである。

図表47：健診プログラムサービスコード

＜健診種別（健診プログラムサービスコード）＞
000：不明
010：特定健診
020：広域連合の保健事業
030：事業者健診（労働安全衛生法に基づく健診）
040：学校健診（学校保健安全法に基づく職員健診）
060：がん検診
090：肝炎検診
990：上記ではない健診（検診）

＊1　特定保健指導の基となった特定健康診査の受診日の属する実施年度を記載する。
＊2　積極的支援の場合には「2」、動機付け支援の場合には「3」、動機付け支援相当の場合には「4」を記載する。

・保険者が、健診実施機関において健診プログラムサービスコードに埋めるべきコードを委託契約時に指定し、健診実施機関がその指定値を設定することも可能である。保険者で健診プログラムサービスコードの確認を行い、誤ったコードが設定されていると判断した場合には、保険者において適切な値に更新することも可能である。

6-2 データ

6-2-1 標準的なデータファイル仕様での送付義務

支払基金又は国保連合会（国）への実績報告を行う際には、国の指定する標準的な様式に基づいて報告するよう、高齢者の医療の確保に関する法律による保険者の前期高齢者交付金等の額の算定等に関する省令第44条第２項の規定に基づき厚生労働大臣が定める事項（平成20年厚生労働省告示第380号）及び通知*1で定められていることから、保険者が特定健診・特定保健指導を直接実施した場合は、最低限、実績報告に向けたデータ作成については標準的な仕様を遵守する必要がある。

委託先となる様々な健診・保健指導機関については、委託基準告示で定める委託基準において、電子的記録を作成し、安全かつ速やかに納品ができることが条件となっており、受託するためには、これを遵守する必要がある。

6-2-2 紙データの取扱い

①紙データが発生するケース

特定健診・特定保健指導は、電子的記録が基本となるが、他の法令等に基づく健診についてまで義務付けがされている訳ではない。事業者健診や学校保健安全法に基づく健診については、記録の電子化が義務付けられていないため、これらの結果を受領する場合、紙で受領するケースが少なからず発生すると想定される。

また、データ作成・ファイル生成システムを導入できない、あるいは導入しても使いこなせない健診機関（小規模の診療所等が想定される）では、特定健診・特定保健指導を実施した場合、紙での記録となることがあり得る。

②事業者健診等のデータ受領について

他の法令等に基づく健診の結果を受領する際には、事業者や学校等と事前に十分な協議調整を行い、保険者に継続的に協力してもらえる関係の構築を行う。その上で、事業者や学校等データ提供元の協力を得て、これら提供元が健診を委託する際には、標準的な電子データファイルの仕様を満たした電子的記録を作成し、安全かつ速やかに納品ができる健診機関、更には健診結果のうち特定健康診査に関わるデータについては別途保険者にデータを作成・送付できる健診機関を委託先*2とする等の配慮をお願いする。

提供元が、紙での受領（保管）と併せて、標準的な仕様に基づいていないものの、少なくとも電子データ（CSVファイル等）として保管されている場合は、そのまま受領し、保険者にてデータを格納（この時、場合によってはデータ変換等が必要となることもある）、支払基金又は国保連合会（国）への実績報告時に標準仕様のファイルを生成する。

紙のみの保管となる提供元については紙で受領し、保険者にて電子化することとなる。この時、紙の件数が少なく保険者自身で電子化が十分可能な場合は、いわゆるフリーソフトを使用することが考えられる。

③個人が保険者に提出する健診結果について

対象者に受診券を送付する際の案内に、「もし他で同じような健診（腹囲・血液検査等）を受診済みの場合は、その結果（の写し）を保険者まで提出してもらうことで実施に代えることができる」旨を記載し、送付を促す。

ただし、送付元が事業者ではなく本人であることから、これに基づき送付されてくる結果は大抵が紙

＊1 「高齢者の医療の確保に関する法律第16条の規定により保険者が厚生労働大臣に提供すべき情報等について」（平成21年5月15日付け保発0515001号保険局長通知）、「保険者が社会保険診療報酬支払基金に提出する令和6年度以降に実施した特定健康診査等の実施状況に関する結果について（令和5年3月31日付け保発0331第4号厚生労働省保険局長通知。令和5年7月31日一部改正）」（https://www.mhlw.go.jp/stf/seisakunitsuite/bunya/0000161103.html）

＊2 労働安全衛生法の健診のみの受託ではなく、別途、保険者からの特定健康診査等、他の健診も受託する機関が少なくないと考えられ、その場合は、標準的なデータファイル仕様に準拠したファイルの提出は容易と考えられる。

ベースの結果票となる可能性が高く、これらについては保険者にて入力しデータを作成する必要がある。②同様、フリーソフトの利用も考えられる。

④紙で記録する健診機関について

紙でしか結果を提出できない健診・保健指導機関は委託基準を満たせないことから、受託できないこととなる。ただし、紙で記録を一旦作成するものの、保険者や代行機関に送付する前に電子化できる場合は、委託基準を満たすこととなる。この場合、保険者や代行機関へ送付する前に、健診・保健指導機関は紙で作成した記録を電子化する作業を別途入力業者等に委託する必要がある。委託する場合は、個人結果データについての守秘義務等に十分注意する必要がある。

なお、電子化作業の委託先から代行機関や保険者へ直送することが困難な場合がある（代行機関が支払基金の場合は送付元機関番号がファイルに入る上、オンライン送付の場合は送付元の機関認証がなされる）ので、その場合は、委託した健診･保健指導機関に電子化されたファイルが納品され、当該健診・保健指導機関から代行機関や保険者へ送付されることが標準的な流れとなる。

6-2-3　データ作成者

基本的には、特定健診・特定保健指導を実施した者がデータを作成する。実施者自身で作成できない場合は別途入力業者等に委託して作成し、実施者から保険者等へ送付する。

事業者や学校、あるいは個人（対象者本人）等から紙データを受領した場合は保険者がデータを作成する。

支払基金又は国保連合会（国）への実績報告データは、保険者が作成する。ただし、ゼロから作成するのではなく、特定健診・特定保健指導を実施した者が作成したデータから抽出する。

6-2-4　他の保険者からのデータ受領

①他の保険者に健診等を委託している場合

他の保険者に特定健診・特定保健指導の実施を委託した場合（特に市町村国保が想定される）は、当該保険者から結果データを受領することになる。この場合は委託費等が契約等で定められていることから、特にデータ受領に限った経費の負担の定めは不要である。

②加入する保険者の変更に伴うデータの受領

退職や異動等により保険者を替わった場合に、新しい保険者が特定保健指導の参考とするために、以前の保険者に対して過去の健診データの提供を求めることができるが、その場合は、以前の保険者が保管している分のデータを新しい保険者に渡すこととなる。この場合、過去の健診データを提供するために電子的な記録媒体又は紙媒体に記録するために要した費用は、以前の保険者が負担する。過去の健診データを記録した媒体の送付にかかる費用及び提供されたデータを新しい保険者のシステムに登録する費用は新しい保険者が負担する。

なお、オンライン資格確認等システムを活用した保険者間の特定健診データ引継ぎについては 6-3-3 参照。

6-2-5　事業者等からのデータ受領

①協力・連携体制の構築

他の法令等に基づく健診の結果を受領する際には、迅速かつ確実に受領できるよう、事業者や学校等、実施責任者と事前に十分な協議・調整を行い、まずは事業者や学校等、実施責任者が保険者に積極的に協力・連携しようとするような関係の構築が必要である。例えば、質問票の各項目は、特定保健指導の際に重要な情報であるため、事業者等がこれらの聴取を実施した場合には、健康診断結果個人票の写しと併せて保険者に情報提供することや、事業者健診等で随時血糖のみの測定とならざるを得ない場合には、食事開始から採血までの時間を測定結果に明示すること等について事前に調整することが考えられる。*[1]

加えて、協力範囲をデータ受領体制に限定するのではなく、受診券・利用券や案内等の送付も含めた包括的で緊密な協力・連携体制を構築することが重要である。

②契約や覚書等の締結

協力・連携体制を構築した上で、両者間の協議調整の結果を取りまとめ、契約や覚書等の形で整理しておくことが必要である。具体的に明記しておく事項としては、事業者や学校等、実施責任者における健診の委託基準において保険者に協力するような基準を盛り込んでおくことや、具体的なデータの受領方法・頻度や時期、受領に要する経費負担の取扱い等が考えられる。

③受領時期における注意点

健診結果は年度末までに一括で受領しておけばよいものではなく、結果によっては特定保健指導が必要な者が含まれていることから、健診実施後速やかにデータを受領し、迅速に階層化を済ませ、保健指導対象者に特定保健指導実施の案内(利用券の発券等)を急ぐ必要がある。そのため、データ受領の時期や頻度等についても(例えば「健診実施月の末まで」、「実施後２週間以内」等)、協議調整の過程で取り決めを行っておく必要がある。

④受領方法における注意点

現在、労働安全衛生法では、事業者に健診結果データが集まり、事業者から労働者や保険者に渡す制度となっている。しかし、事業者の発送事務等の負担と迅速なデータ授受等、効率性を考えた場合、事業者を介さず健診機関から労働者や保険者に直送する流れが合理的であるが、このような方法を取る場合は、事業者・保険者・健診機関の３者間で取り決めの締結が必要である。それが困難な場合は、事業者と健診機関との間の委託契約の仕様においてその旨の明記をする。

⑤個人情報の取扱い

事業者等、他の法令に基づく健診の実施責任者が保険者に健診結果データを提供することについては、高齢者の医療の確保に関する法律第27条又は健康保険法第150条等*[2]に基づくものであることから、個人情報保護法第27条による第三者提供の制限は適用されない。

また、健保組合と労働安全衛生法に規定する事業者が共同で健康診断を実施している場合又は共同で健診結果を用いて事後指導を実施している場合など、あらかじめ個人データを特定の者との間で共同して利用することが予定されている場合、(ア)共同して利用される個人データの項目、(イ)共同利用者の範囲(個別列挙されているか、本人から見てその範囲が明確となるように特定されている必要がある)、(ウ)利用する者の利用目的、(エ)当該個人データの管理について責任を有する者の氏名又は名称、をあらかじめ本人に通知し、又は本人が容易に知り得る状態においておくとともに、共同して利用することを明らかにしている場合には、当該共同利用者は第三者に該当しない*[3]。

＜高齢者の医療の確保に関する法律＞

（特定健康診査等に関する記録の提供）

第二十七条　（略）

２　（略）

３　保険者は、特定健康診査等の適切かつ有効な実施を図るため、加入者を使用している事業者等（厚生労働省令で定める者を含む。以下この項及び次項において同じ。）又は使用していた事業者等に対し、厚生労働省令で定めるところにより、労働安全衛生法その他の法令に基づき当該事業者等が保存している当該加入者に係る健康診断に関する記録の写しを提供するよう求め

＊１　定期健康診断等及び特定健康診査等の実施に関する協力依頼について（令和２年12月23日付け基発1223第５号・保発1223第１号厚生労働省労働基準局長・保険局長連名通知、令和５年７月31日一部改正）の別紙「定期健康診断等及び特定健康診査等の実施に係る事業者と保険者の連携・協力事項について」
（https://www.mhlw.go.jp/stf/seisakunitsuite/bunya/0000161103.html）

＊２　船員保険法第101条、国民健康保険法第82条、国家公務員共済組合法第98条、地方公務員等共済組合法第112条及び私立学校教職員共済法第26条にも、健康保険法第150条と同様の規定が置かれている。

＊３　個人データの共同での利用における留意事項の詳細については、「健康保険組合等における個人情報の適切な取扱いのためのガイダンス」参照。

ることができる。
4　前三項の規定により、特定健康診査若しくは特定保健指導に関する記録、第百二十五条第一項に規定する健康診査若しくは保健指導に関する記録又は労働安全衛生法その他の法令に基づき保存している健康診断に関する記録の写しの提供を求められた他の保険者、後期高齢者医療広域連合又は事業者等は、厚生労働省令で定めるところにより、当該記録の写しを提供しなければならない。

＜健康保険法＞
（保健事業及び福祉事業）
第百五十条　（略）
2　保険者は、前項の規定により被保険者等の健康の保持増進のために必要な事業を行うに当たって必要があると認めるときは、被保険者等を使用している事業者等（労働安全衛生法（昭和四十七年法律第五十七号）第二条第三号に規定する事業者その他の法令に基づき健康診断（特定健康診査に相当する項目を実施するものに限る。）を実施する責務を有する者その他厚生労働省令で定める者をいう。以下この条において同じ。）又は使用していた事業者等に対し、厚生労働省令で定めるところにより、同法その他の法令に基づき当該事業者等が保存している当該被保険者等に係る健康診断に関する記録の写しその他これに準ずるものとして厚生労働省令で定めるものを提供するよう求めることができる。
3　前項の規定により、労働安全衛生法その他の法令に基づき保存している被保険者等に係る健康診断に関する記録の写しの提供を求められた事業者等は、厚生労働省令で定めるところにより、当該記録の写しを提供しなければならない。
4～9　（略）

⑥データ授受の標準的な考え方

整理の前提となる留意点を次のように整理し、これを踏まえ、標準的な考え方としては、次の図表48：事業者等とのデータ授受における標準的な考え方 のように定める。

- ●現状では、関係者間の事前の取り決めに基づき、健診機関が、事業者用（事業者健診分）と保険者用（特定健康診査分）のデータをそれぞれ作成・送付しているケースが多い。
- ●健診機関が保険者用（特定健康診査分）のデータを別途作成するに当たり費用請求が発生する場合は、健診機関が保険者に請求・健診データを直送できるよう両関係者間における契約等の取り決めが必要となる。
- ●保険者と事業者との間でデータの授受が発生する場合は、定期的なデータ受領体制等について双方で取り決め、着実に履行するため、覚書等を交わしておくことが望ましい。また両者間で費用請求が生じる場合は契約等の取り決めをしておくことが望ましい。

図表48：事業者等とのデータ授受における標準的な考え方

データの作成	事業者健診を受託した健診機関が、事業者用（事業者健診分）と保険者用（特定健康診査分）のデータをそれぞれ作成
データの送付	健診機関が、事業者・保険者それぞれに直送
前提となる必要な取り決め等	健診機関・事業者・保険者の３者間で契約や覚書が必要
費用負担	実施する健診項目の追加がなく、結果データの生成だけであれば別途費用を要しない健診機関もあるので、保険者用（特定健康診査分）の作成・送付費用を健診機関が請求する場合のみ、保険者が健診機関に支払う

⑦パターン別での整理

⑥に示した標準的な考え方の前提は、特定健康診査よりも優先される事業者健診を事業者が委託により実施する際に、保険者用データ（特定健康診査分）の作成・送付を健診機関に依頼するパターンであり、これ以外でのパターンは次のように整理される。

図表49：事業者等とのデータ授受におけるパターン別での整理

健診実施者	特定健診データの作成	データ送付	保険者の費用負担	契約等	備考
事業者	健診機関（事業者健診分と特定健康診査分の各々を作成）	直送（健診機関→保険者）	○健診機関が、特定健康診査分を別途作成・送付するコストを事業者あるいは保険者に請求する場合は、支払う	健診機関・事業者・保険者（3者契約・覚書等）	○健診機関と保険者との間にデータ作成の委託契約がないために請求・支払が困難な場合、事業者との委託契約仕様において作成・直送を指示し、支払が発生する場合は、保険者は事業者を通じて支払う
		経由（健診機関→事業者→保険者）	○健診機関が特定健康診査分を別途作成するコストを健診単価に上乗せする場合は、事業者に上乗せ分を支払う ○事業者→保険者の送付コストを事業者が保険者に請求する場合は、支払う	健診機関⇔事業者（契約） 事業者⇔保険者（覚書等）	
	保険者（事業者健診データを受領）	事業者→保険者	○電子データで受領した場合は、特に負担はない ※事業者健診データから特定健康診査分を抽出するわずかな労力（あるいは委託コスト）は残る	事業者⇔保険者（覚書等）	
			○紙でしか受領できなかった場合は、データ入力・作成の労力（あるいは委託コスト）が発生		○健診結果を電子データで事業者に提出する健診機関に委託するよう、事業者に協力を得る必要がある
保険者（事業者が実施委託）	健診機関（事業者健診分と特定健康診査分の各々を作成） ※保険者が直接実施若しくは委託する	直送（健診機関→保険者）	○健診機関が事業者健診分とは別に、特定健康診査分を作成するコストを保険者に請求する場合は、その分を支払う ○電子データで受領するので、作成負担は特にない ※健診を委託する場合は、保険者が提出データの仕様を指定する	健診機関⇔保険者（契約）	
事業者・保険者（共同実施）	健診機関（事業者健診分と特定健康診査分の各々を作成） ※事業者・保険者がそれぞれ同じ健診機関に委託する		○保険者委託分の費用にデータ入力・作成の費用が含まれる ○電子データで受領するので、作成負担は特にない ※保険者が提出データの仕様を指定		○事業者健診と特定健康診査との間で健診項目が一致することから、保険者が上乗せ健診を行う場合のみ共同実施の可能性が出る

⑧個人からのデータ受領体制の構築

他の法令等に基づく健診の結果を受領する方法としては、事業者や学校等、実施責任者との協力・連携体制の構築のほかに、受診者本人からの受領体制づくりが必要である。

特に、協会けんぽや総合健保のように、一つの保険者が多数の事業者からデータを受領しなければならない構造となっている場合は、個々の事業者と協力・連携体制を構築し、データ受領に関する契約や覚書を締結することは、膨大な事務・調整作業等が発生することから困難であり、受診者本人から個々に受領する（集める）方が合理的である。

また、市町村国保の被保険者の一部や、被用者保険の被扶養者であってパート労働者のため事業者健診を受診している場合も、同様に多数の事業者と連絡調整するよりも受診者本人から個々に受領する（集める）方が合理的である。

健診の案内送付時や、それ以外のさまざまな機会を通じて、受診者に呼びかけ、積極的にデータ提出に協力してもらえるような関係作りが必要である。

6-3 データの流れ

6-3-1 基本的な流れ

図表50：データの流れ

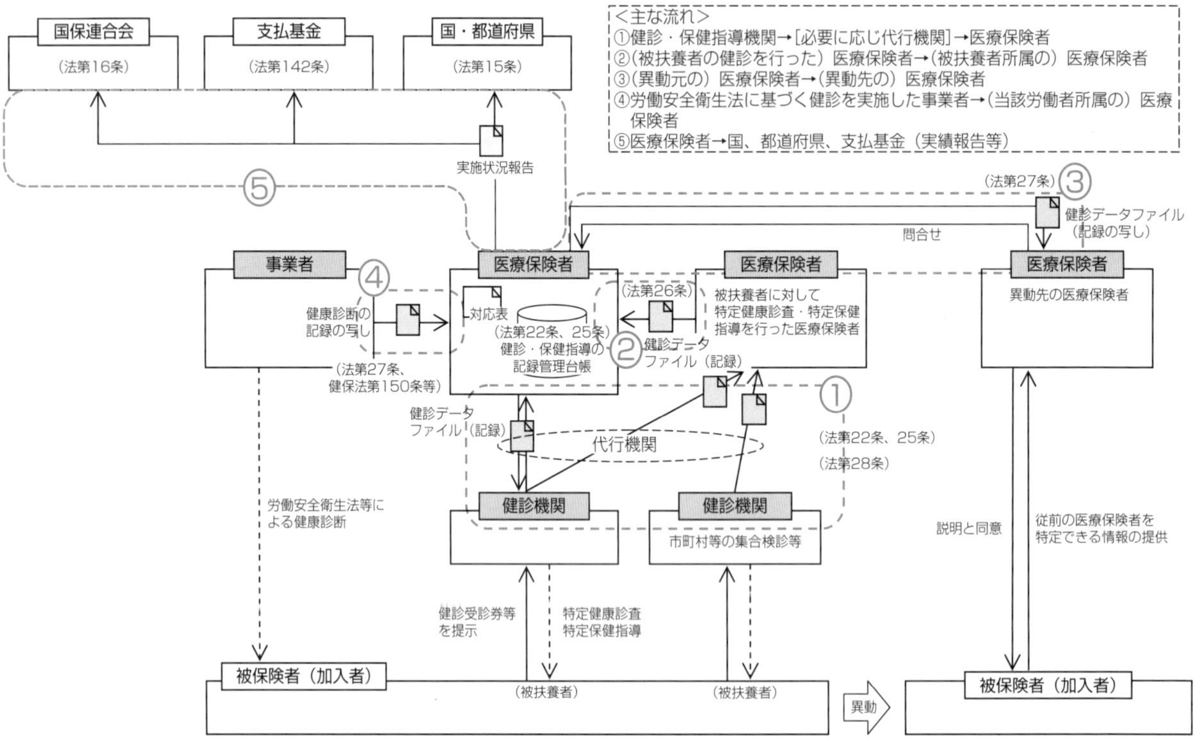

図表51：使用するデータファイル

		納品用	実績報告用	備考
①健診・保健指導機関→[必要に応じ代行機関]→保険者	機関→保険者	一部任意		請求データを必ずしも一人分ずつファイルに入れる必要はない（別途まとめて請求書を添える形もよい）
	機関→代行機関	必須		結果データ·請求データ共に多数の保険者の実施者のデータが混在
	代行機関→保険者	必須		結果データ·請求データ共に送付先保険者の実施者分のデータのみに整理
②（被扶養者の健診を行った）保険者→（被扶養者所属の）保険者		一部任意		請求データを必ずしも一人分ずつファイルに入れる必要はない（別途まとめて請求書を添える形もよい）
③（異動元の）保険者→（異動先の）保険者		結果のみ		データ抽出·送付に要する実費のみ別途請求書を添付（一人一人の請求データに入れる必要はない）
④事業者健診を実施した事業者→（当該労働者所属の）保険者		任意（可能な範囲で）		送付時は任意（紙でも仕方ない）。受領した保険者で作成。事業者等の協力により事業者健診の実施機関が仕様に基づくファイルを作成し費用を要する場合でも、請求データはなくとも（別途で）良い
⑤保険者→国、都道府県、支払基金又は国保連合会（実績報告等）			必須	保険者のデータベース、あるいはデータファイルから抽出·生成

6-3-2　その他の流れ

①データ作成委託先とのやりとり

6-3-1に整理した基本的な流れのほかには、6-2-2④に示した健診・保健指導機関内で結果の電子化が行えない場合の入力・作成委託先と委託元機関との流れが考えられる。

委託元機関から入力・作成委託先へは紙での記録が送付され、入力・作成委託先から委託元機関へは電子化されたファイルが媒体に格納されて返送されることとなる。

委託元機関へのファイルについては、標準的な仕様における納品用ファイルに準拠したものとなり、特に代行機関に送付する場合は完全準拠となる。

②データ保管・分析の委託先とのやりとり

特定健診・特定保健指導データの厳格な保管や、必要な分析等、活用を保険者自身で行うことが困難な場合、委託することが考えられる。

健診・保健指導機関からデータを受領次第、委託先に送付し、預けるという流れになることから、必ずしも標準的なファイル仕様を利用しなくともよいが、データ受領時は納品用での標準ファイルとなっている可能性が高い。

6-3-3　保険者間のデータ移動

①データ移動の根拠

特定健診・特定保健指導は、保険者が共通に取り組む法定義務の保健事業であり、加入者が加入する保険者が変わっても、保険者において過去の健診結果等を活用して継続して適切に特定健診・特定保健指導を実施できるよう、高齢者の医療の確保に関する法律第27条第１項及び実施基準第13条の規定により、現保険者は、加入者が加入していた旧保険者に対し、当該加入者の特定健診等データの提供を求めることができることとされている。

②特定健診等データの提供に用いる媒体、送付方法

特定健診等データの提供方法は、実施基準において、旧保険者は、電子的方法により作成された特定健診等データを記録した光ディスク等を送付する方法その他の適切な方法により、現保険者に提供を行うこととされている。効率的な記録管理ができるよう、光ディスク等の電子的な記録媒体により提供することが望ましいが、紙媒体に記録して提供する方法でも差し支えない。

特定健診等データの送付方法は、１）旧保険者が加入者本人に特定健診等データを提供し、加入者本人が現保険者に提出する方法、２）現保険者が旧保険者に当該加入者の特定健診等データの提供を依頼し、加入者本人の同意を得た上で、旧保険者から現保険者に特定健診等データを送付する方法がある。

１）については、旧保険者において、資格喪失前に当該加入者に対し、特定健診等データを新たに加入する保険者に提出できること、提出することで継続した健康管理を受けられること、特定健診等データを紛失した場合は再発行に応じること等を説明するとともに、資格喪失のタイミングで特定健診等データを加入者本人に提供することにより、加入者本人が現保険者に提出することが可能である。

２）については、まずは現保険者において、新規加入手続等の際、加入者に対し、旧保険者での特定健診等データを保有しているかどうかを確認する。その上で、当該加入者が保有していない場合は、現保険者において、当該加入者への継続した特定健診・特定保健指導が可能となる旨の特定健診等データを旧保険者から取得する趣旨、旧保険者から取得する記録の写しの範囲について説明した上で、本人の同意を得る。その上で、現保険者から旧保険者に特定健診等データの情報照会を行い、旧保険者から現保険者に提供する*1。

なお、現行の実施基準第13条においては、光ディスク等を送付する方法その他の適切な方法でデータ

＊1　同意取得等に関する様式等詳細については、「特定健康診査及び特定保健指導の記録の写しの保険者間の情報照会及び提供について（令和３年３月17日付け保連発0317第１号・保国発0317第２号・保高発0317第１号厚生労働省保険局医療介護連携政策課長・国民健康保険課長・高齢者医療課長連名通知）」を参照のこと。

の提供を行うことに加え、オンライン資格確認システム等を利用したデータでの引継ぎが可能である。

③本人同意の取得

特定健診等データには、健診の検査結果や服薬情報など加入者本人にとって機微性が高く、第三者には知られたくない情報も含まれている。このため、実施基準第13条では、旧保険者から当該加入者に対し、特定健診等データを提供する趣旨と内容について説明を行い、同意を得なければならないこと、ただし、特定健診等データの提供を求めた保険者において当該加入者に対し説明を行い、同意を得たことが確認できたときは、この限りではないこととしている。

なお、上記のオンライン資格確認等システムを利用した引継ぎに関しては、セキュリティが確保された環境で行われる引継ぎであることから、本人同意の取得は不要。

④費用負担等

提供に当たってのデータ抽出作業や媒体の送付にかかる諸費用は次のとおりとする。

・旧保険者において、健診データ等を電子的な記録媒体又は紙媒体に記録するために要した費用は旧保険者の負担とする。
・当該健診データを記録した媒体の送付にかかる費用及び提供されたデータを新保険者のシステムに登録する費用は新保険者が負担する。

6-4 データの保管・活用

6-4-1 データの適切な保管

①データの重要性

個人の健康に関する情報が集まっている特定健診・特定保健指導のデータファイルや、それらを健診・保健指導機関から受領し、個人別・経年別等に整理・保管している保険者のデータベースは、重要度の高い個人情報が集積しており、個人情報保護の観点から極めて慎重な取扱いが求められる。

②ガイドラインの遵守

保険者における個人情報の取扱いに関しては、個人情報保護法に基づくガイドライン等（「健康保険組合等における個人情報の適切な取扱いのためのガイダンス」、「国民健康保険組合における個人情報の適切な取扱いのためのガイダンス」等）が定められている。

保険者は、これらのガイドライン等における役員・職員の義務（データの正確性の確保、漏洩防止措置、従業者の監督、委託先の監督等）について、再度これらの者に周知を図る。また、特定健診・特定保健指導の実施や、特定健診・特定保健指導データの管理や分析等を外部に委託する際には、個人情報の厳重な管理や、目的外使用の禁止等を契約書に定めるとともに、委託先の契約遵守状況を管理する。

図表52：健康保険組合等における個人情報の適切な取扱いのためのガイダンス（抜粋）

５．安全管理措置、従業者の監督及び委託先の監督（法第23条～第25条）
（１）健保組合等が講ずるべき安全管理措置等
①安全管理措置

健保組合等は、その取り扱う個人データの漏えい、滅失又は毀損の防止その他の個人データの安全管理のため、組織的、人的、物理的、及び技術的安全管理措置等を講じなければならない。また、外国において個人データを取り扱う場合には、外的環境の把握を行ったうえで、これらの安全管理措置を講じなければならない。その際、本人の個人データが漏えい、滅失又は毀損等をした場合に本人が被る権利利益の侵害の大きさを考慮し、事業の性質及び個人データの取扱い状況等に起因するリスクに応じ、必要かつ適切な措置を講ずるものとする。なお、その際には、個人データを記録した媒体の性質に応じた安全管理措置を講ずる。

②従業者の監督

健保組合等は、①の安全管理措置を遵守させるよう、従業者に対し必要かつ適切な監督をしなければならない。なお、「従業者」とは、当該事業者の指揮命令を受けて業務に従事する者全てを含むものであり、また、雇用関係のある者のみならず、理事、派遣労働者等も含むものである。

「健康保険組合における個人情報保護の徹底について」（平成14年12月25日保保発第1225001号）では、健康保険組合に対して、服務規程等において、健康保険組合の役職員について職員の守秘義務を課すこととしている。

③委託者の監督

健保組合等は、個人データの取扱いの全部又は一部を委託する場合、委託先において当該個人データの安全管理措置が適切に講じられるよう、「適切な委託先の選定」「安全管理措置の遵守事項を含む委託契約の締結」「委託先における個人データ取扱状況の把握」により、委託先に関して必要かつ適切な管理、監督をしなければならない。

（2）安全管理措置として考えられる事項

健保組合等は、その取り扱う個人データの重要性に鑑み、個人データの漏えい、滅失又は毀損の防止その他の安全管理のため、その規模、従業者の様態等を勘案して、以下に示すような取組を参考に、必要な措置を行うものとする。

また、同一健康保険組合が複数の事務所（支部）を有する場合、当該事務所（支部）間の情報交換については第三者提供に該当しないが、各事務所（支部）ごとに安全管理措置を講ずるなど、個人情報の利用目的を踏まえた個人情報の安全管理を行う。

①個人情報保護に関する規程の整備、公表

・健保組合等は、保有個人データの開示手順を定めた規程その他個人情報保護に関する規程を整備し、苦情への対応体制も含めて、健保組合等のホームページへの掲載のほか、パンフレットの配布、事業所担当窓口や健保組合等の掲示板への掲示・備付け、公告等を行うなど、被保険者等に対して周知徹底を図る。

・また、個人データを取り扱う情報システムの安全管理措置に関する規程等についても同様に整備を行うこと。

②個人情報保護推進のための組織体制等の整備

・従業者の責任体制の明確化を図り、具体的な取組を進めるため、健保組合等における個人情報保護に関し十分な知識を有する者を個人データの安全管理の実施及び運用に関する責任及び権限を有する個人情報取扱責任者（例えば、役員などの組織横断的に監督することのできる者）、個人情報管理担当者又は情報システム監査責任者等として定めたり、個人情報保護の推進を図るための部署、委員会等を設置する。

・健保組合等で行っている個人データの安全管理措置について定期的に自己評価を行い、見直しや改善を行うべき事項について適切な改善を行う。

・情報システム監査責任者は、個人情報保護対策の徹底に関して監査を行い、必要に応じ、個人情報保護対策及び最新の技術動向を踏まえた情報セキュリティ対策に十分な知見を有する者による事業所内の対応の確認（外部の知見を有する者を活用し確認させることを含む。）を実施する。

③個人データの漏えい等の問題が発生した場合等における報告連絡体制の整備

・1）個人データの漏えい等の事故が発生した場合、又は発生の可能性が高いと判断した場合、2）個人データの取扱いに関する規程等に違反している事実が生じた場合、又は兆候が高いと判断した場合における責任者等への報告連絡体制の整備を行う。

・個人データの漏えい等の情報は、苦情等の一環として、外部から報告される場合も想定されることから、苦情への対応体制との連携も図る。

④雇用契約時における個人情報保護に関する規程の整備

・雇用契約や就業規則において、就業期間中はもとより離職後も含めた守秘義務を課すなど従業者の個人情報保護に関する規程を整備し、徹底を図る。

⑤従業者に対する教育研修の実施

・取り扱う個人データの適切な保護が確保されるよう、従業者に対する教育研修の実施等により、個人データを実際の業務で取り扱うこととなる従業者の啓発を図り、従業者の個人情報保護意識を徹底する。

⑥物理的安全管理措置

・個人データの盗難・紛失等を防止するため、以下のような物理的安全管理措置を行う。
  －入退館（室）管理の実施（カメラによる撮影や作業への立会い等による記録又は監視の実施）
  －盗難等に対する予防対策の実施
  －機器、装置等の固定など物理的な保護
  －記録機能を持つ媒体の持込み・持出し禁止又は検査の実施
  －記録機能を持つ媒体の接続の禁止又は制限
  －離席時等におけるパソコン等のパスワードロックの実施

⑦技術的安全管理措置

・個人データの盗難・紛失等を防止するため、「個人情報の適切な取扱いに係る基幹システムのセキュリティ対策の強化について（再要請）」（平成27年12月18日老発1218第1号・保発

1218第１号）の趣旨に則り、個人データを取り扱う情報システムについて以下のような技術的安全管理措置を行う。

－個人データに対するアクセス管理（IDやパスワード等による認証、各職員の業務内容に応じて業務上必要な範囲にのみアクセスできるようなシステム構成の採用等）

－個人データに対するアクセス記録の保存

－個人データに対するファイアウォールの設置

－個人データに対する暗号化・パスワードの設定

－個人データへのアクセスや操作の記録及び不正が疑われる異常な記録の存否の定期的な確認

－基幹システムに接続されたネットワークとインターネットに接続されたネットワークの物理的又は論理的分離

－ソフトウェアに関する脆弱性対策（セキュリティパッチの適用、当該情報システム固有の脆弱性の発見及びその修正等）

－ソフトウェア及びハードウェア等の必要かつ適切な時期における更新

⑧個人データの保存

・個人データを長期にわたって保存する場合には、保存媒体の劣化防止など個人データが消失しないよう適切に保存する。

・個人データの保存に当たっては、本人からの照会等に対応する場合など必要なときに迅速に対応できるよう、インデックスの整備など検索可能な状態で保存しておく。

⑨不要となった個人データの廃棄、消去

・不要となった個人データを廃棄する場合には、焼却や溶解など、個人データを復元不可能な形にして廃棄する。

・個人データを取り扱った情報機器を廃棄する場合は、記憶装置内の個人データを復元不可能な形に消去して廃棄する。

・これらの廃棄業務を委託する場合には、個人データの取扱いについても委託契約において明確に定める。

（３）業務を委託する場合の取扱い

①委託先の監督

健保組合等は、レセプトのパンチ（入力）・点検業務、健康保険被保険者証の作成、人間ドック等の健診、保健指導等個人データの取扱いの全部又は一部を委託する場合、法第23条に基づく安全管理措置を遵守させるよう受託者に対し、必要かつ適切な監督をしなければならない。

「必要かつ適切な監督」には、委託契約において委託者である事業者が定める安全管理措置の内容を契約に盛り込み受託者の義務とするほか、業務が適切に行われていることを定期的に確認することなども含まれる。

また、業務が再委託された場合で、再委託先が不適切な取扱いを行ったことにより、問題が生じた場合は、健保組合等や再委託した事業者が責めを負うこともあり得る。

②業務を委託する場合の留意事項

健保組合等関係事業者は、個人データの取扱いの全部又は一部を委託する場合、以下の事項に留意すべきである。

・個人情報を適切に取り扱っている事業者を委託先（受託者）として選定すること。委託先の選定に当たっては、委託先の安全管理措置が、少なくとも法第23条で求められているものと同様であることを確認するため、委託先の体制、規程等の確認に加え、必要に応じて個人データを取り扱う場所に赴く又はこれに代わる合理的な方法による確認を行った上で、個人情報取扱責任者等が、適切に評価することが望ましい。

・契約において、委託している業務の内容、委託先事業者、個人情報の適切な取扱いに関する内容を盛り込み（委託期間中のほか、委託終了後の個人データの取扱いも含む。）、契約内容を公表すること。

・受託者が個人情報を適切に取り扱っていることを定期的に確認すること。

・受託者における個人情報の取扱いに疑義が生じた場合（被保険者等からの申出があり、確認の必要があると考えられる場合を含む。）には、受託者に対し、説明を求め、必要に応じ改善を求める等適切な措置をとること。

・また、委託するに当たっては、本来必要とされる情報の範囲に限って提供すべきであり、情報提供する上で必要とされていない事項についてまで他の事業者に提供することがないよう努めること。

＊健康保険組合における業者委託に関する通知

上記の留意事項のほか、業者委託に関する通知を遵守する。

「個人情報保護の徹底について」（平成14年12月25日保発第1225003号）

「健康保険組合における個人情報保護の徹底について」（平成14年12月25日保保発第1225001号）の「４．個人情報の処理に関する外部委託に関する措置」

③業務を再委託する場合の留意事項

健康保険組合は、個人情報に関する処理の全部又は一部を再委託する場合、以下の事項に留意すべきである。

・個人情報を含む業務を再委託すること自体は禁じられてはいないが、健康保険組合との直接の契約関係を伴わない個人情報に関する処理の再委託は行わないこと。（「健康保険組合における個人情報保護の徹底について」（平成14年12月25日保保発第1225001号）の「４．個人情報の処理に関する外部委託に関する措置」）

・なお、個人情報を含む業務の再委託や個人情報に関する処理の再委託をする場合には、個人情報保護の観点から、本来必要とされる情報の範囲に限って提供すべきであり、情報提供する上で必要とされていない事項についてまで他の事業者に提供することがないよう努めること。

この場合において、健康保険組合は第一次委託先と委託契約を締結するに当たっては、第一次委託先が、上記通知の基準に掲げる事項を遵守するよう委託契約上明記することはもちろんのこと、これに加え、当該委託契約において、再委託するに当たっては、第一次委託先は、再委託の可否及び再委託を行うに当たっての委託元への文書による事前報告又は承認を行うことや当該再委託契約上、再委託先に対して、同通知の基準に掲げる事項を遵守することを明記するよう、第一次委託契約上明記すること。

なお、第一次委託先が再委託を行おうとする場合は、健康保険組合は委託を行う場合と同様、再委託の相手方、再委託する業務内容及び再委託先の個人データの取扱方法等について、第一次委託先に事前報告又は承認手続を求める、直接又は第一次委託先を通じて定期的に監査を実施する等により、第一次委託先が再委託先に対して本条の第一次委託先の監督を適切に果たすこと、再委託先が法第23条に基づく安全管理措置を講ずることを十分に確認することが望ましい。

③守秘義務規定

高齢者の医療の確保に関する法律では、特定健診・特定保健指導の実施の委託を受けた者（その者が法人である場合は、その役員）若しくはその職員又はこれらの者であった者は、特定健診・特定保健指導の実施に際して知り得た個人の秘密を、正当な理由無く漏らした場合に、１年以下の懲役又は100万円以下の罰金の罰則を規定している（法第30条・167条）。また、健康保険法等の各法でも、保険者の役職員又はこれらの職にあった者が、正当な理由無く個人の秘密を漏らした場合には、１年以下の懲役又は100万円以下の罰金の罰則を規定している。

④個人情報保護規定の精査・見直し

特定健診・特定保健指導のデータは、さまざまな関係者と受領・提供（提出）等がなされる。また、データであるが故に容易に漏洩・流出が起こりうるリスクが高いことから、個人情報保護法の規定を踏まえ、各保険者において定められている個人情報保護に関する規定類を精査し、必要に応じて適切な見直しを図ることが重要である。

保険者が他の関係者（保健指導機関、保険者、事業者や個人、データ管理・分析の委託先、国等）へ提供する場合、それぞれの相手先別に、誰が、相手先の誰までに、どの項目・範囲まで、どのような利用目的に限って提供するのか、提供に当たっての関係者の承諾の有無や守秘義務契約等の有無等、整理・明確化し、関係者間で遵守する。

保険者が関係者からデータを受領する場合も、特に事業者等から事業者健診のデータを受領する場合、事業者等、提供側の個人情報保護規定との擦り合わせや、その結果、両者の規定の見直しが生じる可能性もあるので、事前に提供側と十分に協議調整する。

6-4-2 保管年限と保管後の取扱い

特定健診・特定保健指導のデータファイルは、個人別・経年別等に整理・保管し、個々人の保健指導に役立てるほか、個人の長期的な経年変化の疫学的な分析、経年変化に基づく発症時期の予測による保健指導や受診勧奨等の重点化等に活用できる。

他方、このように本人の健康管理等の観点からはできる限り長期に保管することが望ましいが、厳格な管理が必要な大量の健診データの長期保管は、保険者にとって大きな負担となることから、全ての保険者に一律に長期保管を義務付けることは難しい。

また、データは本人に帰属するものであり、本人が生涯にわたって自己の健康管理のために保管すべきものであり、保険者への保管義務は主として特定保健指導に活用する範囲の年数（５年を超える過去のデータを使用した特定保健指導は必要性が乏しく、必要な場合は本人から取得すればよい）に限られるべきである。

①保管年限

保険者が５年以上の長期に保管することは可能であるが、保険者に一律に保管が義務付けられる保管期限については、他の制度の保管年限も参考にし、５年とする。また、他の保険者に異動する等、加入者でなくなった場合は、保険者間でのデータの照会と提供に対応するため、異動年度の翌年度末まで保管する。

<特定健康診査・特定保健指導の実施に関する基準>

（特定健康診査及び特定保健指導に関する記録の保存）

第十条　保険者は、法第二十二条及び法第二十五条の規定により、特定健康診査及び特定保健指導に関する記録を電磁的方法（電子的方式、磁気的方式その他人の知覚によっては認識することができない方式をいう。以下同じ。）により作成し、当該記録の作成の日の属する年度の翌年度から五年を経過するまでの期間又は加入者が他の保険者の加入者となった日の属する年度の翌年度の末日までの期間のうちいずれか短い期間、当該記録を保存しなければならない。

②保管後の取扱い

特定健診・特定保健指導のデータファイルは、各保険者が５年以上で定めた年数の間保管されるが、その後は「健康保険組合等における個人情報の適切な取扱いのためのガイダンス」、「国民健康保険組合における個人情報の適切な取扱いのためのガイダンス」等を遵守し、データ消去・廃棄を行う。また、本人が資格を喪失し別の保険者に異動する場合は、バックアップの意味合いから翌年度末までは保管し、その後消去・廃棄する。

7 代行機関

7-1 代行機関とは

保険者が全国の健診・保健指導機関と個別に交渉し、契約を結んでいくことは、労力やコストが莫大で非現実的であるので、集合契約の枠組みが関係者間の合意により用意されている。さらに、各加入者が全国の健診・保健指導機関で受診し、その結果と請求が別々に保険者に送付されてきた場合、その点検と請求処理に忙殺されるため、契約後の実際の事務処理についても、保険者の負荷を軽減するため、結果データと請求を一つに取りまとめ、一括で受領すると同時に支払も一箇所にまとめる機関が必要となる。

こうした保険者に代わって多数の健診・保健指導機関との間で決済や特定健診・特定保健指導データをとりまとめる機関が代行機関である。なお、法令上の定義･位置づけは、実施基準第 16 条第 3 項に規定され、特定健康診査及び特定保健指導の実施に関する基準第 16 条第 3 項の規定に基づき厚生労働大臣が定める者（平成 20 年厚生労働省告示第 179 号）に整理されている。

図表53：代行機関の類型

大分類	小分類	事務手数料	主な具体例
健診・保健指導機関サイド	［健診・保健指導機関≒代行機関＝契約とりまとめ機関］個々の健診・保健指導機関に代わり、契約を取りまとめた機関が決済等も引き続き処理	特定健診・特定保健指導の費用に含まれる	健診機関グループ
	［健診・保健指導機関≠代行機関］個々の健診・保健指導機関に代わり、各機関を提携機関として取りまとめた機関が、受付や決済等も引き続き処理		福利厚生等の代行サービス企業
保険者サイド	［保険者≠代行機関］個々の保険者に代わり、保険者の委託を受け、独立した機関が処理	別途事務手数料が請求される	支払基金
	［保険者≒代行機関］個々の保険者に代わり、保険者が共同処理 （※厳密には、代行処理ではなく共同事業）		国保連合会 （国保に閉じた共同事業）

セキュリティ等一定の基準・要件を満たせば自由に参入が可能な仕組みとし、保険者が代行機関を自由に選択できるようにすることにより、支払代行、事務点検機能の高度化や事務手数料の適正化が期待できる。保険者が定める個人情報保護規程の遵守が委託の前提となるので、健診・保健指導機関と同様、基準を満たした代行機関か否かを保険者が判別するため、代行機関から保険者への十分な情報提供・公開が必要である。

7-2 代行機関の機能・サービス

7-2-1 主な機能

代行機関の基本的な機能は、決済とデータの点検及び一本化である。主に次のような機能に分類・整理されるが、特に、受領したデータの点検のためのさまざまな既存情報（契約単価や自己負担額等保険者が事前に登録している情報）との突合が重要となる。

①支払代行や請求等の事務のために健診・保健指導機関及び保険者の情報を管理する機能
②簡単な事務点検のために契約情報・受診券（利用券）情報を管理する機能
③健診機関等から送付された健診データを読み込み、確認し、保険者に振り分ける機能
④その際に契約と合っているか、受診資格があるか等を確認する機能
⑤特定保健指導の開始と終了を管理する機能
⑥請求、支払代行等の機能

図表54：代行機関における事務点検の全体イメージ（標準的な一例）

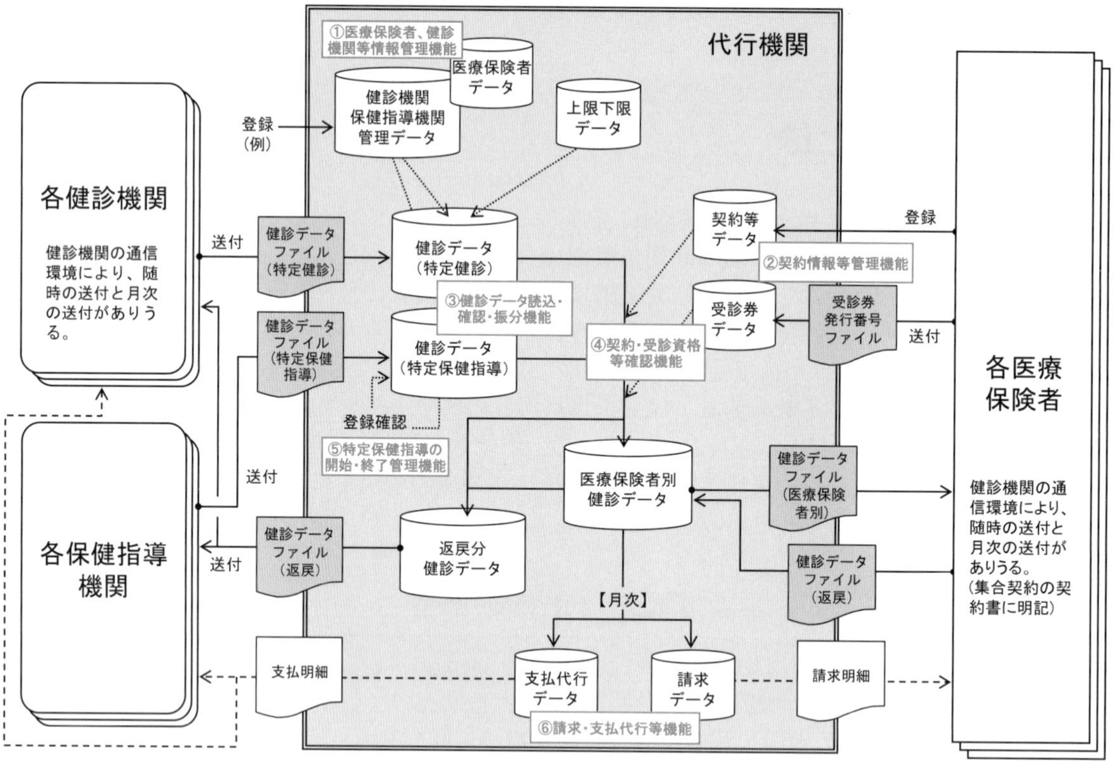

7-2-2　その他のサービス

決済とデータの点検・一本化以外のサービスとして、次のようなサービスがある。

①保険者の業務代行

特定健診・特定保健指導の委託契約後に保険者に生じる業務として、対象者への受診券・利用券の発券や案内の送付、未受診者への再案内等の事務作業があるが、これら業務も含めて代行機関が受託し、受診券の発券管理も併せて行うことも可能である。

②上乗せ健診項目も含めた処理

人間ドック等の特定健康診査の項目以外の検査項目は、保険者によって実施項目が異なり、標準化されていないため、保険者ごとに実施項目と単価を登録しない限り、代行機関との契約では、基本的な点検等の業務の対象外となる可能性が高いが、個別契約中心の機関グループであれば、代行機関が事前に登録した全ての項目を点検することも可能となる。

③健診・保健指導機関の業務代行

健診・保健指導機関には、受診者の予約受付や空き状況の照会対応、保健指導の中断者等への再開の促進等、連絡調整業務がある。これらを代行機関が一括で受け付け、対応することにより、個々の健診・保健指導機関に照会しなくともワンストップで把握できる。

図表55：代行機関における事務点検の全体イメージ（標準的な一例）

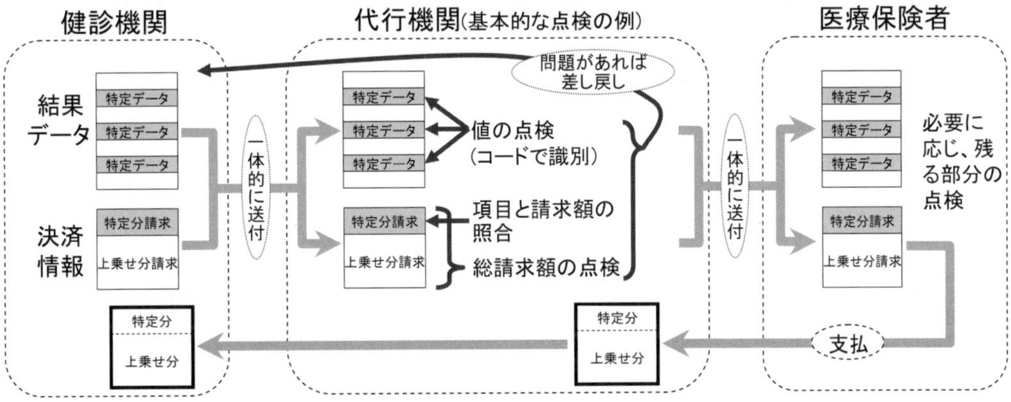

7-3　代行機関が満たすべき要件

7-3-1　セキュリティ要件

①基本的な考え方

代行機関は、健診・保健指導機関と保険者との間に立ち、個人情報である特定健診・特定保健指導データを集中的に取り扱うことから、セキュリティの確保が極めて重要であり、万が一、漏洩等の事故が発生した場合は保険者も責任を問われる。セキュリティの確保は、代行機関における最も重要な委託基準である。

②既存のガイドライン類の遵守

代行機関は、健康・医療に関する情報を取り扱うことから、「医療情報システムの安全管理に関するガイドライン　第5.2版（令和４年３月　厚生労働省）」や「レセプトのオンライン請求に係るセキュリティに関するガイドライン（平成20年２月　厚生労働省）」等の既定のガイドライン類を遵守する必要がある。各機関・各保険者との間をネットワークで接続しオンラインで代行処理を行う場合は、レセプトオンライン請求と同じ事務の流れとなることから「レセプトのオンライン請求に係るセキュリティに関するガイドライン」に沿った安全対策を講じる必要がある。オンラインではなく電子媒体の搬送（持参による手渡し、郵便等）は、搬送中の安全性等を確保する必要がある。

③オンラインによりデータの授受を行う場合の遵守要件

健診・保健指導機関及び保険者等との接続は、「レセプトのオンライン請求に係るセキュリティに関するガイドライン（平成20年２月厚生労働省）」を適宜読み替える。ネットワーク回線及び機器等は、「医療情報システムの安全管理に関するガイドライン　第5.2版（令和４年３月　厚生労働省）」における「6.11 外部のネットワーク等を通じた個人情報を含む医療情報の交換に当たっての安全管理」を適宜読み替える。

具体的には、専用線・公衆網（ISDN）・閉域IP通信網によるクローズドなネットワークによる接続とするか、又は、IPsecを用いたVPN接続等によりセキュリティの担保を行うか、HTTPSによる暗号化をし、SSL/TLSのプロトコルバージョンをTLS1.2のみに限定しつつ、クライアント証明書を利用したTLSクライアント認証を実施（TLSの設定はサーバ/クライアントともに「SSL/TLS暗号化ガイドライン」に規定される最も安全性水準の高い「高セキュリティ型」に準じた適切な設定を行うこと）する等の対策を講じた上でオープンなネットワーク（インターネット）には接続する。

④可搬型媒体を用いてオフラインによりデータの授受を行う場合の遵守要件

搬送中の安全が確保される手段を用いる。授受の事実が確認できる手段（書留や配達証明郵便等）を用いることが望ましい。搬送中の万が一の紛失時に格納された個人情報が漏洩しないよう、ファイルや電子媒体そのものへの暗号化等の対策を講じる。ファイルや電子媒体を暗号化は、正しい送付先のみが複号できるような手段を用いる。

他から受領したファイルを読み込む前には、当該媒体がコンピュータウィルスに感染していないことを必ず確認する。

⑤データセンター及び事務所等における遵守条件

データセンター及び事業所等に健康・医療に関する情報の保存を外部委託するにあたっては、「医療情報システムの安全管理に関するガイドライン　第5.2版」（令和４年３月　厚生労働省）における「８　診療録及び診療諸記録を外部に保存する際の基準」を参照の上、「４　電子的な医療情報を扱う際の責任のあり方」「６　医療情報システムの基本的な安全管理」「７　電子保存の要求事項について」を適宜読み替える*1。

健康・医療に関する情報の保存・管理を外部委託する場合は、「プライバシーマーク」（一般財団法人日本情報経済社会推進協会）等を取得している事業者が望ましい。

7-3-2　基本的な業務要件

セキュリティに関して業務で遵守すべき基本的要件は、以下のとおりである。

- ●特定保健指導の確実な実施のため、健診機関から授受したデータを速やかに事務点検し、保険者に送付する
- ●健診・保健指導機関からのデータの授受は、随時（都度）とすることが望ましい。健診・保健指導機関とオンラインで接続し、伝送により授受することが望ましいが、可搬型媒体（CD-R等）による授受にも対応する
- ●健診・保健指導機関から授受したファイルを保存する
- ●以下に示す事務点検を確実に実施する

  ○電子的標準様式に準拠したファイル形式である
  ○ファイルが読込可能である
  ○入力必須項目に値が格納されている
  ○上限値・下限値が設定されている項目においては、値が範囲内である。なお、上限値・下限値外である場合、「H」又は「L」と実測値の両方が格納されている。
  ○受診券・利用券に記載された代行機関である
  ○ファイル中の対となる結果データと決済データの値が一致している
  ○健診・保健指導機関と保険者の間に実施委託契約がある。実施及び請求の内容が契約内容と一致している
  ○受診券・利用券の発行番号が有効（保険者が発番している番号であり、かつ複数回使用されていない）である
  ○受診日・利用日が受診券・利用券の有効期限内である
  ○特定保健指導のデータの場合
  ・支援開始時のデータの場合、特定健康診査のデータがある、かつ特定保健指導の対象者である
  ・支援終了時、３ヶ月後の評価時のデータの場合、開始時のデータがある

- ●事務点検に必要な情報を保険者から授受する。若しくは保険者において事務点検の一部を実施できるよう、インタフェース等を定める
- ●請求・支払代行処理に必要な情報を保険者及び健診・保健指導機関から授受する
- ●事務点検の確実な実施のために、授受したデータを保存し、必要とする期間、照合可能とする
- ●事務点検によりエラーとなったデータをファイルに格納し、健診・保健指導機関に理由を付けて返戻する
- ●事務点検を終了したデータを保険者別に振り分ける

＊1　適宜読み替えとは、医療機関等を代行機関に、医療従事者を代行機関の職員に、診療情報を特定健診・特定保健指導の結果データ等に、医療情報システムを代行機関の事務処理システム等に、それぞれ読み替えるものとする。

●保険者から返戻されたデータをファイルに格納し、健診・保健指導機関に返戻する
●保険者からのデータの取得は、随時（保険者が代行機関にアクセスする度）とすることが望ましい。保険者とオンラインで接続し、伝送により取得できるようにすることが望ましいが、可搬型媒体（CD-R等）による取得にも対応すること
●事務点検を終了したデータを対象に、健診・保健指導機関への支払代行額、保険者への請求額を計算する。必要な帳票を出力し、それぞれに送付する
●健診・保健指導機関への支払代行、保険者への請求（決済処理）を滞りなく実施する
●決済処理が終了していないデータを抽出し、健診・保健指導機関及び保険者に確認すること
●保険者が代行機関と契約するにあたって必要となる情報（事務委託費、受託可能事務、運用スケジュール、情報システムのインタフェース仕様等）を提供する。健診・保健指導機関にデータの送付等に必要となる情報を提供する

7-3-3　マスター類等の共同管理

健診・保健指導機関のマスターデータ（さまざまな項目の情報が網羅的に整理された機関情報一覧）は、代行処理の要であり、全国共通の重複のない付番・停止・削除等の維持管理がなされる必要がある。この管理は、関係者間の合意により進められるべきものであり、保険者から特定健診等データの受付や費用決済等の業務の委託を受けている支払基金が担うことが最適である。マスターデータの維持管理コストは、関係者間で応分の負担*1をして維持する必要があり、代行機関を営もうとする者は、応分の負担が求められる。負担割合は、取扱機関数（あるいは取扱件数）に応じた負担割合とすることが適当である。

7-3-4　代行機関番号の取得

代行機関として業務を行う機関（事業者）は、標準的なデータファイル仕様における送付先機関番号・送付元機関番号が必要となるため、代行機関番号を取得しておく。代行機関番号の付番ルールの設定、付番や抹消等の管理は、以下の付番ルールに基づき保険者協議会中央連絡会にて実施する。

番号を希望する機関（事業者）は、契約相手先の保険者及びその属する中央の保険者団体を通じて、付番申請に関する依頼書を作成し申請に添付して、保険者協議会中央連絡会に付番申請（申請先は国民健康保険中央会）*2を行う。保険者側の代行機関のみならず、健診・保健指導機関側の代行機関が申請する場合も同様の流れで手続を行う。

図表56：代行機関番号の付番ルール

桁数	区分	内容
1	機関区分コード	9（代行機関として固定、共通）
2	都道府県コード	機関所在の都道府県番号（01 ～ 47） 全国組織の場合＝48
4	代行機関コード	99（固定、共通） ＋連番（2桁、原則として届出順に付番） 例：支払基金＝9901、国保＝9902、以降9903から順次付番
1	チェックデジット	通常と同じ

7-3-5　ホームページ等への情報公開

代行機関は、保険者が安心して委託できるよう、セキュリティ要件等を遵守できている旨を「事業運営上開示すべき重要事項の概要」として整理し、ホームページに公開する。公開する場所は、代行機関自

＊1　マスターデータは、代行機関以外に保険者もそのメリットを享受しており、保険者の事務処理システムやデータ管理システム等に、常に最新のマスターデータを取り込んでおくことが管理上重要になる。健診・保健指導機関マスターは、支払基金ホームページの機関情報リストがダウンロードできる以上、保険者が維持管理コストを負担することは難しい。
＊2　申請様式等は、厚労省ホームページに掲載（https://www.mhlw.go.jp/bunya/shakaihosho/iryouseido01/info03f.html）。また、代行機関の委託基準の遵守状況の確認については、各保険者において委託時等に確認されたい。

身のホームページでも、他のサイトでも構わない。

図表57：ホームページの様式例（部分）

事業運営上開示すべき重要事項の概要［代行機関］
＊代行機関の業務を行う者は、本資料を作成し、ホームページ（自機関のWebサイトでも他のサイトでも可）に掲載すること。
＊選択肢の項目については、□を■にするか、該当する選択肢のみ残す（非該当は削除）こと。
＊ガイドラインの遵守状況については別添指定様式に記載すること。

更新情報	最終更新日	年　月　日	

＊下記事項に変更があった場合は速やかに変更し、掲載しているホームページを更新し、更新日を明示すること。

基本情報	機関名[注1)]	
	所在地（住所）[注1)]	
	電話番号[注1)]	－　－
	FAX番号	－　－
	ホームページアドレス	http://
	窓口となるメールアドレス	@
	代行機関コード[注2)]	
	代行機関の分類[注3)]	□医療保険者サイド □健診・保健指導機関サイド（健診機関グループ） □健診・保健指導機関サイド（健診機関グループ以外）

注1）名称等は正式なもので記載する。
注2）発行した代行機関コードを記載。
注3）いずれか一つを選択。「医療保険者サイド」とは、保険者の委託を受け、機関と保険者との間に入って第三者として代行処理をする代行機関の類型。「健診・保健指導機関サイド」とは健診機関とりまとめ機関（上記「健診機関グループ」）や福利厚生代行会社（上記「健診機関グループ以外」）等によりデータや決済をとりまとめる類型

施設及び設備情報	従事する職員の数[注4) 注5)]	専任	機関本体　人	協力・関係会社　人
		兼任	機関本体　人	協力・関係会社　人
	全職員の数[注5)]		機関本体　人	協力・関係会社　人
	施設数（サポート拠点数）		箇所（都道府県名：　）	
	財務基盤に関する資料または照会先[注6)]			
	類似業務・サービスの提供実績[注7)]		□有（内容：　） □無	
	提供するサービス	対象	□保険者向け　□健診・保健指導機関向け	
		内容	□事務点検　□請求・支払のとりまとめ・代行 □健診・保健指導データの受領・振分・送付 □その他（　）	
	利用者によるサービスの選択	保険者	□可（選択可能な機能：　） □否	
		健診・保健指導機関	□可（選択可能な機能：　） □否	
	ガイドラインの遵守[注8)]		□最低限のガイドラインを遵守済 □最低限のガイドラインを遵守する予定 □最低限のガイドラインを遵守していない	

注4）当該機関のうち代行業務に従事する者のみを記載。
注5）協力会社・関係会社等がない場合は記載不要（空欄）とし、あっても従事していない場合は0（ゼロ）人と記載。
注6）貸借対照表等決算報告書の類をホームページで公開している場合はそのURL等を記載。財務情報を公開していない場合は照会先（連絡先及び担当者名等）を明記。
注7）例として提供サービスの項を参照のこと。
注8）別添指定様式「医療情報システムの安全管理に関するガイドライン　最低限のガイドライン遵守チェックリスト」に記載すること。チェックリストにおいて全項目「実施済」の場合は「最低限のガイドラインを遵守済」、1項目以上「実施予定」がある場合は「最低限のガイドラインを遵守する予定」を選ぶこと。

情報システムに関する情報	提供開始の年月日[注9)]		
	システムの保有	□自己導入　□借用	
	システムの運用管理	□自機関内　□全部委託　□一部委託	
	システム専用区画・施設の有無	□専用施設（機関所有）　□専用施設（委託先） □機関建物内専用区画　□特に無し	
	システム管理技術者数	機関本体　人	委託先　人
	処理可能件数（設計値）	年間　件	1日当たり　件

注9）試用期間を除く。

運営に関する情報	サービス提供時間	拠点	（例：平日9:00-17:00、除く12/29-1/3）
		システム	（例：24時間365日稼動）
		ヘルプデスク	（例：平日9:00-17:00、除く12/29-1/3）
	データ授受の方法	外部から機関へ	□オンライン（回線種別　） □オフライン（送付手段　）
		機関から外部へ	□オンライン（回線種別　） □オフライン（送付手段　）
	データ授受におけるセキュリティ対策の方法	オンライン	（例：伝送相手の安全性を確保するSSL、IPSecとIKEの利用）
		オフライン	（例：盗難・紛失した場合に個人情報漏洩を防ぐためのファイル暗号化ツールの利用）

事務手数料等[注10)]			保険者	健診・保健指導機関
	初期費用		円	円
	経常経費	別途請求の有無	□無（健診委託費に含まれる） □有（下記）	□無（健診委託費に含まれる） □有（下記）
		固定費	円	円
		従量単価[注11)]	円／　あたり	円／　あたり
	代行機関利用に際し必要となる設備等[注12)]			

注10）すべて消費税込みの金額を記載。委託機能によって費用が異なる場合はすべて記載。
注11）単位あたり（例えばデータ1件あたり）の事務手数料を記載。取扱データの内容等によって単価が異なる場合はすべて記載。
注12）保険者、健診・保健指導機関において必要となるハードウェア、ソフトウェア、ネットワーク回線等を記載。初期費用に含まれるものと、初期費用以外に各自の負担で導入しなければならないものを明記

その他	前年度の取扱件数[注13)]	年間　件	1日当たり　件

注13）平成21年度以降、前年度の実績を記載（当初は空欄）。

8 支払基金又は国保連合会(国)への実績報告

8-1 報告の義務

高齢者の医療の確保に関する法律第142条の規定において、支払基金は保険者に対し、毎年度、特定健康診査等の実施状況に関する報告を求めることとされており、高齢者の医療の確保に関する法律による保険者の前期高齢者交付金等の算定に関する省令(平成19年厚生労働省令第140号)第44条第2項に基づき、保険者は支払基金に対し、毎年度、特定健康診査等の実施状況について報告することとされている。

8-2 報告の時期及び様式

保険者は、特定健康診査等の実施状況に関する結果について、当該年度の翌年度の11月1日までに支払基金又は国保連合会に対し報告することとされており、その記録様式は、XMLで行うこととされている。(「保険者が社会保険診療報酬支払基金に提出する令和6年度以降に実施した特定健康診査等の実施状況に関する結果について（令和5年3月31日付け保発0331第4号厚生労働省保険局長通知。令和5年7月31日一部改正)」)[*1]（詳細は6．健診・保健指導データ参照）

＊1　特定健診・特定保健指導の関連通知は、厚生労働省のホームページを参照のこと。
(https://www.mhlw.go.jp/stf/seisakunitsuite/bunya/0000161103.html)

付録　第三期（2018年度以降）における変更点

特定健康診査の見直し	**(1)基本的な健診の項目（1-2-1参照）** 血中脂質検査において、定期健康診断等で、中性脂肪が400mg/dl以上又は食後採血の場合は、LDLコレステロールの代わりにNon-HDLコレステロールを用いて評価した場合でも、血中脂質検査を実施したとみなすこととした。血糖検査において、やむを得ず空腹時以外でヘモグロビンA1cを測定しない場合は、食直後を除き随時血糖による血糖検査を可とした。
	(2)詳細な健診の項目（1-2-2参照） 血清クレアチニン検査を詳細な健診の項目に追加し、eGFRで腎機能を評価することとした。 心電図検査において、対象者は当該年度の特定健康診査の結果等で、血圧が受診勧奨判定値以上の者又は問診等で不整脈が疑われる者のうち、医師が必要と認めるものとした。 眼底検査において、原則として当該年度の特定健康診査の結果等で、血圧又は血糖検査が受診勧奨判定値以上の者のうち、医師が必要と認めるものとした。
	(3)標準的な質問票* 生活習慣の改善に関する歯科口腔保健の取組の端緒となる質問項目を追加した。
特定保健指導の見直し	**(1)行動計画の実績評価の時期の見直し（2-4、2-5参照）** 行動計画の実績評価を３ヶ月以上経過後（積極的支援の場合は、３ヶ月以上の継続的な支援終了後）に行うことを可能とした。
	(2)初回面接と実績評価の同一機関要件の廃止（2-8-2参照） 保険者と委託先との間で適切に情報が共有され、保険者が対象者に対する保健指導全体の総括・管理を行う場合は、初回面接と実績評価を行う者が同一機関であることを要しないとした。
	(3)特定健康診査当日に初回面接を開始するための運用方法の改善 特定健康診査当日に検査結果が判明しない場合、①健診受診当日に、腹囲・体重、血圧、喫煙歴等の状況から対象と見込まれる者に対して初回面接を行い、行動計画を暫定的に作成し、②後日、全ての項目の結果から医師が総合的な判断を行い、専門職が本人と行動計画を完成する方法を可能とした（2-7-2②参照）。 特定保健指導対象者全員に保健指導を実施すると決めた保険者のグループと、特定健康診査受診当日に特定保健指導を実施できる実施機関のグループとで集合契約を締結できるよう、共通ルールを整理した（5-2-6参照）。
	(4) ２年連続して積極的支援に該当した者への２年目の特定保健指導の弾力化（2-6①参照） ２年連続して積極的支援に該当した者のうち、１年目に比べ2年目の状態が改善している者について、２年目の積極的支援は、動機付け支援相当の支援を実施した場合でも、特定保健指導を実施したと位置づけた。
	(5)積極的支援対象者に対する柔軟な運用による特定保健指導のモデル実施（2-6②参照） 柔軟な運用による特定保健指導のモデル実施について、一定の要件を満たせば、特定保健指導を実施したとみなすこととした。
	(6)情報通信技術を活用した初回面接（遠隔面接）の推進
	(7)その他の運用の改善 ・医療機関との適切な連携（診療における検査データを本人同意のもとで特定健康診査のデータとして活用できるようルールの整備）（3-2-2参照） ・保険者間の再委託要件の緩和（被用者保険者から市町村国保への委託の推進）（4-2-4参照） ・歯科医師が特定保健指導における食生活の改善指導を行う場合の研修要件の緩和（2-9-1④参照）

＊「標準的な健診・保健指導プログラム」第２編別紙３参照
https://www.mhlw.go.jp/stf/seisakunitsuite/bunya/0000194155_00004.html

	・看護師が保健指導を行える暫定期間の延長（2-9-1②参照） ・保険者間のデータ連携、保険者協議会の活用（6-3-3参照） ・特定健康診査の結果に関する受診者本人への情報提供の評価（1-5-1参照）

付録　第二期（2013年度以降）における変更点

第二期においては、特定健診・特定保健指導制度を継続し、特定健康診査等の効率的・効果的な実施方法や効果の検証等行っていくに当たり必要なデータ項目を追加した。

①被保険者・被扶養者の区別

被保険者・被扶養者別の実施状況等を明らかにするため、国に対する保険者からの実績報告において、資格区分を追加した。

②特定健康診査項目の入力許容範囲外（入力最大値以上又は入力最小値以下）の取扱い

測定値が、項目毎に指定された入力最大値以上又は入力最小値以下（以下入力許容範囲外）の場合、測定値は実測値でなく「Ｈ」又は「Ｌ」を示すコード値として表現することとされていたが、「Ｈ」又は「Ｌ」を示すとともに、実測値の入力を必須化した。

③特定健康診査情報ファイルと特定保健指導情報ファイルとの紐付け

特定保健指導がどの年度の特定健康診査の結果に基づくものかの把握を可能とするため、国に対する保険者からの実績報告時に、利用券整理番号を必須化した。

④特定健康診査の実施形態情報（事業者健診かその他の健診か等の種別）の取得

保険者が、事業者健診をもって特定健康診査に代えている運用を行っている実態を把握するため、「健診プログラムコード」へ健診種別を記載することとした。

⑤保険者において健診実施後に服薬中であったことが判明した者の取扱い

健診時の質問票の服薬状況に誤って回答し、その結果として、階層化判定により特定保健指導の対象者となったが、特定保健指導を受ける前に、保険者において、健診実施時点で服薬者であったことが判明した者の取扱いについては、該当者であることが判明したことを区分するコードを新たに付与し、保険者が国への実績報告時にデータを作成することとした。

参 考 資 料

■関係法令

- 高齢者の医療の確保に関する法律＜抜粋＞
- 高齢者の医療の確保に関する法律施行令＜抜粋＞
- 特定健康診査及び特定保健指導の実施に関する基準（平成十九年十二月二十八日）（厚生労働省令第百五十七号）

■関係通知

- 特定健康診査及び特定保健指導の実施に関する基準第一条第一項の規定に基づき厚生労働大臣が定める者（厚生労働省告示第三号）
- 特定健康診査及び特定保健指導の実施に関する基準第一条第二項の規定に基づき厚生労働大臣が定める基準（厚生労働省告示第五号）
- 保険者が社会保険診療報酬支払基金に提出する令和６年度以降に実施した特定健康診査等の実施状況に関する結果について（保発 0731 第３号）
- 「定期健康診断等及び特定健康診査等の実施に係る事業者と保険者の連携・協力事項について」の一部改正について（基発 0731 第１号 / 保発 0731 第４号）＜抜粋＞
- 特定健診・保健指導に係るオンライン資格確認（資格確認限定型）の導入等について（事務連絡令和６年１月 31 日）
- 特定健康診査・特定保健指導に関する Q&A

○高齢者の医療の確保に関する法律＜抜粋＞

（昭和五十七年法律第八十号）

第二章　医療費適正化の推進

第二節　特定健康診査等基本指針等

（特定健康診査等基本指針）

第十八条　厚生労働大臣は、特定健康診査（糖尿病その他の政令で定める生活習慣病に関する健康診査をいう。以下同じ。）及び特定保健指導（特定健康診査の結果により健康の保持に努める必要がある者として厚生労働省令で定めるものに対し、保健指導に関する専門的知識及び技術を有する者として厚生労働省令で定めるものが行う保健指導をいう。以下同じ。）の適切かつ有効な実施を図るための基本的な指針（以下「特定健康診査等基本指針」という。）を定めるものとする。

2　特定健康診査等基本指針においては、次に掲げる事項を定めるものとする。

一　特定健康診査及び特定保健指導（以下「特定健康診査等」という。）の実施方法に関する基本的な事項

二　特定健康診査等の実施及びその成果に係る目標に関する基本的な事項

三　前二号に掲げるもののほか、次条第一項に規定する特定健康診査等実施計画の作成に関する重要事項

3　特定健康診査等基本指針は、健康増進法第九条第一項に規定する健康診査等指針と調和が保たれたものでなければならない。

4　厚生労働大臣は、特定健康診査等基本指針を定め、又はこれを変更しようとするときは、あらかじめ、関係行政機関の長に協議するものとする。

5　厚生労働大臣は、特定健康診査等基本指針を定め、又はこれを変更したときは、遅滞なく、これを公表するものとする。

（特定健康診査等実施計画）

第十九条　保険者（国民健康保険法の定めるところにより都道府県が当該都道府県内の市町村とともに行う国民健康保険（以下「国民健康保険」という。）にあつては、市町村。以下この節並びに第百二十五条の三第一項及び第四項において同じ。）は、特定健康診査等基本指針に即して、六年ごとに、六年を一期として、特定健康診査等の実施に関する計画（以下「特定健康診査等実施計画」という。）を定めるものとする。

2　特定健康診査等実施計画においては、次に掲げる事項を定めるものとする。

一　特定健康診査等の具体的な実施方法に関する事項

二　特定健康診査等の実施及びその成果に関する具体的な目標

三　前二号に掲げるもののほか、特定健康診査等の適切かつ有効な実施のために必要な事項

3　保険者は、特定健康診査等実施計画を定め、又はこれを変更したときは、遅滞なく、これを公表しなければならない。

（特定健康診査）

第二十条　保険者は、特定健康診査等実施計画に基づき、厚生労働省令で定めるところにより、四十歳以上の加入者に対し、特定健康診査を行うものとする。ただし、加入者が特定健康診査に相当する健康診査を受け、その結果を証明する書面の提出を受けたとき、

又は第二十六条第二項の規定により特定健康診査に関する記録の送付を受けたときは、この限りでない。

（他の法令に基づく健康診断との関係）

第二十一条　保険者は、加入者が、労働安全衛生法（昭和四十七年法律第五十七号）その他の法令に基づき行われる特定健康診査に相当する健康診断を受けた場合又は受けることができる場合は、厚生労働省令で定めるところにより、前条の特定健康診査の全部又は一部を行つたものとする。

2　労働安全衛生法第二条第三号に規定する事業者その他の法令に基づき特定健康診査に相当する健康診断を実施する責務を有する者（以下「事業者等」という。）は、当該健康診断の実施を保険者に対し委託することができる。この場合において、委託をしようとする事業者等は、その健康診断の実施に必要な費用を保険者に支払わなければならない。

（特定健康診査に関する記録の保存）

第二十二条　保険者は、第二十条の規定により特定健康診査を行つたときは、厚生労働省令で定めるところにより、当該特定健康診査に関する記録を保存しなければならない。同条ただし書の規定により特定健康診査の結果を証明する書面の提出若しくは特定健康診査に関する記録の送付を受けた場合又は第二十七条第四項の規定により特定健康診査、第百二十五条第一項に規定する健康診査若しくは健康診断に関する記録の写しの提供を受けた場合においても、同様とする。

（特定健康診査の結果の通知）

第二十三条　保険者は、厚生労働省令で定めるところにより、特定健康診査を受けた加入者に対し、当該特定健康診査の結果を通知しなければならない。第二十六条第二項の規定により、特定健康診査に関する記録の送付を受けた場合においても、同様とする。

（特定保健指導）

第二十四条　保険者は、特定健康診査等実施計画に基づき、厚生労働省令で定めるところにより、特定保健指導を行うものとする。

（特定保健指導に関する記録の保存）

第二十五条　保険者は、前条の規定により特定保健指導を行つたときは、厚生労働省令で定めるところにより、当該特定保健指導に関する記録を保存しなければならない。次条第二項の規定により特定保健指導に関する記録の送付を受けた場合又は第二十七条第四項の規定により特定保健指導若しくは第百二十五条第一項に規定する保健指導に関する記録の写しの提供を受けた場合においても、同様とする。

（他の保険者の加入者への特定健康診査等）

第二十六条　保険者は、その加入者の特定健康診査等の実施に支障がない場合には、他の保険者の加入者に係る特定健康診査又は特定保健指導を行うことができる。この場合において、保険者は、当該特定健康診査又は特定保健指導を受けた者に対し、厚生労働省令で定めるところにより、当該特定健康診査又は特定保健指導に要する費用を請求することができる。

2　保険者は、前項の規定により、他の保険者の加入者に対し特定健康診査又は特定保健指導を行つたときは、厚生労働省令で定めるところにより、当該特定健康診査又は特定保健指導に関する記録を、速やかに、その者が現に加入する当該他の保険者に送付しなければならない。
3　保険者は、その加入者が、第一項の規定により、他の保険者が実施する特定健康診査又は特定保健指導を受け、その費用を当該他の保険者に支払つた場合には、当該加入者に対して、厚生労働省令で定めるところにより、当該特定健康診査又は特定保健指導に要する費用として相当な額を支給する。
4　第一項及び前項の規定にかかわらず、保険者は他の保険者と協議して、当該他の保険者の加入者に係る特定健康診査又は特定保健指導の費用の請求及び支給の取扱いに関し、別段の定めをすることができる。

（特定健康診査等に関する記録の提供）
第二十七条　保険者は、特定健康診査等の適切かつ有効な実施を図るため、加入者の資格を取得した者（国民健康保険にあつては、同一の都道府県内の他の市町村の区域内から住所を変更した被保険者を含む。次項において同じ。）があるときは、当該加入者が加入していた他の保険者に対し、当該他の保険者が保存している当該加入者に係る特定健康診査又は特定保健指導に関する記録の写しを提供するよう求めることができる。
2　保険者は、特定健康診査等の適切かつ有効な実施を図るため、加入者の資格を取得した者が後期高齢者医療広域連合の被保険者の資格を有していたことがあるときは、当該後期高齢者医療広域連合に対し、当該後期高齢者医療広域連合が保存している当該加入者に係る第百二十五条第一項に規定する健康診査又は保健指導に関する記録の写しを提供するよう求めることができる。
3　保険者は、特定健康診査等の適切かつ有効な実施を図るため、加入者を使用している事業者等（厚生労働省令で定める者を含む。以下この項及び次項において同じ。）又は使用していた事業者等に対し、厚生労働省令で定めるところにより、労働安全衛生法その他の法令に基づき当該事業者等が保存している当該加入者に係る健康診断に関する記録の写しその他これに準ずるものとして厚生労働省令で定めるものを提供するよう求めることができる。
4　前三項の規定により、特定健康診査若しくは特定保健指導に関する記録、第百二十五条第一項に規定する健康診査若しくは保健指導に関する記録又は労働安全衛生法その他の法令に基づき保存している健康診断に関する記録の写しの提供を求められた他の保険者、後期高齢者医療広域連合又は事業者等は、厚生労働省令で定めるところにより、当該記録の写しを提供しなければならない。

（実施の委託）
第二十八条　保険者は、特定健康診査等について、健康保険法第六十三条第三項各号に掲げる病院又は診療所その他適当と認められるものに対し、その実施を委託することができる。この場合において、保険者は、受託者に対し、委託する特定健康診査等の実施に必要な範囲内において、厚生労働省令で定めるところにより、自らが保存する特定健康診査又は特定保健指導に関する記録の写しその他必要な情報を提供することができる。

（関係者との連携）
第二十九条　保険者は、第三十二条第一項に規定する前期高齢者である加入者に対して特定健康診査等を実施するに当たつては、前期高齢者である加入者の心身の特性を踏まえつつ、介護保険法第百十五条の四十五第一項及び第二項の規定により地域支援事業を行う市町村との適切な連携を図るよう留意するとともに、当該特定健康診査等が効率的に実施されるよう努めるものとする。
2　保険者は、前項に規定するもののほか、特定健康診査の効率的な実施のために、他の保険者、医療機関その他の関係者との連携に努めなければならない。

（市町村の行う特定健康診査等の対象者の範囲）
第二十九条の二　国民健康保険法第三条第一項の市町村は、当該市町村の区域内に住所を有する被保険者について、この節の規定による事務を行うものとする。

（秘密保持義務）
第三十条　第二十八条の規定により保険者から特定健康診査等の実施の委託を受けた者（その者が法人である場合にあつては、その役員）若しくはその職員又はこれらの者であつた者は、その実施に関して知り得た個人の秘密を正当な理由がなく漏らしてはならない。

（健康診査等指針との調和）
第三十一条　第十八条第一項、第二十条、第二十一条第一項、第二十二条から第二十五条まで、第二十六条第二項、第二十七条第三項及び第四項並びに第二十八条に規定する厚生労働省令は、健康増進法第九条第一項に規定する健康診査等指針と調和が保たれたものでなければならない。

○高齢者の医療の確保に関する法律施行令＜抜粋＞

（平成十九年政令第三百十八号）

第二章　特定健康診査
（法第十八条第一項に規定する政令で定める生活習慣病）
第一条の三　法第十八条第一項に規定する政令で定める生活習慣病は、高血圧症、脂質異常症、糖尿病その他の生活習慣病であつて、内臓脂肪（腹腔(くう)内の腸間膜、大網等に存在する脂肪細胞内に貯蔵された脂肪をいう。）の蓄積に起因するものとする。

○特定健康診査及び特定保健指導の実施に関する基準

（平成十九年十二月二十八日）

（厚生労働省令第百五十七号）

改正　平成二〇年一一月一八日厚生労働省令第一五九号
同　二五年　三月二九日同　第　四四号
同　二九年　八月　一日同　第　八八号
令和　三年　二月　五日同　第　二六号
同　三年一一月一九日同　第一八一号
同　五年　三月三一日同　第　五二号

高齢者の医療の確保に関する法律（昭和五十七年法律第八十号）の規定に基づき、及び同法を実施するため、特定健康診査及び特定保健指導の実施に関する基準を次のように定める。

特定健康診査及び特定保健指導の実施に関する基準

（特定健康診査の項目）

第一条　保険者（高齢者の医療の確保に関する法律（昭和五十七年法律第八十号。以下「法」という。）第十九条第一項に規定する保険者をいう。以下同じ。）は、法第二十条の規定により、毎年度、当該年度の四月一日における加入者であって、当該年度において四十歳以上七十五歳以下の年齢に達するもの（七十五歳未満の者に限り、妊産婦その他の厚生労働大臣が定める者を除く。）に対し、特定健康診査等実施計画（法第十九条第一項に規定する特定健康診査等実施計画をいう。以下同じ。）に基づき、次の項目について、特定健康診査（法第十八条第一項に規定する特定健康診査をいう。以下同じ。）を行うものとする。

一　既往歴の調査（服薬歴及び喫煙習慣の状況に係る調査を含む。）
二　自覚症状及び他覚症状の有無の検査
三　身長、体重及び腹囲の検査
四　BMI（次の算式により算出した値をいう。以下同じ。）の測定
　BMI＝体重(kg)÷身長(m)²
五　血圧の測定
六　アスパラギン酸アミノトランスフェラーゼ（ＡＳＴ）、アラニンアミノトランスフェラーゼ（ＡＬＴ）及びガンマグルタミルトランスフェラーゼ（γ―ＧＴ）の検査（以下「肝機能検査」という。）

1

七　血清トリグリセライド（中性脂肪）、高比重リポ蛋白コレステロール（HDLコレステロール）及び低比重リポ蛋白コレステロール（LDLコレステロール）の量の検査（以下「血中脂質検査」という。）
八　血糖検査
九　尿中の糖及び蛋白の有無の検査（以下「尿検査」という。）
十　前各号に掲げるもののほか、厚生労働大臣が定める項目について厚生労働大臣が定める基準に基づき医師が必要と認めるときに行うもの

2　前項第三号に掲げる項目のうち、腹囲の検査については、厚生労働大臣が定める基準に基づき医師が必要でないと認めるときは、省略することができる。

3　保険者は、第一項第三号の規定による腹囲の検査に代えて、内臓脂肪（腹腔内の腸間膜、大網等に存在する脂肪細胞内に貯蔵された脂肪をいう。以下同じ。）の面積の測定を行うことができる。この場合において、当該保険者は、同号の規定による腹囲の検査を行ったものとみなす。

4　保険者は、血清トリグリセライド（中性脂肪）が一デシリットル当たり四百ミリグラム以上である場合又は食後に採血する場合には、第一項第七号の規定による低比重リポ蛋白コレステロール（LDLコレステロール）の量の検査に代えて、総コレステロールから高比重リポ蛋白コレステロール（HDLコレステロール）を除いたもの（Non―HDLコレステロール）の量の検査を行うことができる。この場合において、当該保険者は、同号の規定による低比重リポ蛋白コレステロール（LDLコレステロール）の量の検査を行ったものとみなす。

5　医師は、第一項第十号の規定による項目を実施する場合には、当該項目の対象となる者に対し当該項目を実施する前にその理由を明らかにするとともに、保険者に対し当該項目を実施した後にその理由を明らかにしなければならない。

（他の法令に基づく健康診断との関係）

第二条　労働安全衛生法（昭和四十七年法律第五十七号）その他の法令に基づき特定健康診査を実施した年度と同年度において加入者が次の項目について健康診断を受けた場合であって、当該事実を保険者が確認した場合には、法第二十一条第一項の規定により、当該保険者は当該加入者に対し特定健康診査の全部又は一部を行ったものとみなす。

一　既往歴の調査（服薬歴及び喫煙習慣の状況に係る調査を含む。）
二　自覚症状及び他覚症状の有無の検査
三　身長、体重及び腹囲の検査

2

四　血圧の測定
五　血色素量及び赤血球数の検査
六　肝機能検査
七　血中脂質検査
八　血糖検査
九　尿検査
十　心電図検査
十一　血清クレアチニン検査

（特定健康診査に関する結果等の通知）

第三条　保険者は、法第二十三条の規定により、特定健康診査を受けた加入者に対し、特定健康診査に関する結果を通知するに当たっては、当該特定健康診査に関する結果に加えて、当該加入者が自らの健康状態を自覚し、健康な生活習慣の重要性に対する関心と理解を深めるために必要な情報を提供しなければならない。

2　保険者は、前項の通知及び同項の情報の提供に関する事務を、特定健康診査を実施した機関に委託することができる。

（特定保健指導の対象者）

第四条　法第十八条第一項に規定する特定健康診査の結果により健康の保持に努める必要がある者は、特定健康診査の結果、腹囲が八十五センチメートル以上である男性若しくは腹囲が九十センチメートル以上である女性又は腹囲が八十五センチメートル未満である男性若しくは腹囲が九十センチメートル未満である女性であってBMIが二十五以上の者のうち、次の各号のいずれかに該当するもの（高血圧症、脂質異常症又は糖尿病の治療に係る薬剤を服用している者を除く。）とする。

一　血圧の測定の結果が厚生労働大臣が定める基準に該当する者
二　血清トリグリセライド（中性脂肪）又は高比重リポ蛋白コレステロール（HDLコレステロール）の量が厚生労働大臣が定める基準に該当する者
三　血糖検査の結果が厚生労働大臣が定める基準に該当する者

2　第一条第三項の規定により、腹囲の検査に代えて内臓脂肪の面積の測定を行う場合には、前項中「腹囲が八十五センチメートル以上である男性若しくは腹囲が九十センチメートル以上である女性又は腹囲が八十五センチメートル未満である男性若しくは腹囲が九十センチメートル未満である女性であってBMIが二十五以上の者」とあるのは、「内臓脂肪の面積が百平方センチメートル以上の者又は内臓脂肪の面積が百平方センチメー

トル未満の者であってBMIが二十五以上のもの」とする。

（保健指導に関する専門的知識及び技術を有する者）

第五条　法第十八条第一項に規定する保健指導に関する専門的知識及び技術を有する者は、医師、保健師又は管理栄養士とする。

（特定保健指導の実施方法）

第六条　保険者は、法第二十四条の規定により、第四条に規定する者に対し、特定健康診査等実施計画に基づき、次条第一項に規定する動機付け支援又は第八条第一項に規定する積極的支援により特定保健指導（法第十八条第一項に規定する特定保健指導をいう。以下同じ。）を行うものとする。

（動機付け支援）

第七条　動機付け支援とは、動機付け支援対象者が自らの健康状態を自覚し、生活習慣の改善に係る自主的な取組の実施に資することを目的として、次に掲げる要件のいずれも満たすものであって、厚生労働大臣が定める方法により行う保健指導をいう。

一　動機付け支援対象者が、医師、保健師又は管理栄養士の面接による指導の下に行動計画を策定すること。
二　医師、保健師、管理栄養士又は食生活の改善指導若しくは運動指導に関する専門的知識及び技術を有すると認められる者として厚生労働大臣が定めるものが、動機付け支援対象者に対し、生活習慣の改善のための取組に係る動機付けに関する支援を行うこと。
三　動機付け支援対象者及び次のいずれかに掲げる者が、行動計画の策定の日から三月以上経過した日において、当該行動計画の実績に関する評価を行うこと。
　イ　第一号の規定により面接による指導を行った者
　ロ　動機付け支援対象者の健康状態等に関する情報をイに掲げる者と共有する医師、保健師又は管理栄養士（保険者が当該動機付け支援対象者の特定保健指導の総括及び情報の管理を行わない場合は、イに掲げる者が当該動機付け支援対象者に対する面接の際に勤務していた機関に勤務する者に限る。）

2　前項の動機付け支援対象者は、次の各号に掲げる者とする。

一　腹囲が八十五センチメートル以上である男性又は腹囲が九十センチメートル以上である女性であって、第四条第一項各号のいずれか一のみに該当する者（次条第二項第二号に該当する者を除く。）
二　腹囲が八十五センチメートル未満である男性又は腹囲が九十センチメートル未満で

ある女性であってBMIが二十五以上の者のうち、第四条第一項各号のいずれか二のみに該当するもの（次条第二項第四号に該当する者を除く。）

三　腹囲が八十五センチメートル未満である男性又は腹囲が九十センチメートル未満である女性であってBMIが二十五以上の者のうち、第四条第一項各号のいずれか一のみに該当するもの

四　特定健康診査を実施する年度において六十五歳以上七十五歳以下の年齢に達する者（当該年度において七十五歳に達する者にあっては、動機付け支援の実施の際に当該年齢に達していない者に限る。）のうち、次に掲げるもの

イ　腹囲が八十五センチメートル以上である男性又は腹囲が九十センチメートル以上である女性であって、第四条第一項各号のいずれか二以上に該当する者

ロ　腹囲が八十五センチメートル以上である男性又は腹囲が九十センチメートル以上である女性であって、第四条第一項各号のいずれか一のみに該当し、かつ、特定健康診査の結果、喫煙習慣があると認められた者

ハ　腹囲が八十五センチメートル未満である男性又は腹囲が九十センチメートル未満である女性であってBMIが二十五以上の者のうち、第四条第一項各号のいずれにも該当するもの

ニ　腹囲が八十五センチメートル未満である男性又は腹囲が九十センチメートル未満である女性であってBMIが二十五以上の者のうち、第四条第一項各号のいずれか二のみに該当し、かつ、特定健康診査の結果、喫煙習慣があると認められたもの

3　第四条第二項の規定は、前項の規定の適用について準用する。

（積極的支援）

第八条　積極的支援とは、積極的支援対象者が自らの健康状態を自覚し、生活習慣の改善に係る自主的な取組の継続的な実施に資することを目的として、次に掲げる要件のいずれも満たすものであって、厚生労働大臣が定める方法により行う保健指導をいう。

一　積極的支援対象者が、医師、保健師又は管理栄養士の面接による指導の下に行動計画を策定すること。

二　医師、保健師、管理栄養士又は食生活の改善指導若しくは運動指導に関する専門的知識及び技術を有すると認められる者として厚生労働大臣が定めるものが、積極的支援対象者に対し、生活習慣の改善のための取組に資する働きかけに関する支援を相当な期間継続して行うこと（積極的支援対象者であって、厚生労働大臣が定める要件に該当する者に係る当該支援については、厚生労働大臣が定めるところにより行うこと）。

三　積極的支援対象者及び次のいずれかに掲げる者が、行動計画の進捗状況に関する評価を行うこと。

イ　第一号の規定により面接による指導を行った者

ロ　積極的支援対象者の健康状態等に関する情報をイに掲げる者と共有する医師、保健師又は管理栄養士（保険者が当該積極的支援対象者の特定保健指導の総括及び情報の管理を行わない場合は、イに掲げる者が当該積極的支援対象者に対する面接の際に勤務していた機関に勤務する者に限る。）

四　積極的支援対象者及び次のいずれかに該当する者が、行動計画の策定の日から三月以上経過した日において、当該行動計画の実績に関する評価を行うこと。

イ　第一号の規定により面接による指導を行った者

ロ　積極的支援対象者の健康状態等に関する情報をイに掲げる者と共有する医師、保健師又は管理栄養士（保険者が当該積極的支援対象者の特定保健指導の総括及び情報の管理を行わない場合は、イに掲げる者が当該積極的支援対象者に対する面接の際に勤務していた機関に勤務する者に限る。）

2　前項の積極的支援対象者は、次の各号に掲げる者（同項の積極的支援を実施する年度において六十五歳以上七十五歳以下の年齢に達する者（当該年度において七十五歳に達する者にあっては、積極的支援の実施の際に当該年齢に達していない者に限る。）を除く。）とする。

一　腹囲が八十五センチメートル以上である男性又は腹囲が九十センチメートル以上である女性であって、第四条第一項各号のいずれか二以上に該当する者

二　腹囲が八十五センチメートル以上である男性又は腹囲が九十センチメートル以上である女性であって、第四条第一項各号のいずれか一のみに該当し、かつ、特定健康診査の結果、喫煙習慣があると認められた者

三　腹囲が八十五センチメートル未満である男性又は腹囲が九十センチメートル未満である女性であってBMIが二十五以上の者のうち、第四条第一項各号のいずれにも該当するもの

四　腹囲が八十五センチメートル未満である男性又は腹囲が九十センチメートル未満である女性であってBMIが二十五以上の者のうち、第四条第一項各号のいずれか二のみに該当し、かつ、特定健康診査の結果、喫煙習慣があると認められたもの

3　第四条第二項の規定は、前項の規定の適用について準用する。

（その他の保健指導）

第九条　保険者は、特定健康診査の結果その他の事情により、加入者の健康の保持増進のために必要があると認めるときは、前二条の規定にかかわらず、加入者に対し、適切な保健指導を行うよう努めるものとする。

（特定健康診査及び特定保健指導に関する記録の保存）

第十条　保険者は、法第二十二条及び法第二十五条の規定により、特定健康診査及び特定保健指導に関する記録を電磁的方法（電子的方式、磁気的方式その他人の知覚によっては認識することができない方式をいう。以下同じ。）により作成し、当該記録の作成の日の属する年度の翌年度から五年を経過するまでの期間又は加入者が他の保険者の加入者となった日の属する年度の翌年度の末日までの期間のうちいずれか短い期間、当該記録を保存しなければならない。

2　保険者は、前項の作成及び同項の保存に関する事務の全部又は一部を、当該事務を適切かつ円滑に遂行し得る能力のある者に委託することができる。

（特定健康診査等に要した費用の請求）

第十一条　法第二十六条第一項の規定により他の保険者の加入者に係る特定健康診査又は特定保健指導（以下「特定健康診査等」という。）を行った保険者が、同項の規定により当該特定健康診査等を受けた他の保険者の加入者に対し請求することができる費用の額は、当該保険者が、当該保険者の加入者に対して行う特定健康診査等に要する費用の額を勘案して合理的であると認められる範囲内において定めた額とする。

2　法第二十六条第三項の規定により特定健康診査に要する費用として相当な額の支給を受けようとする加入者（労働安全衛生法その他の法令に基づき行われる特定健康診査に相当する健康診断を受けた加入者又は受けることができる加入者を除く。）又は特定保健指導に要する費用として相当な額の支給を受けようとする加入者は、次の事項を記載した申請書を当該加入者が加入する保険者に提出しなければならない。

一　医療保険各法（法第七条第一項に規定する医療保険各法をいう。第十三条第一項において同じ。）による被保険者証（日雇特例被保険者手帳（健康保険印紙をはり付けるべき余白のあるものに限る。）及び被扶養者証を含む。）、組合員証又は加入者証の記号及び番号

二　特定健康診査等を受けた者の氏名及び生年月日

三　特定健康診査等を実施した保険者の保険者番号及び名称

四　特定健康診査等を受けた病院、診療所その他の者の名称及び所在地又は氏名及び住所

五　特定健康診査を受けた年月日又は特定保健指導を受けた年月日及び期間

六　特定健康診査等に要した費用の額

3　前項の申請書には、同項第六号に掲げる費用の額を証する書類を添付しなければならない。

（特定健康診査等に関する記録の送付）

第十二条　他の保険者の加入者に対し特定健康診査等を行った保険者は、法第二十六条第二項の規定により当該特定健康診査等に関する記録を当該特定健康診査等を受けた者が現に加入する他の保険者に送付するに当たっては、電磁的方法により作成された当該特定健康診査等に関する記録を記録した光ディスク又はフレキシブルディスク（以下「光ディスク等」という。）を送付する方法により行うものとする。

（他の保険者が行う記録の写しの提供）

第十三条　法第二十七条第一項の規定により特定健康診査等に関する記録の写しの提供を求められた他の保険者は、同条第四項の規定により当該記録の写しを提供するに当たっては、あらかじめ、当該他の保険者の加入者であった者に対し、記録の写しを提供する趣旨及び提供される記録の写しの内容について説明を行い、かつ、当該他の保険者の加入者であった者の同意を得なければならない。ただし、当該記録の写しの提供を求めた保険者において説明を行い、当該他の保険者の加入者であった者の同意を得たことが確認できたとき又は当該記録の写しの提供が電子情報処理組織（電子資格確認（法又は医療保険各法に規定する電子資格確認をいう。以下この条において同じ。）において保険者が回答を行う際に使用する電子情報処理組織をいう。以下この条において同じ。）を使用する方法その他の情報通信の技術（電子資格確認において保険者が回答を行う際に利用する情報通信の技術をいう。以下この条において同じ。）を利用する方法により行われたときは、この限りでない。

2　法第二十七条第一項の規定により特定健康診査等に関する記録の写しの提供を求められた他の保険者は、同条第四項の規定により当該記録の写しを提供するに当たっては、電子情報処理組織を使用する方法その他の情報通信の技術を利用する方法、電磁的方法により作成された当該特定健康診査等に関する記録を記録した光ディスク等を送付する方法その他の適切な方法により行うものとする。

3　法第二十七条第四項の規定により特定健康診査等に関する記録の写しの提供を受けた保険者は、当該記録の写しに係る情報の漏えいの防止その他の当該記録の写しに係る情報の適切な管理のために必要な措置を講じなければならない。

（法第二十七条第三項の厚生労働省令で定める者等）

第十三条の二　法第二十七条第三項の厚生労働省令で定める者は、船舶所有者（船員法（昭和二十二年法律第百号）の適用を受ける船舶所有者及び同法第五条第一項の規定により船舶所有者に関する規定の適用を受ける者をいう。）とする。

2　法第二十七条第三項の厚生労働省令で定めるものは、事業者等（同項に規定する事業者等をいう。以下同じ。）が保存している加入者に係る健康診断（特定健康診査に相当する項目を実施するものに限る。）に関する記録の写し（労働安全衛生法その他の法令に基づき保存しているものを除く。）とする。

（令三厚労令一八一・追加）

（事業者等が行う記録の写しの提供）

第十四条　保険者が、法第二十七条第三項の規定により加入者を使用している事業者等又は使用していた事業者等に対して提供を求めることができる健康診断に関する記録の写しは、第二条各号に掲げる項目に関する記録の写しとする。

2　法第二十七条第三項の規定により健康診断に関する記録の写しの提供を求められた事業者等は、同条第四項の規定により当該記録の写しを提供するに当たっては、電磁的方法により作成された当該健康診断に関する記録を記録した光ディスク等を送付する方法その他の適切な方法により行うものとする。

（記録等の提供に要する費用の支払）

第十五条　他の保険者又は事業者等は、第十三条又は前条の規定により記録の写しを提供したときは、当該記録の写しの提供を求めた保険者から、現に当該記録の写しの提供に要した費用の額の支払を受けることができる。

（特定健康診査等の委託）

第十六条　保険者は、法第二十八条の規定により、特定健康診査及び特定保健指導の実施を委託する場合には、特定健康診査及び特定保健指導を円滑かつ効率的に実施する観点から適当である者として厚生労働大臣が定めるものに委託しなければならない。

2　保険者が特定健康診査及び特定保健指導の受託者に対し提供することができる情報は、第十条の規定により保存している特定健康診査及び特定保健指導に関する記録その他必要な情報とする。

3　保険者が第一項の規定により特定健康診査及び特定保健指導の実施を委託する場合において、保険者に代わり特定健康診査及び特定保健指導の実施に要した費用の請求の受付並びに当該費用の支払並びにこれらに附帯する事務を行うことができる者は、特定健

康診査及び特定保健指導に係る情報の漏えいの防止並びに当該事務の円滑な実施を図る観点から適当である者として厚生労働大臣が定めるものとする。

（雑則）

第十七条　この省令に定めるもののほか、特定健康診査及び特定保健指導の実施に係る施設及び運営に関する事項、記録の保存に関する事項その他の特定健康診査及び特定保健指導の実施について必要な細則は、厚生労働大臣が定める。

附　則

（施行期日）

第一条　この省令は、平成二十年四月一日から施行する。

（特定保健指導の実施に係る経過措置）

第二条　この省令の施行の日から令和十二年三月三十一日までの間は、第七条第一項第一号及び第三号並びに第八条第一項第一号、第三号及び第四号中「又は管理栄養士」とあるのは「、管理栄養士又は保健指導に関する一定の実務の経験を有する看護師」と、第七条第一項第二号及び第八条第一項第二号中「管理栄養士」とあるのは「管理栄養士、保健指導に関する一定の実務の経験を有する看護師」とする。

附　則（平成二〇年一一月一八日厚生労働省令第一五九号）

この省令は、平成二十一年四月一日から施行する。

附　則（平成二五年三月二九日厚生労働省令第四四号）

この省令は、平成二十五年四月一日から施行する。

附　則（平成二九年八月一日厚生労働省令第八八号）

（施行期日）

第一条　この省令は、平成三十年四月一日から施行する。

（経過措置）

第二条　この省令の施行前に実施された特定健康診査（高齢者の医療の確保に関する法律（昭和五十七年法律第八十号）第十八条第一項に規定する特定健康診査をいう。）の結果に基づく特定保健指導（同項に規定する特定保健指導をいう。）については、なお従前の例による。

附　則（令和三年二月五日厚生労働省令第二六号）

この省令は、令和三年二月二十日から施行する。

附　則（令和三年一一月一九日厚生労働省令第一八一号）抄

（施行期日）

第一条　この省令は、令和四年一月一日から施行する。

附　則　（令和五年三月三一日厚生労働省令第五二号）

この省令は、令和六年四月一日から施行する。

○特定健康診査及び特定保健指導の実施に関する基準第一条第一項の規定に基づき厚生労働大臣が定める者

（平成二十年一月十七日）
（厚生労働省告示第三号）
改正　平成二七年　三月三一日厚生労働省告示第二二三号

特定健康診査及び特定保健指導の実施に関する基準（平成十九年厚生労働省令第百五十七号）第一条第一項の規定に基づき、特定健康診査及び特定保健指導の実施に関する基準第一条第一項の規定に基づき厚生労働大臣が定める者を次のように定め、平成二十年四月一日から適用する。

特定健康診査及び特定保健指導の実施に関する基準第1条第1項の規定に基づき厚生労働大臣が定める者

特定健康診査及び特定保健指導の実施に関する基準（平成 19 年厚生労働省令第 157 号）第 1 条第 1 項の規定に基づき厚生労働大臣が定める者は、次に掲げる者とする。

一　妊産婦
二　刑事施設、労役場その他これらに準ずる施設に拘禁されている者
三　国内に住所を有しない者
四　船員保険の被保険者のうち相当な期間継続して船舶内にいる者
五　病院又は診療所に 6 月以上継続して入院している者
六　高齢者の医療の確保に関する法律（昭和 57 年法律第 80 号）第 55 条第 1 項第 2 号から第 5 号までに規定する施設（同号に規定する施設のうち、介護保険法（平成 9 年法律第 123 号）第 8 条第 11 項に規定する特定施設については、老人福祉法（昭和 38 年法律第 133 号）第 29 条第 1 項に規定する有料老人ホームであって、高齢者の居住の安定確保に関する法律（平成 13 年法律第 26 号）第 5 条第 1 項の登録を受けたもの（介護保険法第 8 条第 11 項に規定する特定施設入居者生活介護の事業を行う事業所に係る同法第 41 条第 1 項本文の指定を受けていないものに限る。）を除く。）に入所又は入居している者

改正文（平成二七年三月三一日厚生労働省告示第二二三号）（抄）

平成二十七年四月一日から適用する。

○特定健康診査及び特定保健指導の実施に関する基準第一条第二項の規定に基づき厚生労働大臣が定める基準

（平成二十年一月十七日）
（厚生労働省告示第五号）

特定健康診査及び特定保健指導の実施に関する基準（平成十九年厚生労働省令第百五十七号）第一条第二項の規定に基づき、特定健康診査及び特定保健指導の実施に関する基準第一条第二項の規定に基づき厚生労働大臣が定める基準を次のように定め、平成二十年四月一日から適用する。

特定健康診査及び特定保健指導の実施に関する基準第１条第２項の規定に基づき厚生労働大臣が定める基準

特定健康診査及び特定保健指導の実施に関する基準（平成 19 年厚生労働省令第 157 号。以下「実施基準」という。）第１条第２項の規定に基づき厚生労働大臣が定める基準は、次の各号のいずれかに該当することとする。

一　BMI（実施基準第１条第１項第４号に規定する BMI をいう。次号において同じ。）が 20 未満であること

二　自ら腹囲を測定し、その値を申告していること（BMI が 22 未満である者に限る。）

保発 0331 第４号
令和５年３月 31 日
一部改正　保発 0731 第３号
令和５年７月 31 日

都道府県知事　殿

厚生労働省保険局長
（公印省略）

保険者が社会保険診療報酬支払基金に提出する令和６年度以降に実施した特定健康診査等の実施状況に関する結果について

保険者（健康保険組合、共済組合、日本私立学校振興・共済事業団及び前期高齢者交付金及び後期高齢者医療の国庫負担金の算定等に関する政令（平成 19 年政令第 325 号）第 25 条の３第１項第１号の規定により厚生労働大臣が定める国民健康保険組合をいう。以下同じ。）は、高齢者の医療の確保に関する法律による保険者の前期高齢者交付金等の額の算定等に関する省令（平成 19 年厚生労働省令第 140 号。以下「算定省令」という。）第 44 条第２項及び高齢者の医療の確保に関する法律による保険者の前期高齢者交付金等の額の算定等に関する省令第四十四条第二項の規定に基づき厚生労働大臣が定める事項（平成 20 年厚生労働省告示第 380 号。以下「算定告示」という。）の規定により、社会保険診療報酬支払基金（以下「支払基金」という。）に対し、毎年度、当該年度の末日における特定健康診査等（高齢者の医療の確保に関する法律（昭和 57 年法律第 80 号。以下「法」という。）第 18 条第２項に規定する特定健康診査等をいう。以下同じ。）の実施状況に関する結果として、厚生労働大臣が定める事項の報告（以下「法定報告」という。）を行わなければならないとされています。この報告に関して保険者が提出すべき情報の詳細な内容は下記のとおりですので、管内の市町村及び関係団体等への周知とともに、実施に遺漏のなきようお願いいたします。

また、保険者は、法第 16 条及び高齢者の医療の確保に関する法律施行規則（平成 19 年厚生労働省令第 129 号。以下「施行規則」という。）第５条の規定により、全国医療費適正化計画及び都道府県医療費適正化計画の作成、実施及び評価のため、医療に要する費用や特定健康診査等の実施状況等の情報を、厚生労働大臣に対し、当該事項を記録した光ディスクその他の電磁的記録（電子的方式、磁気的方式その他人の知覚によっては認識することができない方式で作られる記録であって、電子計算機による情報処理の用に供されるものをいう。以下同じ。）を提出する方法等により、提供しなければならないとされています。このうち特定健康診査等の実施状況に関する情報については、算定省令第 44 条第２項及び算定告示の規定により厚生労働大臣に提供しなければならないとされている情報のうち、本人を特定することができる情報を削除したものと同一であるため、保険者の事務負担等の軽減の観点から、下記で示す情報の提供をもって、法第 16 条及び施行規則第５条の規定による報告があったものと取扱うこととします。

本通知は令和６年４月１日から適用します。これに伴い、令和２年３月31日付け保発0331第４号厚生労働省保険局長通知「保険者が社会保険診療報酬支払基金に提出する令和２年度以降に実施した特定健康診査等の実施状況に関する結果について」は、令和６年３月31日をもって廃止します。ただし、本通知の適用前に実施された特定健康診査の結果に基づく特定保健指導については、なお従前の例によることとします。

なお、本通知は、地方自治法（昭和22年法律第67号）第245条の４第１項の規定に基づく技術的助言であることを申し添えます。

記

第１　基本的事項

一　提出方法及び提出様式

１　提出方法

保険者は、支払基金に対し、毎年度、当該年度の末日における特定健康診査等の実施状況に関する結果として厚生労働大臣が定める事項（算定告示において規定する事項）を、電子情報処理組織（保険者が使用する電子計算機（入力装置を含む。以下同じ。）と支払基金が使用する電子計算機とを電気通信回線で接続した電子情報処理組織をいう。）を使用する方法又は当該事項を記録した光ディスクその他の電磁的記録を提出する方法により、当該年度の翌年度の11月１日までに報告すること。

２　提出に用いる様式

(1)　算定告示において規定する事項の内容の詳細については、別紙のとおりとする。なお、別紙における別表６「特定健診等の実施及びその成果の集計情報ファイル（以下「集計情報ファイル」という。）」の作成に当たっては、第２を参考とすること。

(2)　保険者が１の方法で支払基金に提出する電磁的記録については、XML で記述するものとする。

二　報告対象

１　報告対象となるのは、報告対象年度における、特定健康診査及び特定保健指導の実施に関する基準（平成19年厚生労働省令第157号。以下「実施基準」という。）第１条第１項に規定する特定健康診査の対象者（特定健康診査の実施年度中に40歳以上74歳以下に達する、実施年度の４月１日時点での加入者）及び実施基準第４条第１項に規定する特定保健指導の対象者のうち、次の(1)及び(2)に掲げる者を除いた者の実施状況に関する結果である。

(1)　特定健康診査等の実施年度途中において加入、脱退等により異動した者（ただし、年度末の３月31日付けで脱退した者は除外しない（報告対象に含める）ものとする。）

(2)　特定健康診査及び特定保健指導の実施に関する基準第一条第一項の規定に基づき厚生労働大臣が定める者（平成20年厚生労働省告示第３号）各号のいずれかに該当することを保険者が確認できた（確認できたことを証するものを保険者にて保管しておくこと）者

２

２　提出対象となる特定健診・特定保健指導情報ファイル

(1)　特定健康診査の実施状況に関する結果（別紙における「特定健診情報ファイル」）

報告対象年度に実施した特定健康診査の結果（特定健康診査に相当する他の健康診断（実施基準第２条に規定する健康診断。以下「他の健康診断」という。）を受診した者の当該健康診断に関する記録の写しを保険者において保管している場合は、これを含む。）のうち、必要な全ての項目が揃った結果のみならず、欠損している項目がある結果であっても、実施した項目により積極的支援の対象者、動機付け支援の対象者又は特定保健指導の非対象者であることを確定できる結果も提出するものとする（第２の二の１の(6)の「評価対象者数」に算入できた者の結果が提出対象となる）。

(2)　特定保健指導の実施状況に関する結果（別紙における「特定保健指導情報ファイル」）

報告対象年度の特定健康診査の結果を用いて実施した特定保健指導のうち、報告期限までに完了（全ての指導が完了した場合のみではなく、途中で脱落したことにより終了が確定した場合も含む）した結果を提出するものとする（報告対象年度末までに完了した結果のみではないことに注意）。

なお、報告期限までに完了できなかったものの、その後完了した特定保健指導の実施状況に関する結果については、報告対象年度の翌年度の報告に含めることとし、報告対象年度の集計情報ファイルにおける特定保健指導の終了者数の集計からは除外する。その場合、報告対象年度の翌年度の報告において、報告対象年度における特定保健指導の終了者が、報告対象年度の翌年度の特定保健指導も利用し終了していたとしても、併せて報告することはできない（同一年度における報告において複数の報告は認められないため、報告対象年度の終了結果、又は翌年度の終了結果のいずれかを選択し報告する）ことに注意し、特定保健指導の実施スケジュールにおいて、できる限り実施年度を大幅に超えない（あるいは報告期限を超えない）よう工夫されたい。詳細は第２の三の１を参照のこと。

第２　特定健康診査等の実施及びその成果の集計に関する事項

一　集計情報ファイルの作成について

１　集計情報ファイルの構成

第１の二の１に示した報告対象となる者を次の(1)から(17)までに区分し、その区分毎にそれぞれ二に掲げる事項について集計したファイルを作成するものとする。

なお、(1)から(14)までのいずれかにおいて、報告すべき者がいない性・年齢階層がある場合、当該性・年齢階層のファイルについては各事項に０を記録する（いかなる場合であっても必ず17のファイルを作成し提出する）。

(1)　40歳から44歳までの男性
(2)　40歳から44歳までの女性
(3)　45歳から49歳までの男性
(4)　45歳から49歳までの女性
(5)　50歳から54歳までの男性

３

(6) 50歳から54歳までの女性
(7) 55歳から59歳までの男性
(8) 55歳から59歳までの女性
(9) 60歳から64歳までの男性
(10) 60歳から64歳までの女性
(11) 65歳から69歳までの男性
(12) 65歳から69歳までの女性
(13) 70歳から74歳までの男性
(14) 70歳から74歳までの女性
(15) 全年齢層（40歳から74歳まで）の男性
(16) 全年齢層（40歳から74歳まで）の女性
(17) 全年齢層（(1)から(14)までの合計）

2　集計情報ファイルの作成に当たっての留意事項
集計情報ファイルの作成に当たっては、次の(1)及び(2)に留意すること。
(1)「昨年度」欄には特定健康診査等の実施年度の前年度の集計結果をそのまま記録し、「増減」欄には特定健康診査等の実施年度の集計結果（「今年度」欄）と特定健康診査等の実施年度の前年度の集計結果（「昨年度」欄）との差異（「昨年度」欄の数値から「今年度」欄の数値を減じた数（単位が%の項目についてもそのまま減算した結果を記録）。なお、「今年度」欄又は「昨年度」欄に小数点以下の数値が発生する場合は、それぞれの欄において(2)に示す方法で端数処理を行った後に差異の計算を行う。）を記録する。
(2) 二の「集計事項について」に掲げるもののうち、健診受診率、内臓脂肪症候群該当者の割合等、小数点以下の数値が生じうる事項については、小数点以下第2位で四捨五入を行い、小数点以下第1位までの値で記録することとする。なお、小数点以下の数値が生じない場合は小数点以下第1位については0を記録する。

二　集計事項について
1　全体的事項
(1) 特定健康診査対象者数
「特定健康診査対象者数」については、第1の二の1に示した報告対象となる者の数とする。

(2) 特定健康診査の対象となる被扶養者の数
「特定健康診査の対象となる被扶養者の数」については、(1)の「特定健康診査対象者数」のうち、法第7条第4項第6号及び第7号に規定する者並びに任意継続被保険者及び特例退職被保険者の数とする。
この項目については、被用者保険の保険者のみ記録することとする。

(3) (2)のうち、特定健康診査受診券を配布した者の数

「(2)のうち、特定健康診査受診券を配布した者の数」については、(2)の「特定健康診査の対象となる被扶養者の数」に含まれる者のうち、保険者が特定健康診査の受診券を配布した者の数とする（発券枚数ではなく配布した者の数であることに注意。例えば1人に再発行等を行った場合でも集計時の数は1である。）。
なお、被扶養者に対する特定健康診査の実施に当たり、受診券を使用しない場合（被保険者証のみで受診可とする場合等）であっても、特定健康診査の対象となる被扶養者に対し、個別に受診方法等の案内を配布し、その案内に従って受診先の予約等の必要な手続を行えば受診できるようになっている場合は、その案内を配布した者の数も集計に含めることとする。
この項目については、被用者保険の保険者のみ記録することとする。

(4) 特定健康診査受診者数
「特定健康診査受診者数」については、(1)の「特定健康診査対象者数」のうち、実施基準第1条第1項各号に定める項目の全てを、令和5年3月31日付け健発0331第4号・保発0331第6号厚生労働省健康局長・保険局長連名通知「令和6年度以降における特定健康診査及び特定保健指導の実施並びに健診実施機関等により作成された記録の取扱いについて」（以下「実施通知」という。）第一に掲げる事項を踏まえて実施した者の数とする。
保険者が、他の健康診断を受診した者の当該健康診断に関する記録の写しを保管している場合は、当該者を特定健康診査受診者数に含めるものとする（ただし、他の健康診断が特定健康診査の項目の一部しか実施していない場合は、不足する項目を保険者等が追加実施することにより特定健康診査の項目の全てが揃った結果のみを特定健康診査受診者数に含めること）。
なお、次のアからエまでに該当する場合には、特定健康診査の項目を省略（あるいは代替）しても特定健康診査を実施したとみなすことができることとされているため、特定健康診査受診者数に含めることとする。
ア　特定健康診査及び特定保健指導の実施に関する基準第一条第二項の規定に基づき厚生労働大臣が定める基準（平成20年厚生労働省告示第5号。以下「省略基準告示」という。）に規定する基準に基づき、医師が必要ないと認めるときは、腹囲の検査を省略することができる。
イ　実施基準第1条第3項の規定に基づく内臓脂肪の面積の測定を行った場合は、実施基準第1条第1項第3号の腹囲の検査を行ったものとみなす。
ウ　実施基準第1条第4項の規定に基づきNon-HDLコレステロールの量の検査を行った場合は、実施基準第1条第1項第7号のLDLコレステロールの量の検査を行ったものとみなす。
エ　生理中の女性や、腎疾患等の基礎疾患があるために排尿障害を有している者への尿検査は省略することができる（その場合、別紙の特定健診情報ファイル中「健診結果・質問票情報」における「測定不可能・検査未実施の理由」欄に上記のようなやむを得ず実施できなかった理由が記録されている等、測定が不可能であったことが判別できる必要がある）。

(5) 健診受診率

「健診受診率」については、(4)の「特定健康診査受診者数」を(1)の「特定健康診査対象者数」で除し、100を乗じ算出した値とする。

(6) 評価対象者数

「評価対象者数」については、実施基準第１条第１項各号に掲げる特定健康診査の項目の一部が実施できなかったために(4)の「特定健康診査受診者数」には算入できないものの、実施した特定健康診査の項目から実施基準第７条第２項及び第８条第２項の規定に基づき特定保健指導の対象者又は非対象者と確定できる者を、(4)の「特定健康診査受診者数」に加えた数（つまり、欠損している項目があっても、実施した項目により積極的支援の対象者、動機付け支援の対象者、あるいは特定保健指導の非対象者（第３の二の５の(6)に示すように、別紙の特定健診情報ファイル中「健診結果・質問票情報」の「BMI」欄に20未満の値が記録されており、かつ「腹囲」欄に結果が記録されていない場合に、「保健指導レベル」欄に「３：なし（情報提供）」ではなく「４：判定不能」と記録されている場合も含む。）であることを確定できる場合には、評価対象者に含む)。

なお、実施基準第４条の規定により、BMIが25以上であっても腹囲が欠損している場合は、特定保健指導の対象者と確定されないことに注意されたい。

2 内臓脂肪症候群に関する事項

(1) 内臓脂肪症候群該当者数

「内臓脂肪症候群該当者数」については、１の(6)の「評価対象者数」に含まれる者のうち、内臓脂肪蓄積（次のア）に加え、次のイからエまでのうち２つ以上に該当するものの数（別紙の特定健診情報ファイル中「健診結果・質問票情報」の「メタボリックシンドローム判定」欄において「１：基準該当」と記録された者の数を集計）とする。

ア　内臓脂肪蓄積：腹囲が男性で85 cm以上、女性で90 cm以上（CTスキャン等での測定により内臓脂肪面積が100 cm²以上の場合は、これに代える。なお、腹囲と内臓脂肪面積の両方を測定している場合は、内臓脂肪面積の結果を優先し判定に用いる。）

イ　血中脂質：中性脂肪150mg/dl以上　かつ/または　HDLコレステロール40 mg/dl未満（空腹時採血でない場合も当該基準を用いて判定する）　かつ/または　高トリグリセライド血症に対する薬剤治療あるいは低HDLコレステロール血症に対する薬剤治療（脂質異常症に対する薬剤治療を受けているが、高トリグリセライド血症に対する薬剤治療あるいは低HDLコレステロール血症に対する薬剤治療か否かが明らかでない場合は、血中脂質に関する項目に該当すると判断する。）

ウ　血圧：収縮期血圧130mmHg以上　かつ/または　拡張期血圧85mmHg以上　かつ/または　高血圧に対する薬剤治療

エ　血糖：空腹時血糖110mg/dl以上　かつ/または　ヘモグロビンA1c6.0%以上　かつ/または　糖尿病に対する薬剤治療（なお、空腹時血糖とヘモグロビンA1cの両方

を測定している場合は、空腹時血糖の結果を優先し判定に用いる。また、血糖検査が随時血糖のみの測定であった場合は、血糖検査は未実施として取り扱う。）

(2) 内臓脂肪症候群該当者割合

「内臓脂肪症候群該当者割合」については、(1)の「内臓脂肪症候群該当者数」を、１の(6)の「評価対象者数」で除し、100を乗じて算出した値とする。

(3) 内臓脂肪症候群予備群者数

「内臓脂肪症候群予備群者数」については、１の(6)の「評価対象者数」に含まれる者のうち、内臓脂肪の蓄積（(1)のアに該当）に加え、(1)のイからエまでの１つに該当する者の数（別紙の特定健診情報ファイル中「健診結果・質問票情報」の「メタボリックシンドローム判定」欄で「２：予備群該当」と記録された者の数を集計）とする。

(4) 内臓脂肪症候群予備群者割合

「内臓脂肪症候群予備群割合」については、(3)の「内臓脂肪症候群予備群者数」を、１の(6)の「評価対象者数」で除し、100を乗じて算出した値とする。

3 服薬中の者に関する事項

(1) 高血圧症の治療に係る薬剤を服用している者の数

「高血圧症の治療に係る薬剤を服用している者の数」については、別紙の特定健診情報ファイル中「健診結果・質問票情報」の「服薬１（血圧）」欄に「１：はい」と記録される者の数と「保険者再確認　服薬１（血圧）」欄に「１：質問票の記載違い(服薬中)を確認」又は「２：健診以後に服薬開始を確認」が記録されている者の数とを合算して得た数とする。

(2) 高血圧症の治療に係る薬剤を服用している者の割合

「高血圧症の治療に係る薬剤を服用している者の割合」については、(1)の「高血圧症の治療に係る薬剤を服用している者の数」を、１の(6)の「評価対象者数」で除し、100を乗じて算出した値とする。

(3) 脂質異常症の治療に係る薬剤を服用している者の数

「脂質異常症の治療に係る薬剤を服用している者の数」については、別紙の特定健診情報ファイル中「健診結果・質問票情報」の「服薬３（脂質）」欄に「１：はい」と記録される者の数と「保険者再確認　服薬３（脂質）」欄に「１：質問票の記載違い(服薬中)を確認」又は「２：健診以後に服薬開始を確認」が記録されている者の数とを合算して得た数とする。

(4) 脂質異常症の治療に係る薬剤を服用している者の割合

「脂質異常症の治療に係る薬剤を服用している者の割合」については、(3)の「脂質異常症の治療に係る薬剤を服用している者の数」を、１の(6)の「評価対象者数」で除

し、100 を乗じて算出した値とする。

⑸　糖尿病の治療に係る薬剤を服用している者の数

「糖尿病の治療に係る薬剤を服用している者の数」については、別紙の特定健診情報ファイル中「健診結果・質問票情報」の「服薬２（血糖）」欄に「１：はい」と記録される者の数と「保険者再確認　服薬２（血糖）」欄に「１：質問票の記載違い(服薬中)を確認」又は「２：健診以後に服薬開始を確認」が記録されている者の数とを合算して得た数とする。なお、インスリン療法を行っている者を含む。

⑹　糖尿病の治療に係る薬剤を服用している者の割合

「糖尿病の治療に係る薬剤を服用している者の割合」については、⑸の「糖尿病の治療に係る薬剤を服用している者の数」を、１の⑹の「評価対象者数」で除し、100 を乗じて算出した値とする。

４　内臓脂肪症候群該当者の減少率に関する事項

⑴　昨年度の内臓脂肪症候群該当者の数

「昨年度の内臓脂肪症候群該当者の数」については、報告対象年度の前年度の報告において２の⑴の「内臓脂肪症候群該当者数」に含まれた者のうち、報告対象年度の時点で、報告する保険者を脱退した者を除いた数とする。

なお、報告対象年度の前年度の報告においては他の保険者に加入していたために２の⑴の「内臓脂肪症候群該当者数」に含まれていなかったものの、報告対象年度の時点で他の保険者から新たに加入し報告対象年度の特定健康診査等を受けた者であって、保険者がその者の前年度の特定健康診査等の実施状況に関する結果を入手しており、その結果において２の⑴の「内臓脂肪症候群該当者数」に該当するものがいる場合は、保険者の判断でその者の結果をこの数に含めてもよい。

⑵　⑴のうち、今年度の内臓脂肪症候群予備群の数

「⑴のうち、今年度の内臓脂肪症候群予備群の数」については、⑴の数に含めた者のうち、報告対象年度の実施結果においては内臓脂肪症候群の予備群となった者の数（報告対象年度の前年度の特定健診情報ファイル中「健診結果・質問票情報」における「メタボリックシンドローム判定」欄で「１：基準該当」と記録された者のうち、報告対象年度の特定健診情報ファイルの同欄で「２：予備群該当」と記録された者の数を集計）とする。

⑶　⑴のうち、今年度の内臓脂肪症候群予備群の割合

「⑴のうち、今年度の内臓脂肪症候群予備群の割合」については、⑵の「⑴のうち、今年度の内臓脂肪症候群予備群の数」を⑴の「昨年度の内臓脂肪症候群該当者の数」で除し、100 を乗じて算出した値とする。

⑷　⑴のうち、今年度の内臓脂肪症候群該当者・予備群ではなくなった者の数

「⑴のうち、今年度の内臓脂肪症候群該当者・予備群ではなくなった者の数」については、報告対象年度の前年度の実施結果において内臓脂肪症候群の該当者であった者のうち、報告対象年度の実施結果においては内臓脂肪症候群の該当者あるいは予備群でなくなった者の数（報告対象年度の前年度の特定健診情報ファイル中「健診結果・質問票情報」における「メタボリックシンドローム判定」欄で「１：基準該当」と記録された者のうち、報告対象年度の特定健診情報ファイルの同欄で「３：非該当」と記録された者の数を集計）とする。

⑸　⑴のうち、今年度の内臓脂肪症候群該当者・予備群ではなくなった者の割合

「⑴のうち、今年度の内臓脂肪症候群該当者・予備群ではなくなった者の割合」については、⑷の「⑴のうち、今年度の内臓脂肪症候群該当者・予備群ではなくなった者の数」を⑴の「昨年度の内臓脂肪症候群該当者の数」で除し、100 を乗じて算出した値とする。

⑹　内臓脂肪症候群該当者の減少率

「内臓脂肪症候群該当者の減少率」については、⑵の「⑴のうち、今年度の内臓脂肪症候群予備群の数」及び⑷の「⑴のうち、今年度の内臓脂肪症候群該当者・予備群ではなくなった者の数」の合計を⑴の「昨年度の内臓脂肪症候群該当者の数」で除し、100 を乗じて算出した値とする。

５　内臓脂肪症候群予備群の減少率に関する事項

⑴　昨年度の内臓脂肪症候群予備群の数

「昨年度の内臓脂肪症候群予備群の数」については、報告対象年度の前年度の報告において２の⑶の「内臓脂肪症候群予備群者数」に含まれた者のうち、報告対象年度の時点で、報告する保険者を脱退した者を除いた数とする。

なお、報告対象年度の前年度の報告においては他の保険者に加入していたために２の⑶の「内臓脂肪症候群予備群者数」に含まれていなかったものの、報告対象年度の時点で他の保険者から新たに加入し報告対象年度の特定健康診査等を受けた者であって、保険者がその者の前年度の特定健康診査等の実施状況に関する結果を入手しており、その結果において２の⑶の「内臓脂肪症候群予備群者数」に該当するものがいる場合は、保険者の判断でその者の結果をこの数に含めてもよい。

⑵　⑴のうち、今年度の内臓脂肪症候群該当者・予備群ではなくなった者の数

「⑴のうち、今年度の内臓脂肪症候群該当者・予備群ではなくなった者の数」については、⑴の「昨年度の内臓脂肪症候群予備群の数」に含めた者のうち、報告対象年度の実施結果においては内臓脂肪症候群の該当者あるいは予備群ではなくなった者の数（報告対象年度の前年度の特定健診情報ファイル中「健診結果・質問票情報」における「メタボリックシンドローム判定」欄で「２：予備群該当」と記録された者のうち、報告対象年度の特定健診情報ファイルの同欄で「３：非該当」と記録された者の数を集計）とする。

(3) (1)のうち、今年度の内臓脂肪症候群該当者・予備群ではなくなった者の割合

「(1)のうち、今年度の内臓脂肪症候群該当者・予備群ではなくなった者の割合」については、(2)の「(1)のうち、今年度の内臓脂肪症候群該当者・予備群ではなくなった者の数」を(1)の「昨年度の内臓脂肪症候群予備群の数」で除し、100 を乗じて算出した値とする。

6 保健指導対象者の減少率に関する事項

(1) 昨年度の特定保健指導の対象者数

「昨年度の特定保健指導の対象者数」については、報告対象年度の前年度の報告において7の(20)の「特定保健指導の対象者数（小計）」に含まれた者のうち、報告対象年度の時点で、報告する保険者を脱退した者を除いた数とする。

なお、報告対象年度の前年度の報告においては他の保険者に加入していたために7の(20)の「特定保健指導の対象者数（小計）」に含まれていなかったものの、報告対象年度の時点で他の保険者から新たに加入し報告対象年度の特定健康診査等を受けた者であって、保険者がその者の前年度の特定健康診査等の実施状況に関する結果を入手しており、その結果において7の(20)の「特定保健指導の対象者数（小計）」に該当するものがいる場合は、保険者の判断でその者の結果をこの数に含めてもよい。

(2) (1)のうち、今年度は特定保健指導の対象ではなくなった者の数

「(1)のうち、今年度は特定保健指導の対象ではなくなった者の数」については、(1)の「昨年度の特定保健指導の対象者数」に含めた者のうち、報告対象年度の実施結果においては特定保健指導の対象ではなくなった者の数（報告対象年度の前年度の特定健診情報ファイル中「健診結果・質問票情報」における「保健指導レベル」欄で「1：積極的支援」もしくは「2：動機付け支援」と記録された者のうち、報告対象年度の特定健診情報ファイルの同欄で「3：なし（情報提供）」と記録された者（加えて、第3の二の5の(6)に示すように、別紙の特定健診情報ファイル中「健診結果・質問票情報」の「BMI」欄に 20 未満の値が記録されており、かつ「腹囲」欄に結果が記録されていない場合に、「保健指導レベル」欄に「3：なし（情報提供）」ではなく「4：判定不能」と記録されている場合も含む）の数を集計）とする。

ただし、今年度も特定保健指導の対象者となったものの、薬物治療を開始したことにより、結果として特定保健指導の対象から除かれた者は含めないこととする。

(3) 特定保健指導対象者の減少率

「特定保健指導対象者の減少率」については、(2)の「(1)のうち、今年度は特定保健指導の対象ではなくなった者の数」を(1)の「昨年度の特定保健指導の対象者数」で除し、100 を乗じて算出した値とする。

(4) 昨年度の特定保健指導の利用者数

「昨年度の特定保健指導の利用者数」については、報告対象年度の前年度の報告に

おいて7の(4)の「特定保健指導（積極的支援）の利用者数」、7の(5)の「特定保健指導（動機付け支援相当）の利用者数」及び7の(15)の「特定保健指導（動機付け支援）の利用者数」に含まれた者のうち、報告対象年度の時点で、報告する保険者を脱退した者を除いた数とする。

(5) (4)のうち、今年度は特定保健指導の対象ではなくなった者の数

「(4)のうち、今年度は特定保健指導の対象ではなくなった者の数」については、(4)の「昨年度の特定保健指導の利用者数」に含めた者のうち、報告対象年度の実施結果においては特定保健指導の対象ではなくなった者の数（報告対象年度の前年度の特定健診情報ファイル中「健診結果・質問票情報」における「保健指導レベル」欄で「1：積極的支援」もしくは「2：動機付け支援」と記録され、かつ報告対象年度の前年度の特定保健指導情報ファイルに記録がある者のうち、報告対象年度の特定健診情報ファイルの同欄で「3：なし（情報提供）」と記録された者（第3の二の5の(6)に示すように、別紙の特定健診情報ファイル中「健診結果・質問票情報」の「BMI」欄に 20 未満の値が記録されており、かつ「腹囲」欄に結果が記録されていない場合に、「保健指導レベル」欄に「3：なし（情報提供）」ではなく「4：判定不能」と記録されている場合を含む。）の数を集計）とする。

ただし、今年度も特定保健指導の対象者となったものの、薬物治療を開始したことにより、結果として特定保健指導の対象から除かれた者は含めないこととする。

(6) 特定保健指導による特定保健指導対象者の減少率

「特定保健指導による特定保健指導対象者の減少率」については、(5)の「(4)のうち、今年度は特定保健指導の対象ではなくなった者の数」を(4)の「昨年度の特定保健指導の利用者数」で除し、100 を乗じて算出した値とする。

7 特定保健指導に関する事項

(1) 特定保健指導（積極的支援レベル）の対象者数

「特定保健指導（積極的支援レベル）の対象者数」については、1の(6)の「評価対象者数」のうち、実施基準第8条第2項の規定に該当する積極的支援対象者の数（特定健診情報ファイル中「健診結果・質問票情報」における「保健指導レベル」欄に「1：積極的支援」と記録される者の数から、「保険者再確認　服薬1（血圧）」欄、「保険者再確認　服薬2（血糖）」欄又は「保険者再確認　服薬3（脂質）」欄の少なくとも1つに「1：質問票の記載違い(服薬中)を確認」又は「2：健診以後に服薬開始を確認」と記載された者の数を減じて得た数）とする。

なお、空腹時血糖とヘモグロビン A1c の両方を測定している場合は空腹時血糖の結果を、腹囲と内臓脂肪面積の両方を測定している場合は内臓脂肪面積の結果を、それぞれ優先的に用いて対象者か否かを判定する。

(2) 特定保健指導（積極的支援レベル）の対象者の割合

「特定保健指導（積極的支援レベル）の対象者の割合」については、(1)の「特定保

健指導（積極的支援レベル）の対象者数」を１の(6)の「評価対象者数」で除し、100を乗じて算出した値とする。

(3)　特定保健指導開始前に、服薬確認により特定保健指導（積極的支援レベル）の対象者から除外した者の数

「特定保健指導開始前に、服薬確認により特定保健指導（積極的支援レベル）の対象者から除外した者の数」については、１の(6)の「評価対象者数」に含まれる者のうち、実施基準第８条第２項各号に該当する者であって、実施基準第４条第１項の高血圧症、脂質異常症又は糖尿病の治療に係る薬剤を服用しているものの数とする。

別紙の特定健診情報ファイル中「健診結果・質問票情報」を用いて、別途、上記要件に合致し、かつ、「服薬１（血圧）」欄、「服薬２（血糖）」欄又は「服薬３（脂質）」欄の少なくとも１つに、「１：はい」と記録された者、または「保険者再確認　服薬１（血圧）」欄、「保険者再確認　服薬２（血糖）」欄又は「保険者再確認　服薬３（脂質）」欄の少なくとも１つに「１：質問票の記載違い（服薬中）を確認」又は「２：健診以後に服薬開始を確認」と記載された者の数とする。

(4)　特定保健指導（積極的支援）の利用者数

「特定保健指導（積極的支援）の利用者数」については、(1)の「特定保健指導（積極的支援レベル）の対象者数」のうち特定健康診査及び特定保健指導の実施に関する基準第七条第一項及び第八条第一項の規定に基づき厚生労働大臣が定める特定保健指導の実施方法（平成25年厚生労働省告示第91号。以下「特定保健指導の実施方法告示」という。）第２の１の(2)に規定する支援を行った者（特定保健指導の実施方法告示第２の１の(2)アに規定する必要に応じた支援を行った者を除く。）であって、少なくとも初回の面接（面接による支援の内容を分割して行う場合においては、特定健康診査を受診した日に行う面接による支援及び特定健康診査の結果の全てが判明した後に行う支援とを合わせたもの。以下同じ。）は実施したものの数とする。

(5)　特定保健指導（動機付け支援相当）の利用者数

「特定保健指導（動機付け支援相当）の利用者数」については、(1)の「特定保健指導（積極的支援レベル）の対象者数」のうち特定保健指導の実施方法告示第２の１の(2)アに規定する必要に応じた支援（以下「特定保健指導（動機付け支援相当）」という。）を行った者であって、少なくとも初回の面接は実施したものの数とする。

(6)　特定保健指導（積極的支援レベル）の利用者の割合

「特定保健指導（積極的支援レベル）の利用者の割合」については、(4)の「特定保健指導（積極的支援）の利用者数」に(5)の「特定保健指導（動機付け支援相当）の利用者数」を加えたものを(1)の「特定保健指導（積極的支援レベル）の対象者数」で除し、100を乗じて算出した値とする。

(7)　特定保健指導（積極的支援）の終了者数

「特定保健指導（積極的支援）の終了者数」については、(1)の「特定保健指導（積極的支援レベル）の対象者数」のうち、実施基準第８条第１項及び特定保健指導の実施方法告示第２に規定された内容及び方法等により積極的支援を実施し終えた（実績評価まで完了した）者（特定保健指導（動機付け支援相当）を行った者を除く。）の数とする。

なお、特定保健指導の完了時に行われる、実施基準第８条第１項第４号に規定する実績評価が、様々な手法（電話、手紙等様々な手法が考えられる）で為される度重なる呼びかけ等（以下「確認作業」という。）にもかかわらず、利用者（積極的支援対象者）からの返答がないために実施できず、確認作業の回数のみを記録して打ち切った場合も、特定保健指導の実施方法告示第２の２の(11)、(12)及び(14)に規定する方法により算定するポイントの合計が180ポイント以上となる場合には、完了したものとして当該特定保健指導（積極的支援）の終了者数に含める（集計情報ファイルと併せて提出する特定保健指導情報ファイルの「保健指導情報」においては、「実績評価ができない場合の確認回数」欄に回数が記録されており、「実績評価時の体重」欄等評価結果を記録する欄には値等がないものの、実績評価以外の必要項目は全て記録されている必要がある。詳細は第３の三の５の(2)を参照のこと）。

(8)　特定保健指導（動機付け支援相当）の終了者数

「特定保健指導（動機付け支援相当）の終了者数」については、(1)の「特定保健指導（積極的支援レベル）の対象者数」のうち特定保健指導（動機付け支援相当）を行った者であって、実施基準第８条第１項及び特定保健指導の実施方法告示第２に規定された内容及び方法等により積極的支援を実施し終えた（実績評価まで完了した）ものの数とする。

なお、特定保健指導の完了時に行われる、実施基準第８条第１項第４号に規定する実績評価が、度重なる確認作業にもかかわらず、利用者（積極的支援対象者）からの返答がないために実施できず、確認作業の回数のみを記録して打ち切った場合も、完了したものとして当該特定保健指導（動機付け支援相当）の終了者数に含める（集計情報ファイルと併せて提出する特定保健指導情報ファイルの「保健指導情報」においては、「実績評価ができない場合の確認回数」欄に回数が記録されており、「実績評価時の体重」欄等評価結果を記録する欄には値等がないものの、実績評価以外の必要項目は全て記録されている必要がある。詳細は第３の三の５の(2)を参照のこと）。

(9)　特定保健指導開始後に、服薬確認により特定保健指導（積極的支援）対象者から除外した者の数

「特定保健指導開始後に、服薬確認により特定保健指導（積極的支援）対象者から除外した者の数」については、別紙の特定保健指導情報ファイル中「保健指導情報」の「保健指導区分」欄に「１：積極的支援」と記録される者のうち、「保健指導後　服薬１（血圧）」欄、「保健指導後　服薬２（血糖）」欄又は「保健指導後　服薬３（脂質）」欄の少なくとも１つに、「１：保健指導以後に服薬開始を確認」が記録されている者の数を合算して得た数とする。

⑽　特定保健指導開始後に、服薬確認により特定保健指導（動機付け支援相当）対象者から除外した者の数

「特定保健指導開始後に、服薬確認により特定保健指導（動機付け支援相当）対象者から除外した者の数」については、別紙の特定保健指導情報ファイル中「保健指導情報」の「保健指導区分」欄に「３：動機付け支援相当」と記録される者のうち、「保健指導後　服薬１（血圧）」欄、「保健指導後　服薬２（血糖）」欄又は「保健指導後　服薬３（脂質）」欄の少なくとも１つに、「１：保健指導以後に服薬開始を確認」が記録されている者の数を合算して得た数とする。

⑾　特定保健指導（積極的支援レベル）の終了者の割合

「特定保健指導（積極的支援）の終了者の割合」については、⑺の「特定保健指導（積極的支援）の終了者数」に⑻の「特定保健指導（動機付け支援相当）の終了者数」を加えたものを、⑴の「特定保健指導（積極的支援レベル）の対象者数」から⑼「特定保健指導開始後に、服薬確認により特定保健指導（積極的支援）対象者から除外した者の数」及び⑽「特定保健指導開始後に、服薬確認により特定保健指導（動機付け支援相当）対象者から除外した者の数」を減じた数で除し、100 を乗じて算出した値とする。

⑿　特定保健指導（動機付け支援レベル）の対象者数

「特定保健指導（動機付け支援レベル）の対象者数」については、１の⑹の「評価対象者数」のうち、実施基準第７条第２項各号に該当する動機付け支援対象者数（特定健診情報ファイル中「健診結果・質問票情報」における「保健指導レベル」欄に「２：動機付け支援」と記録される者の数から、「保険者再確認　服薬１（血圧）」欄、「保険者再確認　服薬２（血糖）」欄又は「保険者再確認　服薬３（脂質）」欄の少なくとも１つに「１：質問票の記載違い（服薬中）を確認」又は「２：健診以後に服薬開始を確認」と記載された者の数を減じて得られた数）とする。

なお、空腹時血糖とヘモグロビン A1c の両方を測定している場合は空腹時血糖の結果を、腹囲と内臓脂肪面積の両方を測定している場合は内臓脂肪面積の結果を、それぞれ優先的に用いて対象者か否かを判定する。

⒀　特定保健指導（動機付け支援レベル）の対象者の割合

「特定保健指導（動機付け支援レベル）の対象者の割合」については、⑿の「特定保健指導（動機付け支援レベル）の対象者数」を１の⑹の「評価対象者数」で除し、100 を乗じて算出した値とする。

⒁　特定保健指導開始前に、服薬確認により特定保健指導（動機付け支援レベル）の対象者から除外した者の数

「特定保健指導開始前に、服薬確認により特定保健指導（動機付け支援レベル）の対象者から除外した者の数」については、１の⑹の「評価対象者数」に含まれる者の

うち、実施基準第７条第２項各号に該当する者であって、実施基準第４条第１項の高血圧症、脂質異常症又は糖尿病の治療に係る薬剤を服用しているものの数とする。

別紙の特定健診情報ファイル中「健診結果・質問票情報」を用いて、別途、上記要件に合致し、かつ「服薬１（血圧）」欄、「服薬２（血糖）」欄又は「服薬３（脂質）」欄の少なくとも１つに「１：はい」と記録された者、または「保険者再確認　服薬１（血圧）」欄、「保険者再確認　服薬２（血糖）」欄又は「保険者再確認　服薬３（脂質）」欄の少なくとも１つに「１：質問票の記載違い（服薬中）を確認」又は「２：健診以後に服薬開始を確認」と記載された者の数とする。

⒂　特定保健指導（動機付け支援）の利用者数

「特定保健指導（動機付け支援）の利用者数」については、⑿の「特定保健指導（動機付け支援レベル）の対象者数」のうち、少なくとも初回の面接は実施した者の数とする。

⒃　特定保健指導（動機付け支援レベル）の利用者の割合

「特定保健指導（動機付け支援レベル）の利用者の割合」については、⒂の「特定保健指導（動機付け支援）の利用者数」を⑿の「特定保健指導（動機付け支援レベル）の対象者数」で除し、100 を乗じて算出した値とする。

⒄　特定保健指導（動機付け支援）の終了者数

「特定保健指導（動機付け支援）の終了者数」については、⑿の「特定保健指導（動機付け支援レベル）の対象者数」のうち、実施基準第７条第１項及び特定保健指導の実施方法告示第１に規定された内容及び方法等により動機付け支援を実施し終えた（実績評価まで完了した）者の数とする。

なお、特定保健指導の完了時に行われる、実施基準第７条第１項第３号に規定する実績評価が、度重なる確認作業にもかかわらず、利用者（動機付け支援対象者）からの返答がないために実施できず、確認作業の回数のみを記録して打ち切った場合も、完了したものとして終了者に含める（集計情報ファイルと併せて提出する特定保健指導情報ファイルの「保健指導情報」においては、「実績評価ができない場合の確認回数」欄に回数が記録されており、「実績評価時の体重」欄等評価結果を記録する欄には値等がないものの、実績評価以外の必要項目は全て記録されている必要がある。詳細は第３の三の５の⑵を参照のこと）。

⒅　特定保健指導開始後に、服薬確認により特定保健指導（動機付け支援）対象者から除外した者の数

「特定保健指導開始後に、服薬確認により特定保健指導（動機付け支援）対象者から除外した者の数」については、別紙の特定保健指導情報ファイル中「保健指導情報」の「保健指導区分」欄に「２：動機付け支援」と記録される者のうち、「保健指導後　服薬１（血圧）」欄、「保健指導後　服薬２（血糖）」欄又は「保健指導後　服薬３（脂質）」欄の少なくとも１つに「１：保健指導以後に服薬開始を確認」が記録されてい

る者の数を合算して得た数とする。

(19) 特定保健指導（動機付け支援）の終了者の割合

「特定保健指導（動機付け支援）の終了者の割合」については、(17)の「特定保健指導（動機付け支援）の終了者数」を、(12)の「特定保健指導（動機付け支援レベル）の対象者数」から(18)「特定保健指導開始後に、服薬確認により特定保健指導（動機付け支援）対象者から除外した者の数」を減じた数で除し、100 を乗じて算出した値とする。

(20) 特定保健指導の対象者数（小計）

「特定保健指導の対象者数（小計）」については、(1)の「特定保健指導（積極的支援レベル）の対象者数」に(12)の「特定保健指導（動機付け支援レベル）の対象者数」を加えた値から、(9)「特定保健指導開始後に、服薬確認により特定保健指導（積極的支援）対象者から除外した者の数」、(10)「特定保健指導開始後に、服薬確認により特定保健指導（動機付け支援相当）対象者から除外した者の数」及び(18)「特定保健指導開始後に、服薬確認により特定保健指導（動機付け支援）対象者から除外した者の数」を減じて算出した数とする。

(21) 特定保健指導の終了者数（小計）

「特定保健指導の終了者数（小計）」については、(7)の「特定保健指導（積極的支援）の終了者数」、(8)の「特定保健指導（動機付け支援相当）の終了者数」及び(17)の「特定保健指導（動機付け支援）の終了者数」の合計とする。

(22) 特定保健指導の終了者（小計）の割合

「特定保健指導の終了者（小計）の割合」については、(21)の「特定保健指導の終了者数（小計）」を(20)の「特定保健指導の対象者数（小計）」で除し、100 を乗じて算出した値とする。

8 特定保健指導の実績評価情報に関する事項

(1) 特定保健指導（積極的支援）終了者の腹囲２cm・体重２kg 減達成者数

「特定保健指導（積極的支援）終了者の腹囲２cm・体重２kg 減達成者数」については、７の(7)の「特定保健指導（積極的支援）の終了者数」のうち、別紙の特定保健指導情報ファイル中「保健指導情報」の「実績評価時の腹囲・体重の改善」欄に「２：２cm・２kg」と記録されている者の数とする。

(2) 特定保健指導（積極的支援）終了者の腹囲２cm・体重２kg 減達成割合

「特定保健指導（積極的支援）終了者の腹囲２cm・体重２kg 減達成割合」については、(1)の「特定保健指導（積極的支援）終了者の腹囲２cm・体重２kg 減達成者数」を７の(7)の「特定保健指導（積極的支援）の終了者数」で除し、100 を乗じて算出した値とする。

(3) 特定保健指導（積極的支援）終了者の腹囲１cm・体重１kg 減達成者数

「特定保健指導（積極的支援）終了者の腹囲１cm・体重１kg 減達成者数」については、７の(7)の「特定保健指導（積極的支援）の終了者数」のうち、別紙の特定保健指導情報ファイル中「保健指導情報」の「実績評価時の腹囲・体重の改善」欄に「１：１cm・１kg」と記録されている者の数とする。

(4) 特定保健指導（積極的支援）終了者の腹囲１cm・体重１kg 減達成割合

「特定保健指導（積極的支援）終了者の腹囲１cm・体重１kg 減達成割合」については、(3)の「特定保健指導（積極的支援）終了者の腹囲１cm・体重１kg 減達成者数」を７の(7)の「特定保健指導（積極的支援）の終了者数」で除し、100 を乗じて算出した値とする。

(5) 特定保健指導（積極的支援）終了者の生活習慣の改善（食習慣）者数

「特定保健指導（積極的支援）終了者の生活習慣の改善（食習慣）者数」については、７の(7)の「特定保健指導（積極的支援）の終了者数」のうち、別紙の特定保健指導情報ファイル中「保健指導情報」の「実績評価時の生活習慣の改善（食習慣）」欄に「１：達成」と記録されている者の数とする。

(6) 特定保健指導（積極的支援）終了者の生活習慣の改善（食習慣）割合

「特定保健指導（積極的支援）終了者の生活習慣の改善（食習慣）割合」については、(5)の「特定保健指導（積極的支援）終了者の生活習慣の改善（食習慣）者数」を７の(7)の「特定保健指導（積極的支援）の終了者数」で除し、100 を乗じて算出した値とする。

(7) 特定保健指導（積極的支援）終了者の生活習慣の改善（運動習慣）者数

「特定保健指導（積極的支援）終了者の生活習慣の改善（運動習慣）者数」については、７の(7)の「特定保健指導（積極的支援）の終了者数」のうち、別紙の特定保健指導情報ファイル中「保健指導情報」の「実績評価時の生活習慣の改善（運動習慣）」欄に「１：達成」と記録されている者の数とする。

(8) 特定保健指導（積極的支援）終了者の生活習慣の改善（運動習慣）割合

「特定保健指導（積極的支援）終了者の生活習慣の改善（運動習慣）割合」については、(7)の「特定保健指導（積極的支援）終了者の生活習慣の改善（運動習慣）者数」を７の(7)の「特定保健指導（積極的支援）の終了者数」で除し、100 を乗じて算出した値とする。

(9) 特定保健指導（積極的支援）終了者の生活習慣の改善（喫煙習慣）者数

「特定保健指導（積極的支援）終了者の生活習慣の改善（喫煙習慣）者数」については、７の(7)の「特定保健指導（積極的支援）の終了者数」のうち、別紙の特定保健指導情報ファイル中「保健指導情報」の「実績評価時の生活習慣の改善（喫煙習慣）」欄に「1：禁煙達成」と記録されている者の数とする。

⑽　特定保健指導（積極的支援）終了者の生活習慣の改善（喫煙習慣）割合
「特定保健指導（積極的支援）終了者の生活習慣の改善（喫煙習慣）割合」については、⑼の「特定保健指導（積極的支援）終了者の生活習慣の改善（喫煙習慣）者数」を７の⑺の「特定保健指導（積極的支援）の終了者数」で除し、100を乗じて算出した値とする。

⑾　特定保健指導（積極的支援）終了者の生活習慣の改善（休養習慣）者数
「特定保健指導（積極的支援）終了者の生活習慣の改善（休養習慣）者数」については、７の⑺の「特定保健指導（積極的支援）の終了者数」のうち、別紙の特定保健指導情報ファイル中「保健指導情報」の「実績評価時の生活習慣の改善（休養習慣）」欄に「1：達成」と記録されている者の数とする。

⑿　特定保健指導（積極的支援）終了者の生活習慣の改善（休養習慣）割合
「特定保健指導（積極的支援）終了者の生活習慣の改善（休養習慣）割合」については、⑾の「特定保健指導（積極的支援）終了者の生活習慣の改善（休養習慣）者数」を７の⑺の「特定保健指導（積極的支援）の終了者数」で除し、100を乗じて算出した値とする。

⒀　特定保健指導（積極的支援）終了者の生活習慣の改善（その他の生活習慣）者数
「特定保健指導（積極的支援）終了者の生活習慣の改善（その他の生活習慣）者数」については、７の⑺の「特定保健指導（積極的支援）の終了者数」のうち、別紙の特定保健指導情報ファイル中「保健指導情報」の「実績評価時の生活習慣の改善（その他の生活習慣）」欄に「1：達成」と記録されている者の数とする。

⒁　特定保健指導（積極的支援）終了者の生活習慣の改善（その他の生活習慣）割合
「特定保健指導（積極的支援）終了者の生活習慣の改善（その他の生活習慣）割合」については、⒀の「特定保健指導（積極的支援）終了者の生活習慣の改善（その他の生活習慣）者数」を７の⑺の「特定保健指導（積極的支援）の終了者数」で除し、100を乗じて算出した値とする。

三　その他
1　年度を超えて実施された特定保健指導の結果の取扱い
報告対象年度の報告期限までに特定保健指導が完了しなかったものの、その後完了した者を翌年度の報告に含める場合、当該者が報告対象年度の翌年度の特定保健指導も利用し終了していたとしても、併せて報告することはできない（同一年度における報告において複数の報告は認められないので、報告対象年度の終了結果か、翌年度の終了結果のいずれかを選択し報告する）ことに注意されたい。そのため、特定保健指導の実施スケジュールにおいて、できる限り実施年度を大幅に超えない（あるいは報告期限を超えない）よう工夫されることが望ましい。

以上を踏まえた上で、報告対象年度の特定保健指導の結果を翌年度の報告に含める場合は、二の７の各項は以下のように取扱うこととする。
⑴　報告対象年度の報告においては、翌年度の報告に含める結果についても二の７の各項の集計対象とする（対象者・利用者には含まれるが、報告時点では未完了であるため終了者には含まれない）。

⑵　⑴により報告対象年度における二の１の⑹の「評価対象者数」、二の７の⑴の「特定保健指導（積極的支援レベル）の対象者数」等に算入する（含める）ことから、翌年度の報告においては、次のアからオまでに示す５項目のみに算入し、これら以外は集計対象外とする（除く）。
ア　二の７の⑺の「特定保健指導（積極的支援）の終了者数」
イ　二の７の⑻の「特定保健指導（動機付け支援相当）の終了者数」
ウ　二の７の⑼の「特定保健指導（積極的支援レベル）の終了者の割合」
エ　二の７の⒂の「特定保健指導（動機付け支援）の終了者数」
オ　二の７の⒃の「特定保健指導（動機付け支援）の終了者の割合」

第３　特定健康診査等の実施及びその成果に関する事項
一　特定健診・特定保健指導情報の交換用基本情報ファイル
1　送付先機関
送付先は支払基金であることから、この欄には支払基金が代行機関として保有する番号「94899010」を記入する。

2　提出するアーカイブの分割
特定健康診査等の実施者数が多数となるために、提出するファイルが多数となり、ファイルを作成する機器の能力等から提出様式の作成において１つのアーカイブにまとめることが困難な場合、複数のアーカイブに分けて提出する。
この場合を想定し、総ファイル数や総アーカイブ数等の項目を設けており、特にアーカイブが複数となる場合は、これらの項目に必要な数値を記録することとする。
なお、アーカイブが複数となる場合、交換用基本情報ファイルはアーカイブの数だけ必要となるが、集計情報ファイルは主として報告する全ての特定健診情報ファイル・特定保健指導情報ファイルから集計するものであることから、アーカイブごとに作成するのではなく、複数に分割し作成した最後のアーカイブに含めるものとする。

二　特定健診情報ファイル
1　特定健診受診情報
⑴　報告区分
特定健診情報の交換用基本情報ファイルにおける実施区分においては３（国への実績報告（匿名化済））を記録するが、ここでは原則として10（特定健診）を記録する。

なお、他の健康診断に関する記録の写しを受領しこれを提出する場合は、10 ではなく 40（他の健診結果の受領分）を記録する（対象者一人ひとり 10 か 40 を判断）。他の健康診断に関する記録の写しでは特定健康診査の項目の全部を行ったものとはならず不足する項目を保険者等により別途追加実施し補った場合においても 40 とする。

(2) 実施年月日

原則は 1 日で実施するべきであることから、その実施日が記録されることとなるが、他の健康診断に関する記録の写しを受領し、不足する項目を追加実施せざるを得ない等複数回に分けて実施せざるを得なかった場合は、必要な項目が全て揃った日（複数回の最終回の日）を記録する。

また、実施年度に複数回受診した場合（労働安全衛生法（昭和 47 年法律第 57 号）による特定業務従事者等）は、階層化の結果により特定保健指導を実施すると判断した回の健診結果を報告対象とし、その実施年月日を記録する。

(3) 健診プログラムサービスコード

特定健康診査がどの実施形態（労働安全衛生法に基づく健診等）によるものかを明らかにするため、健診プログラムサービスコードを記録する。

保険者が委託により特定健康診査を実施している場合は、保険者が委託契約時に指定したコードを特定健診実施機関において設定することも可。（保険者が実施機関からの報告を確認し、誤っていた場合には適切な値に更新することも可。）

2 特定健診機関情報

(1) 特定健診機関番号

保険者が委託により特定健康診査を実施している場合は、その委託先から保険者がその結果を受領する際に各機関が支払基金から付番されている機関番号が記録されているので、そのまま提出することとなる。

また、保険者自身で特定健康診査を実施した場合は、それを示す番号「5521111111」を記録する。

なお、他の健康診断に関する記録の写しや、償還払いにより加入者から受領する他の健康診断に関する記録の写しは、以下のように記録する。

ア 実施した機関が特定健康診査等の受託機関として機関番号を保有している場合はその番号を記録。

イ 実施した機関が機関番号を保有していない場合は、実施機関が保険医療機関であれば保険医療機関番号を記録し、保険医療機関でなければ（あるいは保険医療機関か否かが不明ならば）他の健康診断の実施機関としての共通番号「6631111116」を記録。

(2) 名称

保険者が委託により特定健康診査を実施している場合は、その委託先から保険者がその結果を受領する際に各機関が支払基金に届け出ている機関名が記録されているの

で、そのまま提出することとなる。

また、保険者自身で特定健康診査を実施した場合は、当該保険者名を記録する。

なお、他の健康診断に関する記録の写しや、償還払いにより加入者から受領する特定健康診査に関する記録は、次のア及びイのように記録する。

ア 実施した機関が特定健康診査等の受託機関として機関番号を保有している場合は、当該機関が支払基金に届け出ている機関名を記録する。

イ 実施した機関が機関番号を保有していない場合は、受領した記録にある機関名を記録する。

3 受診者情報

(1) 保険者番号

(2) 被保険者証等記号

(3) 被保険者証等番号

(4) 枝番

(5) 氏名

対象者の保険者番号、被保険者証等記号、被保険者証等番号、枝番及び氏名を記録する。

(6) 生年月日

登録された者が特定健康診査の対象となる年齢であるかの確認等のために記録する。

(7) 男女区分

別表 3 参照。

(8) 資格区分

対象者の強制加入被保険者若しくは強制加入被保険者の被扶養者、任意継続被保険者若しくは任意継続被保険者の被扶養者、特例退職被保険者若しくは特例退職被保険者の被扶養者又は国民健康保険の被保険者の別を明らかにするため、特定健康診査を受診した時点における資格区分を記録する。

(9) 郵便番号

(10) 住所

対象者の住所地（原則は、特定健康診査を受診した時点での住所地となる）の住所及び郵便番号を記録する。

保険者が委託により特定健康診査を実施している場合は、その委託先機関から保険者がその結果を受領する際に、各機関において受診者の住所や郵便番号が記録されているので、そのまま提出することとなる。

保険者自身で特定健康診査を実施した場合や、償還払いにより加入者から特定健康診査に関する記録の写しを受領する場合、あるいは他の健康診断に関する記録の写しを受領する場合は、保険者において管理している加入者の住所情報（毎年の提出

時までに住所管理を終えること）を用いるか、あるいは受診者本人から収集し記録する。

4　受診券情報

特定健診情報ファイルと特定保健指導情報ファイルを受診者（利用者）で紐付けするために受診券整理番号の欄を設けている。

保険者が委託により特定健康診査を実施し、集合契約等により受診券を発券している場合は、その委託先から保険者がその結果を受領する際に各機関にてその番号を記録されていることから、そのまま提出することとなる。

受診券が発券されていない場合（保険者自身で特定健康診査を実施した場合や、償還払いにより加入者から特定健康診査に関する記録の写しを受領する場合、あるいは他の健康診断に関する記録の写しを受領する場合等）は、新たに付番（受診券番号の発番ルールに基づき空き番号を付番）して記録するか、付番せず空欄とする。

5　健診結果・質問票情報

(1)　腹囲

測定を医師が省略する場合、あるいは自ら測定し申告する場合は、省略基準告示の規定に従うこと。

ア　BMI が 20 未満で医師が必要ないと認めた場合は、腹囲の測定結果は入っていなくともよい（「BMI」欄に 20 未満の値が記録されている場合に限り、腹囲の欄に結果が記録されていない場合があってもよい）。

イ　BMI が 22 未満の受診者が、事前に測定してきた値を腹囲測定の担当者に申告する場合は、「腹囲（自己申告）」欄にその値が記録されていること（「腹囲（自己申告）」欄に値が記録されているのは、「BMI」欄に 22 未満の値が記録されている場合に限る）。

ウ　実施基準第１条第３項の規定に基づく内臓脂肪の面積の測定を行った場合は腹囲の検査を行ったものとみなすが、同時に腹囲も測定している場合は、それぞれの結果がそれぞれの欄に記録されていて差し支えない。

(2)　採血時間（食後）

「空腹時血糖」及び「空腹時中性脂肪（トリグリセリド）」の結果が記録されている場合は、この欄には「２：食後 10 時間以上」と記録されている必要がある。

なお、「随時血糖」の結果が記録されている場合は、この欄には「３：食後 3.5 時間以上 10 時間未満」と記録されている必要があり、「随時中性脂肪（トリグリセリド）」の結果が記録されている場合は、この欄には「3：食後3.5時間以上10時間未満」または「4：食後3.5時間未満」と記録されている必要がある。

(3)　尿検査

第２の二の１の(4)のエに示したように、生理中の女性や、腎疾患等の基礎疾患があるため排尿障害を有している者に限り、検査実施を断念した場合は、「測定不可能・検査未実施の理由」欄に省略せざるを得なかった理由が記録されている必要がある。

(4)　貧血検査・心電図検査・眼底検査・血清クレアチニン検査

特定健康診査及び特定保健指導の実施に関する基準第一条第一項第十号の規定に基づき厚生労働大臣が定める項目及び基準（平成 20 年厚生労働省告示第４号）の規定に従って、医師が必要と判断した場合のみ実施されることから、上記の規定に基づき実施された場合は、必ず実施理由欄へ記録がなければならない。心電図検査、眼底検査又は血清クレアチニン検査については、更に、「心電図検査（対象者）」欄に「１：検査結果による心電図検査対象者」又は「２：不整脈による心電図検査対象者」と、「眼底検査（対象者）」欄に「１：検査結果による眼底検査対象者」と、「血清クレアチニン検査（対象者）」欄に「１：検査結果による血清クレアチニン検査対象者」と記録がなければならない。

なお、他の健康診断に関する記録の写しを受領しこれを提出する場合、貧血検査・心電図等は理由の必要なく実施される場合があることから、この場合（特定健診情報ファイルの「実施区分」欄に「４：他の健診結果の受領分」と記録されている場合）及び「心電図検査（対象者）」、「眼底検査（対象者）」又は「血清クレアチニン検査（対象者）」欄に詳細な健診以外で実施したコードである「0（ゼロ）」が記録されている場合は、実施理由欄に記録がなくても差し支えない。

(5)　メタボリックシンドローム判定

保険者が委託により特定健康診査を実施している場合は、その委託先から保険者がその結果を受領する際に各機関にて記録されていることから、そのまま提出することとなる（万が一、委託により実施しているにもかかわらず委託先の各機関において記録されない場合や記録されていても誤っている場合は、委託先に補正させることとなるが、報告期限に間に合わない等特段の事情がある場合は、保険者にて追記することも考えられる）。また、保険者自身で特定健康診査を実施している場合は、保険者にて記録し提出することとなる。

具体的には、第２の二の２の(1)及び(3)に示した定義により「１：基準該当」、「２：予備群該当」等が記録されることとなる。なお、省略基準告示の規定に従い、腹囲の測定を医師が省略したために結果が記録されていない場合（「BMI」欄に 20 未満の値が記録されており、かつ腹囲の欄に結果が記録されていない場合）は、「４：判定不能」と記録されることとなる。

(6)　保健指導レベル

保険者が委託により特定健康診査を実施している場合は、その委託先から保険者がその結果を受領する際に各機関にて記録されていることから、そのまま提出することとなる（万が一、委託により実施しているにもかかわらず委託先の各機関において記録されない場合や記録されていても誤っている場合は、委託先に補正させることとなるが、報告期限に間に合わない等特段の事情がある場合は、保険者にて追記することも考えられる）。また、保険者自身で特定健康診査を実施している場合は、保険者にて記録し提出することとなる。

具体的には、第２の二の７の(1)及び(12)に示した定義により「１：積極的支援」、「２：動機付け支援」等が記録されることとなる。なお、省略基準告示の規定に従い、腹囲の測定を医師が省略したために結果が記録されていない場合（「BMI」欄に 20 未満の値が記録されており、かつ腹囲の欄に結果が記録されていない場合）は、「３：なし（情報提供）」もしくは「４：判定不能」と記録されることとなる。

(7) 検査方法

同じ検査項目であっても検査方法により結果を記録する欄が異なるが、他の健康診断に関する記録の写しを受領した場合は、検査方法が不明な場合もありうる。この時、保険者にて検査方法を確認し記録の補正等を行う必要が生じるが、それが困難な場合に限り、「その他」の欄に記録する。

三 特定保健指導情報ファイル

1 特定保健指導利用情報

(1) 報告区分

特定健診情報の交換用基本情報ファイルにおける実施区分においては３（国への実績報告）を記録するが、ここでは原則として２（特定保健指導）を記録する。

なお、特定健診情報ファイルとは異なり、40（他の健診結果の受領分）を記録する場合はない（事業者が保険者の代わりに保健指導を実施した場合であっても、それは保険者から事業者への委託と整理される）。

(2) 実施年月日

特定保健指導は約３ヶ月の間に、複数回にわたって実施されることから、終了日（必要な指導が完了した日、もしくは途中で終了が確定した日）を記録する。

2 特定保健指導機関情報

(1) 特定保健指導機関番号

保険者が委託により特定保健指導を実施している場合は、その委託先から保険者がその結果を受領する際に各機関が支払基金から付番されている機関番号が記録されているので、そのまま提出することとなる。

また、保険者自身で特定保健指導を実施した場合は、それを示す番号「5521111111」を記録する。

なお、償還払いにより加入者から受領する特定保健指導に関する記録であっても、実施基準や実施通知等に沿った実施が求められるため、通常は特定保健指導の実施機関として機関番号を保有しているはずであることから、原則としてそれを記録する。ただし、極めて例外的に機関番号を保有していない場合は、実施機関が保険医療機関であれば保険医療機関番号を記録し、保険医療機関でなければ（あるいは保険医療機関か否かが不明ならば）他の健診の実施機関としての共通番号「6631111116」を記録する。

(2) 名称

二の２の(2)の「名称」と同様の記載とする。

3 利用者情報

(1) 保険者番号

(2) 被保険者証等記号

(3) 被保険者証等番号

(4) 枝番

(5) 氏名

(6) 生年月日

(7) 男女区分

(8) 資格区分

二の３における各項目と同様の記載とする。

(9) 郵便番号

以下のいずれかの方法により、対象者の住所地の郵便番号を記録する。なお、ほぼ一度で完了する特定健康診査と異なり、特定保健指導は実施期間が約３ヶ月に及ぶことから、その間に利用者が転居しても利用を継続した場合は、転居後の郵便番号が管理されている場合はそれを記録し、管理されていない場合は指導開始時（転居前）の郵便番号でも可とする。

ア 保険者が委託により特定保健指導を実施しており、かつ委託先の保健指導機関が利用者とのやり取りの都合上、住所等を管理している場合は、当該機関から保険者がその結果を受領する際に、各機関において受診者の住所や郵便番号が記録されているので、そのまま提出することとなる。

イ 委託先機関が利用者の住所等を管理していない場合や、保険者自身で特定保健指導を実施した場合は、次のいずれかの方法で記録する。

① 特定健康診査の結果に記録されている郵便番号を使用

② 保険者において管理している加入者の住所情報（毎年の提出時までに住所管理を終えること）を用いるか、あるいは受診者本人から収集し記録

4 利用券情報

(1) 利用券整理番号

保険者が委託により特定保健指導を実施し、集合契約等により利用券を発券している場合は、その委託先から保険者がその結果を受領する際に各機関にてその番号を記録されているので、そのまま提出することとなる。

利用券が発券されていない場合（保険者自身で特定保健指導を実施した場合や、償還払いにより加入者から特定保健指導に関する記録を受領する場合等）は、利用券の発番ルールに基づき、年度番号「２桁」（特定保健指導の基になった特定健康診査の実施年度を記載する。）及び種別「１桁」を付番し、個人番号「８桁」については、固定

値「00000000」を埋めることとする。

なお、特定健康診査当日に特定保健指導の初回の面接を実施する集合契約の場合は、受診券が利用券も兼ねる（セット券）こととなる。セット券を発券し、かつ、特定健康診査当日に特定保健指導の初回の面接を実施した場合は、二の４に示した「受診券整理番号」を記録する。

(2) 特定健診受診券整理番号

特定健診情報ファイルと特定保健指導情報ファイルを受診者（利用者）で紐付けするためにこの欄を設けている。

5 保健指導情報

(1) 継続的な支援に関する項目

積極的支援（動機付け支援相当は情報を入手した場合）の利用者のみ該当する項目に記録し、動機付け支援の利用者は記録する必要はない。

(2) 実績評価に関する項目

通常は実績評価まで完了するので、必要な項目については全て記録可能であることから、その場合の「実績評価ができない場合の確認回数」欄は、確認作業の必要なく実績評価が行えた場合は０を記録するか、この欄を作成しない（XML による記述方法としては要素を出現させない）こととする。

度重なる確認作業にもかかわらず、利用者からの返答がないために実績評価が実施できずに打ち切った者の記録を終了者扱いとして提出するためには、以下に示すように記録されている必要がある。

ア 「実績評価時の体重」等実績評価の結果に関する欄には記録できないものの、実績評価に係る項目（別紙の特定保健指導情報ファイル中「保健指導情報」の番号 1601 から 1615 までの項目）以外の必要項目（別紙の特定保健指導情報ファイル中「保健指導情報」を参照のこと）は全て記録されていること。

イ 「実績評価の実施日付」、「実績評価の支援形態又は確認方法」、「実績評価の実施者」及び「実績評価ができない場合の確認回数」の各欄には必ず記録されていること。

① 「実績評価の実施日付」欄には、確認作業を開始した日付、もしくは打ち切り前の最終の確認作業を行った日付が記録されていること。ただし、いずれの日付の場合も「初回面接の実施日付」欄に記録されている日付から３ヶ月以降の日付となっている必要があることに注意されたい。

② 「実績評価の実施者」欄には、実績評価を実施するべく度重なる確認を行った者が選択されていること。

③ 「実績評価ができない場合の確認回数」欄には、打ち切りまでの確認作業を実施した回数が記録されていること。

6 その他

提出する特定保健指導情報ファイルは、特定保健指導の利用者の記録とする（第２の

二の７の(7)、(8)及び(19)に示す終了者の記録のみではなく、第２の二の７の(4)、(5)及び(15)に示す利用者の記録とする）。

以上

別紙１

保険者から社会保険診療報酬支払基金への実績報告のためのファイルイメージ

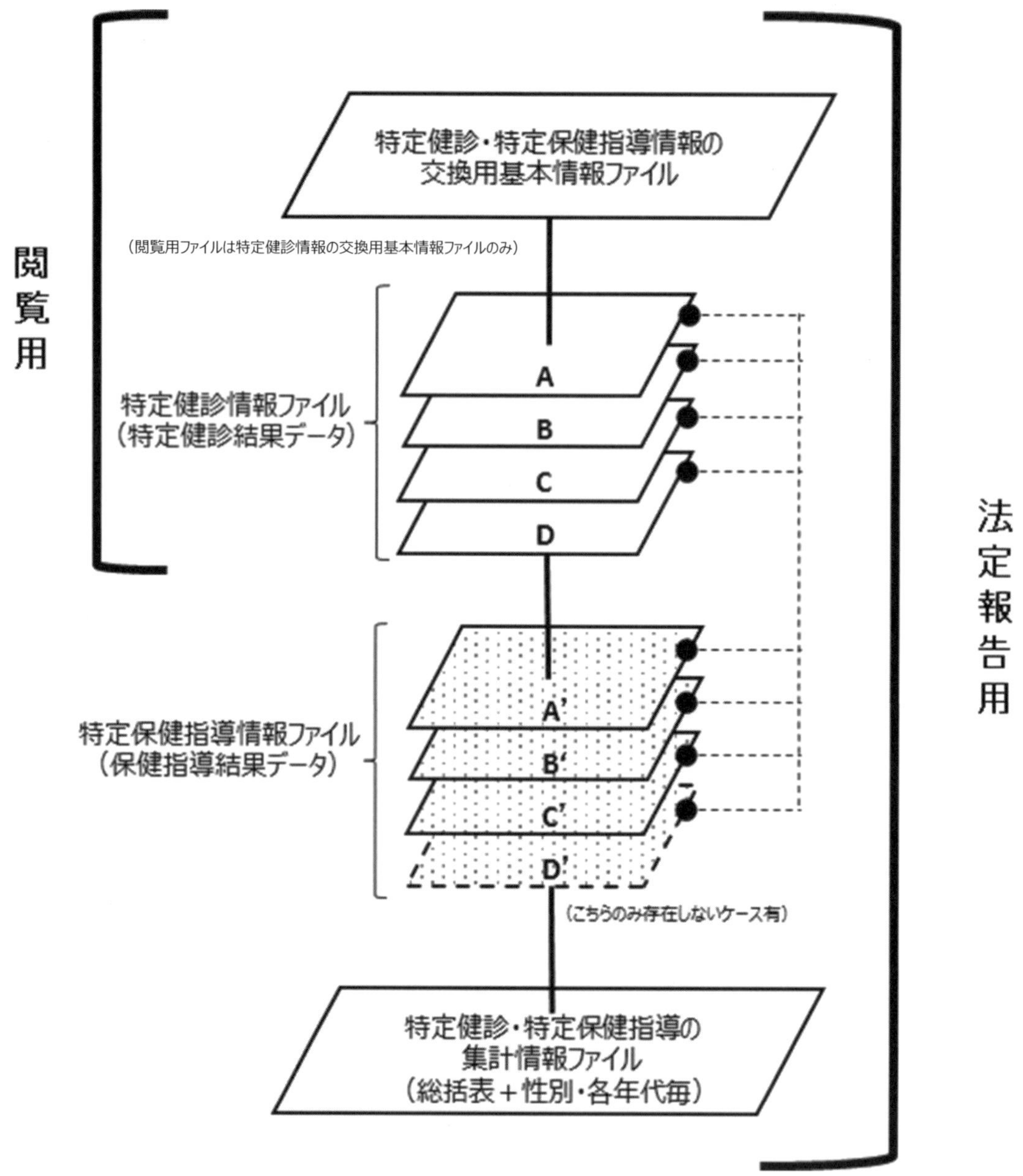

別紙２

保険者から社会保険診療報酬支払基金への実績報告のためのファイル仕様

1　特定健診・特定保健指導情報の交換用基本情報ファイル(1送信あたり1ファイル。)

ファイルの記録内容	フィールド名称	モード	最大バイト	データ形式	記録内容	備考
特定健診・特定保健指導の交換用情報	種別	数字	2	固定	保険者から国への実績報告：「10」を記録	別表1参照
	送付元機関	数字	10	可変	提出する保険者の番号を記録	
	送付先機関	数字	10	可変	社会保険診療報酬支払基金：「94899010」を記録	
	作成年月日	数字	8	固定	ファイルの作成年月日(西暦)を記録	
	実施区分	数字	1	固定	国への実績報告（匿名化前）：「5」を記録	別表2参照
	総ファイル数	数字	8	可変	特定健診・特定保健指導情報ファイルを作成した総ファイル数を記録	
	このアーカイブのファイル数	数字	6	可変	アーカイブしたファイル内にある特定健診・特定保健指導情報ファイル数を記録	
	総アーカイブ数	数字	2	可変	アーカイブした総ファイル数を記録	
	アーカイブ番号	数字	2	可変	このアーカイブファイルの番号を記録	

2　特定健診情報ファイル(1健診結果あたり1ファイル。1送信あたり複数ファイル。)

ファイルの記録内容		フィールド名称	モード	最大バイト	データ形式	解説	備考
特定健診情報	特定健診受診情報	報告区分	数字	2	固定	実施区分（1桁）＋「0」 特定健診：「10」、他の健診結果の受領分：「40」、他の健診の不足項目を実施：「40」を記録	報告区分：別表9参照 実施区分：別表2参照
		実施年月日	数字	8	固定	特定健診の実施年月日(西暦)を記録	(注1) XML標準様式の項目名称は「健診実施年月日」
		健診プログラムサービスコード	数字	3	固定	健診実施時の区分を記録	別表7参照 XML標準様式では「健診実施時のプログラム種別」とも示される
	特定健診機関情報	特定健診機関番号	数字	10	固定	特定健診機関番号を記録	
		名称	漢字	40	可変	特定健診機関名称を記録	
	受診者情報	整理用番号1	英数	64	固定		保険者での設定は不要 国への実績報告（匿名化済）を送付する時のみ使用
		整理用番号2	英数	64	固定		
		整理用番号3	英数	64	固定		
		整理用番号4	英数	64	固定		
		整理用番号5	英数	64	固定		
		整理用番号5チェックコード	英数	2	固定		
		保険者番号	数字	8	固定	特定健診の受診者が加入している保険者の保険者番号を記録	
		被保険者証等記号	漢字又は英数	40	可変	特定健診の受診者の被保険者証等記号を記録	
		被保険者証等番号	漢字又は英数	40	可変	特定健診の受診者の被保険者証等番号を記録	
		枝番	数字	2	固定	個人単位被保険者番号の枝番を記録	
		氏名	全角カタカナ	40	可変	特定健診の受診者氏名を記録	
		生年月日	数字	8	固定	特定健診の受診者の生年月日(西暦)を記録	
		男女区分	数字	1	固定	特定健診の受診者の性別を記録	別表3参照
		資格区分	数字	1	固定	特定健診の受診者の資格区分を記録	別表8参照
		郵便番号	英数	8	固定	受診券裏面に記入された受診者の郵便番号を記録	NNN-NNNN
		住所	漢字	80	可変	受診券裏面に記入された受診者の住所を記録	
	受診券情報	受診券整理番号	数字	11	固定	委託先もしくは保険者が付番した整理番号を記録	別表4-①参照
	特定健診の健診結果・問診結果情報(詳細な健診項目を含む) (抜粋) (注2)	項目コード	数字	17	可変	特定健診の項目コード(JLAC10・17桁コード)を記録	「健診結果・質問票情報」
		項目名	漢字又は英数	40	可変	特定健診の項目名を記録(省略可)	
		データ値	数字又は漢字	項目により可変	可変	特定健診のデータ値を記録	
		単位	漢字又は英数	項目により可変	可変	特定健診のデータ値の単位を記録(省略可)	

3　特定保健指導情報ファイル(1保健指導結果あたり1ファイル。1送信あたり複数ファイル。)

ファイルの記録内容		フィールド名称	モード	最大バイト	データ形式	解説	備考
特定保健指導情報	特定保健指導利用情報	報告区分	数字	2	固定	実施区分（1桁）＋保健指導実施時点コード（1桁） 特定保健指導：実施区分「2」を記録 特定保健指導：「21」～「25」を記録	報告区分：別表9参照 実施区分：別表2参照
		実施年月日	数字	8	固定	特定保健指導の実績評価時等の年月日(西暦)を記録	(注3) XML標準様式の項目名称は「保健指導実施年月日」
	特定保健指導機関情報	特定保健指導機関番号	数字	10	固定	特定保健指導機関番号を記録	
		名称	漢字	40	可変	特定保健指導機関名称を記録	
	利用者情報	整理用番号1	英数	64	固定		保険者での設定は不要 国への実績報告（匿名化済）を送付する時のみ使用
		整理用番号2	英数	64	固定		
		整理用番号3	英数	64	固定		
		整理用番号4	英数	64	固定		
		整理用番号5	英数	64	固定		
		整理用番号5チェックコード	英数	2	固定		
		保険者番号	数字	8	固定	特定保健指導の利用者が加入している保険者の保険者番号を記録	

		被保険者証等記号	漢字又は英数	40	可変	特定保健指導の利用者の被保険者証等記号を記録	
		被保険者証等番号	漢字又は英数	40	可変	特定保健指導の利用者の被保険者証等番号を記録	
		枝番	数字	2	固定	個人単位被保険者番号の枝番を記録	
		氏名	全角カタカナ	40	可変	特定保健指導の利用者氏名を記録	
		生年月日	数字	8	固定	特定保健指導の利用者の生年月日(西暦)を記録	
		男女区分	数字	1	固定	特定保健指導の利用者の性別を記録	別表3参照
		資格区分	数字	1	固定	特定保健指導の利用者の資格区分を記録	別表8参照
		郵便番号	英数	8	固定	特定保健指導の利用者の郵便番号を記録	NNN-NNNN(注4)
	利用券情報	利用券整理番号	数字	11	固定	委託先もしくは保険者が付番した整理番号を記録	別表4-②参照
		特定健診受診券整理番号	数字	11	固定	委託先もしくは保険者が付番した特定健診受診券整理番号を記録	別表4-①参照
	保健指導結果情報(抜粋)(注5)	保健指導区分	数字	1	固定	動機付け支援、積極的支援、動機付け支援相当の別等を記録	「保健指導情報」
		行動変容ステージ	数字	1	固定		
		初回面接の実施日付	数字	8	固定		

4　特定健診等の実施及びその成果の集計情報ファイル

別表6参照

(アーカイブが複数となる場合、アーカイブごとに作成するのではなく、複数に分割し作成した最後のアーカイブに含める)

注1　他の健診結果を受領し、不足した項目を別途実施等で複数回に分けて実施した場合は、必要な項目がすべて揃った年月日を記録する。
注2　「特定健診の健診結果・問診結果情報」欄は、別添の「健診結果・質問票情報」から一部抜粋した項目を列挙しているに過ぎず、実際は「健診結果・質問票情報」がデータとして挿入される(そのため、「結果識別」「データ基準(下限値・上限値)」「データ値コメント」の項目は上記表では省略)。
注3　保健指導が完了した日、もしくは途中で終了が確定した年月日を記録する。
注4　利用者の郵便番号は保健指導機関において指導に関するやり取り上管理していればそれを記録、管理していない場合は保険者にて健診結果データから追記。
注5　「保健指導結果情報」欄は、別添の「保健指導情報」から一部抜粋した項目を列挙しているに過ぎず、実際は「保健指導情報」がデータとして挿入される。
※　各ファイルはXML標準形式とする。本表は必須項目の一部を示したものであり、XML標準形式に生成するために必要な情報等については、本表にない詳細な技術的規格を掲載しているhttps://www.mhlw.go.jp/stf/seisakunitsuite/bunya/xml_30799.htmlを参照すること。

別表1　種別コード

コード名	コード	内容	備考
種別コード	1	特定健診機関又は特定保健指導機関から代行機関	請求
	2	代行機関から特定健診機関又は特定保健指導機関	返戻
	3	代行機関から保険者	請求
	4	保険者から代行機関(未決済データの場合)	返戻依頼
	5	保険者から代行機関(決済済データの場合)	過誤請求
	6	特定健診機関又は特定保健指導機関から保険者	代行機関を介しない場合
	7	保険者から特定健診機関又は特定保健指導機関	
	8	保険者から保険者	
	9	その他	
	10	保険者から国	実績報告
	11	代行機関から保険者へ確認依頼	確認依頼
	12	閲覧用	閲覧用特定健診結果
	13	予備	関係機関からの要望により設定
	14	予備	
	15	予備	
	16	予備	
	17	予備	
	18	予備	
	19	予備	
	20	予備	

別表2　実施区分コード

コード名	コード	内容	備考
実施区分コード	1	特定健診情報	
	2	特定保健指導情報	
	3	国への実績報告（匿名化済）	
	4	他の健診結果の受領分	事業者健診の結果を受領した場合
	5	国への実績報告（匿名化前）	
	6	予備	
	7	予備	
	8	予備	
	9	予備	

別表3　男女区分コード

コード名	コード	内容	備考
男女区分コード	1	男	
	2	女	

別表4

①　受診券整理番号設定ルール
年度番号「2桁」（西暦下2桁）　＋　種別「1桁」　＋　個人番号「8桁」

種別番号	種別	備考
1	特定健康診査	
5	特定健康診査＋特定保健指導	セット券

※　発行に当たっては、整理番号は連番とし、欠番は設定しない。
※　個人番号部分については、保険者の実情に応じて設定できる。
（発行場所が複数拠点の場合に、支所番号を先頭に付番する等。ただし、その場合でも連番での設定を遵守すること。）

②　利用券整理番号設定ルール
年度番号「2桁」（西暦下2桁）　＋　種別「1桁」　＋　個人番号「8桁」

種別番号	種別	備考
2	特定保健指導（積極的支援）	
3	特定保健指導（動機付け支援）	
4	特定保健指導（動機付け支援相当）	
5	特定健康診査＋特定保健指導	セット券

※　発行に当たっては、整理番号を連番とし、欠番は設定しない。
※　年度番号については、特定保健指導の基になった特定健康診査の実施年度を記載する。
※　個人番号部分については、保険者の実情に応じて設定できる。
（利用券を発券しない場合は、個人番号については固定値「00000000」を埋める。）

別表5　保健指導実施時点コード

コード名	コード	内容	備考
保健指導実施時点コード	1	開始時	
	2	実績評価時	集合契約の場合の最終決済時に記録
	3	途中終了時	被保険者資格喪失による利用停止・脱落等
	4	その他	個別契約の場合に記録（月次決済時、報告のみ等）1～3に該当しない場合
	5	初回未完了	初回面接を分割実施し、被保険者資格喪失による利用停止・脱落等により初回面接①のみとなった場合

別表7　健診プログラムサービスコード

コード名	コード	内容	備考
健診プログラムサービスコード	000	不明	
	010	特定健康診査	
	020	広域連合の保健事業	
	030	事業者健診（労働安全衛生法に基づく健診）	
	040	学校健診（学校保健法に基づく職員健診）	
	060	がん検診	
	090	肝炎検診	
	990	上記ではない健診（検診）	

別表8　資格区分コード

コード名	コード	内容	備考
資格区分コード	1	強制被保険者	健診は健診実施日、保健指導は初回面接実施日の資格を記録※　国保は提出を必須化しない。
	2	強制被扶養者	
	3	任意継続被保険者	
	4	任意継続被扶養者	
	5	特例退職被保険者	
	6	特例退職被扶養者	
	7	国保被保険者	

別表9　報告区分コード

コード名	コード	内容	備考
報告区分コード	10	特定健診情報	(注1)
	19	提出済み健診情報（閲覧用ファイル）の削除依頼	(注1)　(注２)
	21	特定保健指導情報（開始時）	(別表5のコード1に相当)
	22	特定保健指導情報（実績評価時＝集合契約の場合の最終決済時）	(別表5のコード2に相当)
	23	特定保健指導情報（途中終了時＝利用停止等）	(別表5のコード3に相当)
	24	特定保健指導情報（その他）	(別表5のコード4に相当)
	25	特定保健指導情報（初回未完了）	(別表5のコード5に相当)
	40	特定健診以外の健診結果を送付	(注1)
	41	事業者健診	
	42	自治体検診	
	43	乳幼児健診	
	44	妊婦健診	
	49	提出済み事業者健診等情報（閲覧用ファイル）の削除依頼	(注２)
	99	そのほか	

注1　送信側がXMLファイルを作成する時には、実施区分コード（別表2）1桁を10の位に設定し、１の位にはゼロを設定するものとする。
受信側がXMLファイルを受信して使用する場合には、報告区分2桁のうち10の位の1桁をとりだし、実施区分コード（別表2）として取得し使用する。ただし、特定健診情報ファイル（閲覧用）において提出済健診情報の削除依頼時は「19」を設定する。

注２　保険者からの閲覧用ファイルの削除依頼に使用。

別表6　特定健診等の実施及びその成果の集計情報ファイル

（保険者→国）

〇～〇歳

男性

※性別、各年代(40～74歳まで5歳刻み)毎に作成
※総括表(全年齢層をまとめたもの)もこの様式を使用。「〇～〇歳」の部分を「総括表」とする。

No	集計事項			今年度	昨年度	増減	備考	通知の参照番号
1	全体的事項	特定健康診査対象者数※1	(人)				当該年齢層における対象者数	第2―二―1―(1)
2		特定健康診査の対象となる被扶養者の数	(人)				被用者保険の保険者のみ記録	第2―二―1―(2)
3		2のうち、特定健康診査受診券を配布した者の数	(人)				被用者保険の保険者のみ記録	第2―二―1―(3)
4		特定健康診査受診者数	(人)				1のうち、定められた健診項目を全て受診した者の数	第2―二―1―(4)
5		健診受診率	(%)				＝4／1＊100	第2―二―1―(5)
6		評価対象者数	(人)				4の健診完了者に加え、全ての健診は受診できなかったものの、階層化が可能な対象者も含んだ数	第2―二―1―(6)
7	内臓脂肪症候群に関する事項	内臓脂肪症候群該当者数	(人)					第2―二―2―(1)
8		内臓脂肪症候群該当者割合	(%)				＝7／6＊100	第2―二―2―(2)
9		内臓脂肪症候群予備群者数	(人)					第2―二―2―(3)
10		内臓脂肪症候群予備群者割合	(%)				＝9／6＊100	第2―二―2―(4)
11	服薬中の者に関する事項	高血圧症の治療に係る薬剤を服用している者の数	(人)					第2―二―3―(1)
12		高血圧症の治療に係る薬剤を服用している者の割合	(%)				＝11／6＊100	第2―二―3―(2)
13		脂質異常症の治療に係る薬剤を服用している者の数	(人)					第2―二―3―(3)
14		脂質異常症の治療に係る薬剤を服用している者の割合	(%)				＝13／6＊100	第2―二―3―(4)
15		糖尿病の治療に係る薬剤を服用している者の数	(人)					第2―二―3―(5)
16		糖尿病の治療に係る薬剤を服用している者の割合	(%)				＝15／6＊100	第2―二―3―(6)
17	内臓脂肪症候群該当者の減少率に関する事項	昨年度の内臓脂肪症候群該当者の数	(人)					第2―二―4―(1)
18		17のうち、今年度の内臓脂肪症候群予備群の数	(人)					第2―二―4―(2)
19		17のうち、今年度の内臓脂肪症候群予備群の割合	(%)				＝18／17＊100	第2―二―4―(3)
20		17のうち、今年度の内臓脂肪症候群該当者・予備群ではなくなった者の数	(人)					第2―二―4―(4)
21		17のうち、今年度の内臓脂肪症候群該当者・予備群ではなくなった者の割合	(%)				＝20／17＊100	第2―二―4―(5)
22		内臓脂肪症候群該当者の減少率	(%)				＝(18+20)／17＊100	第2―二―4―(6)
23	内臓脂肪症候群予備群の減少率に関する事項	昨年度の内臓脂肪症候群予備群の数	(人)					第2―二―5―(1)
24		23のうち、今年度の内臓脂肪症候群該当者・予備群ではなくなった者の数	(人)					第2―二―5―(2)
25		23のうち、今年度の内臓脂肪症候群該当者・予備群ではなくなった者の割合	(%)				＝24／23＊100	第2―二―5―(3)
26	保健指導対象者の減少率に関する事項	昨年度の特定保健指導の対象者数	(人)					第2―二―6―(1)
27		26のうち、今年度は特定保健指導の対象ではなくなった者の数※2	(人)					第2―二―6―(2)
28		特定保健指導対象者の減少率	(%)				＝27／26＊100	第2―二―6―(3)
29		昨年度の特定保健指導の利用者数	(人)					第2―二―6―(4)
30		29のうち、今年度は特定保健指導の対象ではなくなった者の数※2	(人)					第2―二―6―(5)
31		特定保健指導による特定保健指導対象者の減少率	(%)				＝30／29＊100	第2―二―6―(6)
32	特定保健指導に関する事項	特定保健指導(積極的支援レベル)の対象者数	(人)				6のうち、実施基準(※3)第8条第2項の規定に該当する者	第2―二―7―(1)
33		特定保健指導(積極的支援レベル)の対象者の割合	(%)				＝32／6＊100	第2―二―7―(2)
34		特定保健指導開始前に、服薬確認により特定保健指導(積極的支援レベル)の対象者から除外した者の数	(人)					第2―二―7―(3)
35		特定保健指導(積極的支援)の利用者数	(人)				初回面接を実施した者（※4）の数	第2―二―7―(4)
36		特定保健指導（動機付け支援相当）の利用者数	(人)				初回面接を実施した者（※4）の数	第2―二―7―(5)
37		特定保健指導(積極的支援レベル)の利用者の割合	(%)				＝（35＋36）／32＊100	第2―二―7―(6)
38		特定保健指導(積極的支援)の終了者数	(人)				実績評価まで完了した者(実績評価において、度重なる連絡にも応答がなく未実施の場合も完了と見做す)	第2―二―7―(7)
39		特定保健指導（動機付け支援相当）の終了者数	(人)					第2―二―7―(8)
40		特定保健指導開始後に、服薬確認により特定保健指導（積極的支援）対象者から除外した者の数	(人)					第2―二―7―(9)
41		特定保健指導開始後に、服薬確認により特定保健指導（動機付け支援相当）対象者から除外した者の数	(人)					第2―二―7―(10)
42		特定保健指導(積極的支援レベル)の終了者の割合	(%)				＝（38+39）／(32-40-41)＊100	第2―二―7―(11)
43		特定保健指導(動機付け支援レベル)の対象者数	(人)				6のうち、実施基準(※3)第7条第2項の規定に該当する者	第2―二―7―(12)
44		特定保健指導(動機付け支援レベル)の対象者の割合	(%)				＝43／6＊100	第2―二―7―(13)
45		特定保健指導開始前に、服薬確認により特定保健指導(動機付け支援レベル)の対象者から除外した者の数	(人)					第2―二―7―(14)
46		特定保健指導(動機付け支援)の利用者数	(人)				初回面接を実施した者（※4）の数	第2―二―7―(15)
47		特定保健指導(動機付け支援レベル)の利用者の割合	(%)				＝46／43＊100	第2―二―7―(16)
48		特定保健指導(動機付け支援)の終了者数	(人)				実績評価まで完了した者(実績評価において、度重なる連絡にも応答がなく未実施の場合も完了と見做す)	第2―二―7―(17)
49		特定保健指導開始後に、服薬確認により特定保健指導（動機付け支援）対象者から除外した者の数	(人)					第2―二―7―(18)
50		特定保健指導(動機付け支援)の終了者の割合	(%)				＝48／(43-49)＊100	第2―二―7―(19)
51		特定保健指導の対象者数(小計)	(人)				＝32-40-41＋43-49	第2―二―7―(20)
52		特定保健指導の終了者数(小計)	(人)				＝38+39＋48	第2―二―7―(21)
53		特定保健指導の終了者(小計)の割合	(%)				＝52／51＊100	第2―二―7―(22)
54	特定保健指導の実績評価情報に関する事項	特定保健指導（積極的支援）終了者の腹囲2cm・体重2kg減達成者数	(人)				38のうち、2cm・2kg減を達成した者の数	第2―二―8―(1)
55		特定保健指導（積極的支援）終了者の腹囲2cm・体重2kg減達成割合	(%)				＝54／38＊100	第2―二―8―(2)
56		特定保健指導（積極的支援）終了者の腹囲1cm・体重1kg減達成者数	(人)				38のうち、1cm・1kg減を達成した者の数	第2―二―8―(3)
57		特定保健指導（積極的支援）終了者の腹囲1cm・体重1kg減達成割合	(%)				＝56／38＊100	第2―二―8―(4)
58		特定保健指導（積極的支援）終了者の生活習慣の改善(食習慣)者数	(人)				38のうち、食習慣の改善をした者の数	第2―二―8―(5)

参考資料

59		特定保健指導（積極的支援）終了者の生活習慣の改善(食習慣)割合	(%)				＝58／38＊100	第2—二—8—(6)
60		特定保健指導（積極的支援）終了者の生活習慣の改善(運動習慣)者数	(人)				38のうち、運動習慣の改善をした者の数	第2—二—8—(7)
61		特定保健指導（積極的支援）終了者の生活習慣の改善(運動習慣)割合	(%)				＝60／38＊100	第2—二—8—(8)
62		特定保健指導（積極的支援）終了者の生活習慣の改善(喫煙習慣)者数	(人)				38のうち、喫煙習慣の改善をした者の数	第2—二—8—(9)
63		特定保健指導（積極的支援）終了者の生活習慣の改善(喫煙習慣)割合	(%)				＝62／38＊100	第2—二—8—(10)
64		特定保健指導（積極的支援）終了者の生活習慣の改善(休養習慣)者数	(人)				38のうち、休養習慣の改善をした者の数	第2—二—8—(11)
65		特定保健指導（積極的支援）終了者の生活習慣の改善(休養習慣)割合	(%)				＝64／38＊100	第2—二—8—(12)
66		特定保健指導（積極的支援）終了者の生活習慣の改善(その他の生活習慣)者数	(人)				38のうち、その他の生活習慣の改善をした者の数	第2—二—8—(13)
67		特定保健指導（積極的支援）終了者の生活習慣の改善(その他の生活習慣)割合	(%)				＝66／38＊100	第2—二—8—(14)

※1　健診対象者数は当該年度で毎年4月1日を基準とし、その年度中に異動した者及び除外基準を満たす者を除く。
※2　検査結果の改善により、特定保健指導の対象から外れたのみをカウントする(服薬中の者となることにより、特定保健指導の対象から外れたものを除く)。
※3　特定健康診査及び特定保健指導の実施に関する基準(平成19年厚生労働省令第157号)
※4　初回面接未完了の者は含めない。
※　「昨年度」欄には実施年度の前年度の集計結果をそのまま記録し、「増減」欄には「昨年度」欄の数値から「今年度」欄の数値を減じた数を記録する(単位が%の項目についてもそのまま減算した結果を記録)。なお、「今年度」欄や「昨年度」欄に小数点以下の数値が発生する場合は、それぞれの欄において端数処理(小数点以下第2位で四捨五入)を行った後に差異の計算を行う。
※　健診受診率や内臓脂肪症候群該当者の割合等小数点以下の数値が生じうる事項については、小数点以下第2位で四捨五入を行い、小数点以下第1位までの値で記録することとする。なお、小数点以下の数値が生じない場合は小数点以下第1位については0を記録する。
※　本報告は、主として健診結果・質問票情報及び保健指導情報のデータから集計を行う。なお、備考欄に算出式のあるものについては、健診結果・質問票等から集計しなくとも算出式を用いることで集計値の作成が可能。
※　昨年度および増減の斜線欄については入力不要とする。

健診結果・質問票情報

		項目コード	項目名	データ値	データ基準		データタイプ	単位	データ値コメント		検査方法	形式	備考
					下限値	上限値			基準範囲外	検査の実施			
身体計測	○	9N001000000000001	身長				数字	cm				NNN.N	
	○	9N006000000000001	体重				数字	kg				NNN.N	
	○	9N011000000000001	BMI				数字	kg／㎡				NN.N	
	○	9N021000000000001	内臓脂肪面積				数字	㎠				NNN.N	
		9N016160100000001	腹囲(実測)				数字	cm			1：実測	NNN.N	
		9N016160200000001	腹囲(自己判定)				数字	cm			2：自己測定	NNN.N	
		9N016160300000001	腹囲(自己申告)				数字	cm			3：自己申告	NNN.N	BMIが22未満である者に限る
診察	○	9N056000000000011	既往歴				コード					N	1：特記すべきことあり、2：特記すべきことなし
	○	9N056160400000049	具体的な既往歴				漢字						特記すべきことありの場合に記載
	○	9N061000000000011	自覚症状				コード					N	1：特記すべきことあり、2：特記すべきことなし
	○	9N061160800000049	自覚症状(所見)				漢字						特記すべきことありの場合に記載
	○	9N066000000000011	他覚症状				コード					N	1：特記すべきことあり、2：特記すべきことなし
	○	9N066160800000049	他覚症状(所見)				漢字						特記すべきことありの場合に記載
血圧等	○	9A755000000000001	収縮期血圧(その他)				数字	mmHg			3：その他	NNN	平均値等、「1回目」、「2回目」以外の値の最も確かな値を記入する
		9A752000000000001	収縮期血圧(2回目)				数字	mmHg			2：2回目	NNN	
		9A751000000000001	収縮期血圧(1回目)				数字	mmHg			1：1回目	NNN	
	○	9A765000000000001	拡張期血圧(その他)				数字	mmHg			3：その他	NNN	平均値等、「1回目」、「2回目」以外の値の最も確かな値を記入する
		9A762000000000001	拡張期血圧(2回目)				数字	mmHg			2：2回目	NNN	
		9A761000000000001	拡張期血圧(1回目)				数字	mmHg			1：1回目	NNN	
	○	9N141000000000011	採血時間(食後)				コード					N	2：食後10時間以上、3：食後3.5時間以上10時間未満、4：食後3.5時間未満
生化学検査	●	3F015000002327101	空腹時中性脂肪(トリグリセリド)				数字	mg／dl			1：可視吸光光度法(酵素比色法・グリセロール消去)	NNNN	特定健康診査においてこの項目に結果が記録される場合、「採血時間(食後)」のコードの記録は「2：食後10時間以上」である必要がある
		3F015000002327201					数字	mg／dl			2：紫外吸光光度法(酵素比色法・グリセロール消去)	NNNN	
		3F015000002399901					数字	mg／dl			3：その他	NNNN	
	●	3F015129902327101	随時中性脂肪(トリグリセリド)				数字	mg／dl			1：可視吸光光度法(酵素比色法・グリセロール消去)	NNNN	特定健康診査においてこの項目の結果が記録される場合、「採血時間(食後)」のコードの記録は「3：食後3.5時間以上10時間未満」または「4：食後3.5時間未満」である必要がある
		3F015129902327201					数字	mg／dl			2：紫外吸光光度法(酵素比色法・グリセロール消去)	NNNN	
		3F015129902399901					数字	mg／dl			3：その他	NNNN	
	○	3F070000002327101	HDLコレステロール				数字	mg／dl			1：可視吸光光度法(直接法(非沈殿法))	NNNN	
		3F070000002327201					数字	mg／dl			2：紫外吸光光度法(直接法(非沈殿法))	NNNN	
		3F070000002399901					数字	mg／dl			3：その他	NNNN	
	○	3F077000002327101	LDLコレステロール				数字	mg／dl			1：可視吸光光度法(直接法(非沈殿法))	NNNN	
		3F077000002327201					数字	mg／dl			2：紫外吸光光度法(直接法(非沈殿法))	NNNN	
		3F077000002399901					数字	mg／dl			3：その他	NNNN	
		3F077000002391901					数字	mg／dl			4：計算法	NNNN	
		3F069000002391901	Non-HDLコレステロール				数字	mg／dl				NNNN	
	○	3B035000002327201	AST(GOT)				数字	U／l			1：紫外吸光光度法(JSCC標準化対応法)	NNNN	
		3B035000002399901					数字	U／l			2：その他	NNNN	
	○	3B045000002327201	ALT(GPT)				数字	U／l			1：紫外吸光光度法(JSCC標準化対応法)	NNNN	
		3B045000002399901					数字	U／l			2：その他	NNNN	
	○	3B090000002327101	γ―GT(γ―GTP)				数字	U／l			1：可視吸光光度法(JSCC標準化対応法)	NNNN	
		3B090000002399901					数字	U／l			2：その他	NNNN	
	□	3C015000002327101	血清クレアチニン				数字	mg／dl			1：可視吸光光度法(酵素法)	NN.NN	
		3C015000002399901					数字	mg／dl			2：その他	NN.NN	
	□	3C015161602399911	血清クレアチニン（対象者）				コード					N	1：検査結果による血清クレアチニン検査の対象者 ※詳細健診以外で実施し値を出現させるときは0（ゼロ）を入力する
	□	3C015161002399949	血清クレアチニン（実施理由）				漢字						詳細な健診の項目として血清クレアチニン検査を実施した場合は必須
	□	8A065000002391901	eGFR				数字	ml/min/1.73㎡				NNN.N	小数点以下1桁
血糖検査	●注)	3D010000001926101	空腹時血糖				数字	mg／dl			1：電位差法(ブドウ糖酸化酵素電極法)	NNNN	特定健康診査においてこの項目に結果が記録される場合、「採血時間(食後)」のコードが記録されている場合は「2：食後10時間以上」である必要がある
		3D010000002227101					数字	mg／dl			2：可視吸光光度法(ブドウ糖酸化酵素法)	NNNN	
		3D010000001927201					数字	mg／dl			3：紫外吸光光度法(ヘキソキナーゼ法、グルコキナーゼ法、ブドウ糖脱水素酵素法)	NNNN	
		3D010000001999901					数字	mg／dl			4：その他	NNNN	
	●注)	3D010129901926101	随時血糖				数字	mg／dl			1：電位差法(ブドウ糖酸化酵素電極法)	NNNN	特定健康診査においてこの項目の結果が記録される場合、「採血時間（食後）」のコードが記録されている場合は「3：食後3.5時間以上10時間未満」である必要がある
		3D010129902227101					数字	mg／dl			2：可視吸光光度法(ブドウ糖酸化酵素法)	NNNN	
		3D010129901927201					数字	mg／dl			3：紫外吸光光度法(ヘキソキナーゼ法、グルコキナーゼ法、ブドウ糖脱水素酵素法)	NNNN	
		3D010129901999901					数字	mg／dl			4：その他	NNNN	
	●注)	3D046000001906202	HbA1c（NGSP値）				数字	%			1：免疫学的方法(ラテックス凝集比濁法等)	NN.N	
		3D046000001920402					数字	%			2：HPLC(不安定分画除去HPLC法)	NN.N	
		3D046000001927102					数字	%			3：酵素法	NN.N	
		3D046000001999902					数字	%			4：その他	NN.N	
尿検査	○	1A020000000191111	尿糖				コード				1：試験紙法(機械読み取り)	N	1：－、2：±、3：＋、4：＋＋、5：＋＋＋
		1A020000000190111					コード				2：試験紙法(目視法)	N	1：－、2：±、3：＋、4：＋＋、5：＋＋＋
	○	1A010000000191111	尿蛋白				コード				1：試験紙法(機械読み取り)	N	1：－、2：±、3：＋、4：＋＋、5：＋＋＋
		1A010000000190111					コード				2：試験紙法(目視法)	N	1：－、2：±、3：＋、4：＋＋、5：＋＋＋
血液像検査	□	2A040000001930102	ヘマトクリット値				数字	%			自動血球算定装置	NN.N	
	□	2A030000001930101	血色素量(ヘモグロビン値)				数字	g／dl			自動血球算定装置	NN.N	
	□	2A020000001930101	赤血球数				数字	万／㎣			自動血球算定装置	NNNN	
	□	2A020161001930149	貧血検査(実施理由)				漢字						詳細な健診の項目として貧血検査を実施した場合は必須
生体検査等	□	9A110160700000011	心電図(所見の有無)				コード					N	1：所見あり、2：所見なし
	□	9A110160800000049	心電図(所見)				漢字						所見ありの場合に記載
	□	9A110161600000011	心電図（対象者）				コード					N	1：検査結果による心電図検査対象者 2：不整脈による心電図検査対象者 ※詳細健診以外で実施し値を出現させるときは0（ゼロ）を入力する
	□	9A110161000000049	心電図(実施理由)				漢字						詳細な健診の項目として心電図検査を実施した場合は必須
	□	9E100166000000011	眼底検査(キースワグナー分類)				コード					N	1：0、2：I、3：IIa、4：IIb、5：III、6：IV
	□	9E100166100000011	眼底検査(シェイエ分類：H)				コード					N	1：0、2：1、3：2、4：3、5：4
	□	9E100166200000011	眼底検査(シェイエ分類：S)				コード					N	1：0、2：1、3：2、4：3、5：4
	□	9E100166300000011	眼底検査(SCOTT分類)				コード					N	1：I(a)、2：I(b)、3：II、4：III(a)、5：III(b)、6：IV、7：V(a)、8：V(b)、9：VI
	□	9E100166600000011	眼底検査（Wong-Mitchell分類）				コード					N	1：所見なし、2：軽度、3：中等度、4：重度
	□	9E100166500000011	眼底検査（改変Davis分類）				コード					N	1：網膜症なし、2：単純網膜症、3：増殖前網膜症、4：増殖網膜症
	□	9E100160900000049	眼底検査(その他の所見)				漢字						その他の所見の判定方法を用いている場合については、本欄に所見を記載すること。また、SCOTT分類を用いている場合で異常がない場合においては、その旨を記載すること。
	□	9E100161600000011	眼底検査(対象者)				コード					N	1：検査結果による眼底検査対象者 ※詳細健診以外で実施し値を出現させるときは0（ゼロ）を入力する
	□	9E100161000000049	眼底検査(実施理由)				漢字						詳細な健診の項目として眼底検査を実施した場合は必須 前年度の検査結果（血糖検査の値）に基づき対象者を選定した場合は、「前年度」と記載する

医師の判断	○	9N501000000000011	メタボリックシンドローム判定				コード					N	1：基準該当、2：予備群該当、3：非該当、4：判定不能
	○	9N506000000000011	保健指導レベル				コード					N	1：積極的支援、2：動機付け支援、3：なし（情報提供）、4：判定不能
	○	9N511000000000049	医師の診断(判定)				漢字						
	☆	9N512000000000011	測定不可能・検査未実施の理由				コード					N	1：生理中、2：腎疾患等の基礎疾患があるため排尿障害を有する、3：その他 受診者の事情や生理中等により検査を実施できなかった場合の理由の記録
質問票	○	9N701000000000011	服薬1(血圧)				コード					N	1：はい、2：いいえ
	☆	9N701167000000049	服薬1(血圧)（薬剤名）				漢字						
	☆	9N701167100000049	服薬1(血圧)（服薬理由）				漢字						
	☆	9N702167200000049	保険者再確認　服薬1（血圧）				コード					N	1：質問票の記載違い(服薬中)を確認、2：健診以後に服薬開始を確認
	○	9N706000000000011	服薬2(血糖)				コード					N	1：はい、2：いいえ
	☆	9N706167000000049	服薬2(血糖)（薬剤名）				漢字						
	☆	9N706167100000049	服薬2(血糖)（服薬理由）				漢字						
	☆	9N707167200000049	保険者再確認　服薬2（血糖）				コード					N	1：質問票の記載違い(服薬中)を確認、2：健診以後に服薬開始を確認
	○	9N711000000000011	服薬3(脂質)				コード					N	1：はい、2：いいえ
	☆	9N711167000000049	服薬3(脂質)（薬剤名）				漢字						
	☆	9N711167100000049	服薬3(脂質)（服薬理由）				漢字						
	☆	9N712167200000049	保険者再確認　服薬3（脂質）				コード					N	1：質問票の記載違い(服薬中)を確認、2：健診以後に服薬開始を確認
	☆	9N716000000000011	既往歴1(脳血管)				コード					N	1：はい、2：いいえ
	☆	9N721000000000011	既往歴2(心血管)				コード					N	1：はい、2：いいえ
	☆	9N726000000000011	既往歴3(腎不全・人工透析)				コード					N	1：はい、2：いいえ
	☆	9N731000000000011	貧血				コード					N	1：はい、2：いいえ
	○	9N736000000000011	喫煙				コード					N	1：はい、2：以前は吸っていたが、最近1ヶ月間は吸っていない、3：いいえ
	☆	9N741000000000011	20歳からの体重変化				コード					N	1：はい、2：いいえ
	☆	9N746000000000011	30分以上の運動習慣				コード					N	1：はい、2：いいえ
	☆	9N751000000000011	歩行又は身体活動				コード					N	1：はい、2：いいえ
	☆	9N756000000000011	歩行速度				コード					N	1：はい、2：いいえ
	☆	9N872000000000011	咀嚼				コード					N	1：何でも、2：かみにくい、3：ほとんどかめない
	☆	9N766000000000011	食べ方1(早食い等)				コード					N	1：速い、2：ふつう、3：遅い
	☆	9N771000000000011	食べ方2(就寝前)				コード					N	1：はい、2：いいえ
	☆	9N782000000000011	食べ方3（間食）				コード					N	1：毎日、2：時々、3：ほとんど摂取しない
	☆	9N781000000000011	食習慣				コード					N	1：はい、2：いいえ
	☆	9N786000000000011	飲酒				コード					N	1：毎日、2：週5〜6日、3：週3〜4日、4：週1〜2日、5：月に1〜3日、6：月に1日未満、7：やめた、8：飲まない(飲めない)
	☆	9N791000000000011	飲酒量				コード					N	1：1合未満、2：1〜2合未満、3：2〜3合未満、4：3〜5合未満、5：5合以上
	☆	9N796000000000011	睡眠				コード					N	1：はい、2：いいえ
	☆	9N801000000000011	生活習慣の改善				コード					N	1：意志なし、2：意志あり(6か月以内)、3：意志あり(近いうち)、4：取組済み(6ヶ月未満)、5：取組済み(6ヶ月以上)
	☆	9N808000000000011	特定保健指導の受診歴				コード					N	1：はい、2：いいえ
情報提供	☆	9N950000000000011	情報提供の方法				コード					N	1：付加価値の高い情報提供、2：専門職による対面説明、3：1と2両方実施 1〜3に当てはまらない場合は出現させない
初回面接	☆	9N807000000000011	初回面接実施				コード					N	1：健診1週間以内に初回面接実施 1に当てはまらない場合は出現させない

○…必須項目、□…医師の判断に基づき選択的に実施する項目(要実施理由)、●…いずれかの項目の報告で可(両方記録されていても差し支えない)、☆…情報を入手した場合に限り報告

注）HbA1cと空腹時血糖、あるいはHbA1cと随時血糖は同時に記録されてもよい

保健指導情報

番号	条件			項目コード	項目名	データ値	データタイプ	単位	備考
	動機付け支援	積極的支援	動機付け支援相当						
1101	○	○	○	1020000001	保健指導区分		コード		1：積極的支援、2：動機付け支援、3：動機付け支援相当
1102	△	△	△	1020000002	行動変容ステージ		コード		1：意志なし、2：意志あり(6ヶ月以内)、3：意志あり(近いうち)、4：取組済み(6ヶ月未満)、5：取組済み(6ヶ月以上)
1104	○	○	○	1020000004	健診実施年月日(確認用)		年月日		YYYYMMDD 特定保健指導に対応する健診実施年月日と同一である必要がある
1105	△	△	△	1020000005	保健指導後 服薬1（血圧）		コード		1：保健指導以後に服薬開始を確認 ※対象から除外する場合に記載し、服薬中であっても保健指導を継続した場合は記載しない。
1106	△	△	△	1020000006	保健指導後 服薬2（血糖）		コード		1：保健指導以後に服薬開始を確認 ※対象から除外する場合に記載し、服薬中であっても保健指導を継続した場合は記載しない。
1107	△	△	△	1020000007	保健指導後 服薬3（脂質）		コード		1：保健指導以後に服薬開始を確認 ※対象から除外する場合に記載し、服薬中であっても保健指導を継続した場合は記載しない。
1301	○	○	○	1022000011	初回面接の実施日付		年月日		YYYYMMDD
1302	○	○	○	1022000012	初回面接による支援の支援形態		コード		1：個別支援（対面）、2：個別支援（遠隔）、3：グループ支援（対面）、4：グループ支援（遠隔）、5：電話、6：電子メール等 ※「5：電話」及び「6：電子メール等」は、初回面接を分割して実施した場合における２回目（初回面接②）のみ入力可能
1303	○	○	○	1022000016	健診後早期の初回面接		コード		0：実施なし、1：当日、2：1週間以内（当日は除く）
1304	○	○	○	1022000013	初回面接の実施時間		数字	分	
1305	○	○	○	1022000015	初回面接の実施者		コード		1：医師、2：保健師、3：管理栄養士、4：その他
1331		○	△	1021000020	継続的支援予定期間		数字	週	
1339		○	△	1021001053	計画上の腹囲・体重の改善		コード		0：計画なし、1：1cm・1kg、2：2cm・2kg
1340		○	△	1021001054	計画上の生活習慣の改善(食習慣)		コード		0：計画なし、1：計画あり
1341		○	△	1021001055	計画上の生活習慣の改善(運動習慣)		コード		0：計画なし、1：計画あり
1342		○	△	1021001056	計画上の生活習慣の改善(喫煙習慣)		コード		0：計画なし、1：計画あり
1343		○	△	1021001057	計画上の生活習慣の改善(休養習慣)		コード		0：計画なし、1：計画あり
1344		○	△	1021001058	計画上の生活習慣の改善(その他の生活習慣)		コード		0：計画なし、1：計画あり
1345		○	△	1021001059	計画上のポイント(アウトカム評価の合計)		数字		自動計算
1601	○	○	○	1042000011	実績評価の実施日付		年月日		YYYYMMDD
1602	○	○	○	1042000012	実績評価の支援形態又は確認方法		コード		1：個別支援（対面）、2：個別支援（遠隔）、3：グループ支援（対面）、4：グループ支援（遠隔）、5：電話、6：電子メール等
1603	○	○	○	1042000015	実績評価の実施者		コード		1：医師、2：保健師、3：管理栄養士、4：その他
1604	△	△	△	1042000116	実績評価ができない場合の確認回数		数字	回	確認方法に基づき、評価実施者が行った確認の回数
1605	○	○	○	1042001031	実績評価時の腹囲		数字	Cm	
1606	○	○	○	1042001032	実績評価時の体重		数字	Kg	
1607	△	△	△	1042001033	実績評価時の収縮期血圧		数字	mmHg	
1608	△	△	△	1042001034	実績評価時の拡張期血圧		数字	mmHg	
1609	○	○	○	1042001044	実績評価時の腹囲・体重の改善		コード		0：未達成、1：1cm・1kg、2：2cm・2kg
1610	○	○	○	1042001042	実績評価時の保健指導による生活習慣の改善(食習慣)		コード		0：未達成、1：達成、9：目標なし
1611	○	○	○	1042001041	実績評価時の保健指導による生活習慣の改善(運動習慣)		コード		0：未達成、1：達成、9：目標なし
1612	○	○	○	1042001043	実績評価時の保健指導による生活習慣の改善(喫煙習慣)		コード		0：禁煙未達成、1：禁煙達成、8：非喫煙、9：禁煙目標なし
1613	○	○	○	1042001045	実績評価時の生活習慣の改善(休養習慣)		コード		0：未達成、1：達成、9：目標なし
1614	○	○	○	1042001046	実績評価時の生活習慣の改善(その他の生活習慣)		コード		0：未達成、1：達成、9：目標なし
1615	○	○	○	1042001060	実績評価時のポイント(アウトカム評価の合計)		数字		自動計算
1701		○	△	1041010010	計画上の継続的な支援の実施回数(個別支援(対面))		数字	回	
1702		○	△	1041020010	計画上の継続的な支援の合計実施時間(個別支援(対面))		数字	分	
1703		○	△	1041010020	計画上の継続的な支援の実施回数(個別支援(遠隔))		数字	回	
1704		○	△	1041020020	計画上の継続的な支援の合計実施時間(個別支援(遠隔))		数字	分	
1705		○	△	1041010030	計画上の継続的な支援の実施回数(グループ支援(対面))		数字	回	
1706		○	△	1041020030	計画上の継続的な支援の合計実施時間(グループ支援(対面))		数字	分	
1707		○	△	1041010040	計画上の継続的な支援の実施回数(グループ支援(遠隔))		数字	回	
1708		○	△	1041020040	計画上の継続的な支援の合計実施時間(グループ支援(遠隔))		数字	分	
1709		○	△	1041010050	計画上の継続的な支援の実施回数(電話)		数字	回	
1710		○	△	1041020050	計画上の継続的な支援の合計実施時間(電話)		数字	分	
1711		○	△	1041010060	計画上の継続的な支援の実施回数(電子メール等)		数字	回	
1712		○	△	1041010070	計画上の継続的な支援よるポイント(合計)		数字		自動計算
1713		○	△	1041010080	計画上のポイント(合計)		数字		自動計算
1731		○	△	1042010010	継続的な支援の実施回数(個別支援(対面))		数字	回	
1732		○	△	1042020010	継続的な支援の合計実施時間(個別支援(対面))		数字	分	
1733		○	△	1042010020	継続的な支援の実施回数(個別支援(遠隔))		数字	回	
1734		○	△	1042020020	継続的な支援の合計実施時間(個別支援(遠隔))		数字	分	
1735		○	△	1042010030	継続的な支援の実施回数(グループ支援(対面))		数字	回	
1736		○	△	1042020030	継続的な支援の合計実施時間(グループ支援(対面))		数字	分	
1737		○	△	1042010040	継続的な支援の実施回数(グループ支援(遠隔))		数字	回	

1738		○	△	1042020040	継続的な支援の合計実施時間(グループ支援(遠隔))		数字	分	
1739		○	△	1042010050	継続的な支援の実施回数(電話)		数字	回	
1740		○	△	1042020050	継続的な支援の合計実施時間(電話)		数字	分	
1741		○	△	1042010060	継続的な支援の実施回数(電子メール等)		数字	回	
1742		○	△	1042010070	継続的なポイント(プロセス評価の合計)		数字		自動計算
1743		○	△	1042010080	ポイント(合計)		数字		自動計算
1744		△	△	1042800118	禁煙指導の実施回数		数字	回	
1745		○	△	1042000022	実施上の継続的な支援の終了日		年月日		YYYYMMDD
1811	○	○	○	1042000081	保健指導機関番号(1)		数字		
1812	○	○	○	1042000082	保健指導機関名(1)		漢字		
1813	○	○	○	1042000085	主対応内容(1)		コード		1：個別支援（対面）、2：個別支援（遠隔）、3：グループ支援（対面）、4：グループ支援（遠隔）、5：電話、6：電子メール等 ※「5：電話」及び「6：電子メール等」は、初回面接(分割して実施した場合は1回目) は入力不可能
1814	○	○	○	1042000086	実施内容(1)		コード		1：初回面接（分割実施以外）、2：初回面接①、3：初回面接②、4：中間評価、5：継続的支援、6：実績評価
1821	○	○	○	保健指導機関番号(1)と同じ	保健指導機関番号(2)		数字		
1822	○	○	○	保健指導機関名(1)と同じ	保健指導機関名(2)		漢字		
1823	○	○	○	主対応内容(1)と同じ	主対応内容(2)		コード		1：個別支援（対面）、2：個別支援（遠隔）、3：グループ支援（対面）、4：グループ支援（遠隔）、5：電話、6：電子メール等 ※「5：電話」及び「6：電子メール等」は、初回面接(分割して実施した場合は1回目) は入力不可能
1824	○	○	○	実施内容(1)と同じ	実施内容(2)		コード		1：初回面接（分割実施以外）、2：初回面接①、3：初回面接②、4：中間評価、5：継続的支援、6：実績評価
1831	○	○	○	保健指導機関番号(1)と同じ	保健指導機関番号(3)		数字		
1832	○	○	○	保健指導機関名(1)と同じ	保健指導機関名(3)		漢字		
1833	○	○	○	主対応内容(1)と同じ	主対応内容(3)		コード		1：個別支援（対面）、2：個別支援（遠隔）、3：グループ支援（対面）、4：グループ支援（遠隔）、5：電話、6：電子メール等 ※「5：電話」及び「6：電子メール等」は、初回面接(分割して実施した場合は1回目) は入力不可能
1834	○	○	○	実施内容(1)と同じ	実施内容(3)		コード		1：初回面接（分割実施以外）、2：初回面接①、3：初回面接②、4：中間評価、5：継続的支援、6：実績評価
1841	○	○	○	保健指導機関番号(1)と同じ	保健指導機関番号(4)		数字		
1842	○	○	○	保健指導機関名(1)と同じ	保健指導機関名(4)		漢字		
1843	○	○	○	主対応内容(1)と同じ	主対応内容(4)		コード		1：個別支援（対面）、2：個別支援（遠隔）、3：グループ支援（対面）、4：グループ支援（遠隔）、5：電話、6：電子メール等 ※「5：電話」及び「6：電子メール等」は、初回面接(分割して実施した場合は1回目) は入力不可能
1844	○	○	○	実施内容(1)と同じ	実施内容(4)		コード		1：初回面接（分割実施以外）、2：初回面接①、3：初回面接②、4：中間評価、5：継続的支援、6：実績評価
1851	○	○	○	保健指導機関番号(1)と同じ	保健指導機関番号(5)		数字		
1852	○	○	○	保健指導機関名(1)と同じ	保健指導機関名(5)		漢字		
1853	○	○	○	主対応内容(1)と同じ	主対応内容(5)		コード		1：個別支援（対面）、2：個別支援（遠隔）、3：グループ支援（対面）、4：グループ支援（遠隔）、5：電話、6：電子メール等 ※「5：電話」及び「6：電子メール等」は、初回面接(分割して実施した場合は1回目) は入力不可能
1854	○	○	○	実施内容(1)と同じ	実施内容(5)		コード		1：初回面接（分割実施以外）、2：初回面接①、3：初回面接②、4：中間評価、5：継続的支援、6：実績評価
1861	○	○	○	保健指導機関番号(1)と同じ	保健指導機関番号(6)		数字		
1862	○	○	○	保健指導機関名(1)と同じ	保健指導機関名(6)		漢字		
1863	○	○	○	主対応内容(1)と同じ	主対応内容(6)		コード		1：個別支援（対面）、2：個別支援（遠隔）、3：グループ支援（対面）、4：グループ支援（遠隔）、5：電話、6：電子メール等 ※「5：電話」及び「6：電子メール等」は、初回面接(分割して実施した場合は1回目) は入力不可能
1864	○	○	○	実施内容(1)と同じ	実施内容(6)		コード		1：初回面接（分割実施以外）、2：初回面接①、3：初回面接②、4：中間評価、5：継続的支援、6：実績評価
1871	○	○	○	保健指導機関番号(1)と同じ	保健指導機関番号(7)		数字		
1872	○	○	○	保健指導機関名(1)と同じ	保健指導機関名(7)		漢字		
1873	○	○	○	主対応内容(1)と同じ	主対応内容(7)		コード		1：個別支援（対面）、2：個別支援（遠隔）、3：グループ支援（対面）、4：グループ支援（遠隔）、5：電話、6：電子メール等 ※「5：電話」及び「6：電子メール等」は、初回面接(分割して実施した場合は1回目) は入力不可能
1874	○	○	○	実施内容(1)と同じ	実施内容(7)		コード		1：初回面接（分割実施以外）、2：初回面接①、3：初回面接②、4：中間評価、5：継続的支援、6：実績評価
1881	○	○	○	保健指導機関番号(1)と同じ	保健指導機関番号(8)		数字		
1882	○	○	○	保健指導機関名(1)と同じ	保健指導機関名(8)		漢字		
1883	○	○	○	主対応内容(1)と同じ	主対応内容(8)		コード		1：個別支援（対面）、2：個別支援（遠隔）、3：グループ支援（対面）、4：グループ支援（遠隔）、5：電話、6：電子メール等 ※「5：電話」及び「6：電子メール等」は、初回面接(分割して実施した場合は1回目) は入力不可能

1884	○	○	○	実施内容(1)と同じ	実施内容(8)		コード		1：初回面接（分割実施以外）、2：初回面接①、3：初回面接②、4：中間評価、5：継続的支援、6：実績評価

○…必須入力項目、☆…少なくとも保険者が委託により実施した場合は必須入力項目、△…情報を入手した場合は報告

※　動機付け支援だが、契約により継続的な支援の実施及び保険者への報告が求められている場合(積極的支援に準じた継続的支援を実施する場合)は、報告しても差し支えない(あえて情報を削除する作業を行う必要はない)。

※　項目1811～1884については、初回面接（分割して実施した場合は初回面接①と初回面接②それぞれ）、中間評価（実施した場合のみ）、継続的支援（実施した場合のみ）、実績評価それぞれについて、保険者が直営で実施した場合も含めて入力する。

※　項目1301～1305については、初回面接を分割実施している場合は初回面接①と初回面接②それぞれ入力する。

基発0731第1号
保発0731第4号
令和5年7月31日

（別記）事業者団体及び関係団体の長　殿

厚生労働省労働基準局長
（公印省略）
厚生労働省保険局長
（公印省略）

「定期健康診断等及び特定健康診査等の実施に係る事業者と保険者の連携・協力事項について」の一部改正について〈抜粋〉

厚生労働行政の推進について、日頃より格段の御協力を賜り、御礼申し上げます。

令和６年度以降に実施する特定健康診査における随時中性脂肪の取扱い等について一部変更することを踏まえ、「定期健康診断等及び特定健康診査等の実施に関する協力依頼について」（令和２年12月23日付け基発1223第５号・保発1223第１号厚生労働省労働基準局長・保険局長連名通知）別紙を別紙のとおり改正することとしましたので、その趣旨を御理解の上、引き続き、事業者と保険者とが緊密に連携して労働者の健康管理等にお取り組みいただくとともに、貴下会員その他関係機関等に周知いただくよう、お願い申し上げます。

（別紙）

定期健康診断等及び特定健康診査等の実施に係る事業者と保険者の連携・協力事項について

1．定期健康診断等の結果の情報提供等の事業者と保険者の連携の基本的な考え方

保険者は、糖尿病をはじめとする生活習慣病の発症・重症化を予防し、医療費を適正化するため、高齢者の医療の確保に関する法律（昭和57年法律第80号。以下「高確法」という。）に基づく法定義務の保健事業として、特定健康診査及び特定保健指導を行っている。事業者は健康保険料の一部を負担し、保険者の運営に関わっている。保険者が特定健康診査及び特定保健指導等の保健事業を的確に実施し、医療費適正化に取り組むとともに、制度間の健診の重複を避けるためには、事業者と保険者が緊密に連携し、定期健康診断等の結果を事業者から保険者に迅速かつ確実に情報提供する必要がある。

このため、高確法では、労働者が労働安全衛生法（昭和47年法律第57号。以下「安衛法」という。）その他の法令に基づき行われる特定健康診査に相当する健康診断を受診した場合は、特定健康診査の全部又は一部を行ったものとし、保険者から特定健康診査及び特定保健指導の適切かつ有効な実施のために健康診断に関する記録の写しの提供を求められた事業者は、その記録の写しを提供しなければならないこととされている。

また、事業者から保険者に安衛法に基づく定期健康診断等の結果を提供することは、データヘルスやコラボヘルス等の推進により、労働者の健康保持増進につながり、また、労働者が健康になることによって企業の生産性向上、経営改善及び経済成長にもつながるため、労働者及び事業者の双方にとって、取組を進めていくことが望ましいものである。このため、安衛法第70条の２第１項の規定に基づき、「事業場における労働者の健康保持増進のための指針」（昭和63年健康保持増進のための指針公示第１号）に健康保持増進対策の推進体制を確立するための事業場外資源として「医療保険者」を位置づける等、労働者の健康保持増進の措置として、保険者との連携を推進している。

さらに、令和３年10月からは、社会保険診療報酬支払基金及び国民健康保険中央会が共同で運営するオンライン資格確認等システムを利用し、マイナポータルを通じて本人が自らの特定健康診査情報等を閲覧することができる仕組みが稼働しており、事業者から保険者に提供された定期健康診断等の結果は、保険者を通じてオンライン資格確認等システムに格納されることで、特定健康診査情報としてマイナポータルを用いた本人閲覧の用に供することができるようになっている。

加えて、令和４年１月からは、健康保険法（大正11年法律第70号。以下「健保法」という。）等において、保険者から保健事業の実施のために健康診断に関する記録の写しの提供を求められた事業者は、その記録の写しを提供しなければならないこととされている。これにより、保険者は、特定健康診査の対象年齢（40～74

1

歳）の労働者に加え、40歳未満の労働者の定期健康診断等の結果についても情報を取得することができ、それに基づく保健指導等を行うことが可能となっている。

これらを着実に進めていくためには、事業者において定期健康診断等を適切に実施するとともに、事業者から保険者に定期健康診断等の結果を迅速かつ確実に情報提供することが必須であり、事業者と保険者が一体となって取組を進めていく必要がある。

2．定期健康診断等及び特定健康診査の実施と保険者への情報提供の方法等

（1）定期健康診断等及び特定健康診査の一体的な実施

特定健康診査では、既往歴の聴取において服薬歴（※）及び喫煙習慣を聴取することとしている。労働安全衛生規則（昭和47年労働省令第32号。以下「安衛則」という。）に規定する定期健康診断等では、既往歴の調査項目に服薬歴及び喫煙歴が位置づけられていないが、事業者と保険者が緊密に連携して労働者の健康増進に取り組む必要があり、服薬歴及び喫煙歴の有無は特定保健指導の対象者の抽出に不可欠な調査項目であること、定期健康診断等では従来からこれらを聴取している場合が多いことから、今後は、原則として、定期健康診断等と特定健康診査の検査項目が同時に実施されるようにすることとし、特定健康診査の必須項目である服薬歴及び喫煙歴を含む問診については別添１（令和6年４月１日からは別添１の２。以下同じ。）を用いて行い、その結果を保険者に提供すること。

なお、定期健康診断等において実施される既往歴及び業務歴の調査、自覚症状の有無の検査について、別添１の問診票の項目以外の項目は医師の判断により適宜追加すること。

何らかの事情により別添１以外の問診票を用いざるを得ず、また、安衛則に基づく健康診断個人票に服薬歴及び喫煙歴の有無が記載されていない場合でも、事業者がこれらに関する情報を定期健康診断等の問診等により把握している場合には、健康診断個人票の写しと併せて、その結果を保険者に提供すること。

また、定期健康診断等の実施時に服薬歴及び喫煙歴について聴取を行わなかった場合は、保険者が労働者個人に対して直接に聴取を行う可能性がある旨を周知すること。

なお、血糖検査の取扱いについては、「定期健康診断等における血糖検査の取扱いについて」（令和２年12月23日付け基発1223第７号）により、定期健康診断等において、ヘモグロビンA1c検査を血糖検査として認めるとともに、随時血糖による血糖検査を行う場合は食直後（食事開始時から3.5時間未満）を除いて実施すること、また、血中脂質検査の取扱いについては、「定期健康診断等における血中脂質検査の取扱いについて」（令和５年３月31日付け基発0331第12号）により、令和６年４月１日からは、トリグリセライド（中性脂肪）の量の検査は、やむを得ず空腹時以外に採血を行った場合は、随時中性脂肪により検査を行うことを可とすることとしたため、特定健康診査における取扱いと揃っていることに留意すること。

2

（※）服薬歴については、血圧を下げる薬、血糖を下げる薬又はインスリン注射、コレステロールや中性脂肪を下げる薬の使用の有無について聴取することとしている。

（2）定期健康診断等の結果の保険者への情報提供の方法等

①電子的な標準記録様式による提出について

高確法及び関係法令では、保険者は、特定健康診査の結果を電磁的方法により保存しなければならないこと、電磁的方法による記録を作成、保存及び提出できる機関に委託できることとされている（※1）。

このため、高確法及び健保法等に基づいて事業者から保険者への定期健康診断等の結果を情報提供するにあたっては、保険者と事業者又は健診実施機関等との契約等により、厚生労働省ホームページで示す電子的な標準記録様式（XML 形式）による方法やその他適切な方法により、保存している定期健康診断等の結果の写しを提出すること。

なお、保険者への定期健康診断等の結果の写しの提出を円滑に実施するために、事業者においても定期健康診断等の結果を電磁的な方法により保存及び管理することが望ましい。

また、健診実施機関間での健診結果データの標準化により、事業者が異なる健診実施機関の健診結果を同一フォーマットで把握することができる取組事例（※2）もあるため、健診実施機関におかれては、定期健康診断等の結果を電子化する際の一つの方策として参考にされたい。

（※1）電子的な標準記録様式による結果の提出が可能な健診実施機関等：社会保険診療報酬支払基金の特定健診等機関基本情報リスト（https://www.ssk.or.jp/kikankensaku/index.html）を参照いただきたい。

（※2）健診関係 10 団体による日本医学健康管理評価協議会が運用を進める「健診結果データ標準化共同センター」（HASTOS）を通じて、健診実施機関において標準的な表記を示した「健診標準フォーマット」への変換を行い、健診実施主体に電子化された健診結果データを納品する取組

②定期健康診断等の結果の情報提供に関する必要な取決め等

高確法及び健保法等に基づく保険者への定期健康診断等の結果の情報提供を適切に実施するためには、２（２）①の電子的な標準記録様式に対応している健診実施機関にこれを委託することが望ましい。事業者は、自ら保険者への情報提供を行うことが困難な場合には、事務的な負担の軽減になることや保険者への定期健康診断等の結果の円滑な提供に資すること等から、定期健康診断等の実施を委託することについて健診実施機関と契約する際に、事業者に代わり健診実施機関が保険者に定期健康診断等の結果を提供することについて予め契約で取り決め、健診実施機関を通じて保険者へ定期健康診断等の結果を提供すること。上記について契約する事業者及び健診実施機関については、別添２の契約書のひな形を参考にされたい。

3

なお、事業者と健診実施機関が保険者に定期健康診断等の結果を提供することについて予め契約で取り決めていない場合等には、保険者においては、

- 事業者に対して高確法及び健保法等に基づく定期健康診断等の結果の提供を求める際に、別添３を参考に健診実施機関に対する当該結果提供を依頼する書類を提示して事業者の同意を得た上で、
- 当該書類に基づいて、健診実施機関から加入者に係る当該結果の提供を受けること

が考えられる。事業者においては、健診実施機関が保険者に定期健康診断等の結果を提供することについて予め契約で取り決めていない場合等には、上記の保険者への結果の提供に同意する方法等を通じて、保険者への円滑な結果提供に向けて協力いただきたい。

また、健診実施機関から保険者に定期健康診断等の結果を円滑に提供するためには、受診者の保険者番号や被保険者等記号・番号（以下「被保険者等記号・番号等」という。）が必要である。このため、定期健康診断等の実施時に、受診者本人に健康保険被保険者証等を持参してもらうこと、記入欄を設けた別添１の問診票を活用して受診者本人に記載してもらうこと等により、受診者本人から健診実施機関にこれらが提供されるよう、事業者は受診者に対して説明すること。事業者は、健診実施機関がこれらを確認する際に受診者本人に協力を促すこと等、必要に応じて、健診実施機関がこれらの情報を把握できるよう協力すること。

また、健診実施機関から保険者への提供をより円滑かつ正確に行うため、受診者の被保険者等記号・番号等を保有している事業者は、定期健康診断等の実施の委託契約を締結した健診実施機関に、受診者に係る被保険者等記号・番号等を事前に提供することが重要である。事業者が利用目的の達成に必要な範囲内において被保険者等記号・番号等を含む個人データの取扱いに関する業務の一部を健診実施機関に委託することに伴って当該個人データを提供する場合、当該健診実施機関は第三者に該当しないため、あらかじめの本人の同意を得る必要はないが、個人情報の保護に関する法律（平成 15 年法律第 57 号。以下「個人情報保護法」という。）及び関係法令に基づいて適切に実施すること（※）。その際、上記について契約する事業者及び健診実施機関は、別添２の契約書のひな形を参考にされたい。

高確法に基づき、事業者が保険者への提供のみを目的として定期健康診断等の結果のデータを作成又は送付する場合は、それに要した費用を保険者に請求して差し支えないこととなっており、当該事務を健診実施機関に委託した場合についても、委託された健診実施機関が当該費用を保険者に請求して差し支えない。一方で、それ以外の場合における費用については、事業者、保険者及び健診実施機関等の間で、納得できる方法、形態等を十分に協議して対応すること。

上記の契約の他、定期健康診断等の結果の提供に関する必要な取決め等は、事業者、保険者及び健診実施機関等の間で、納得できる方法、形態等を十分に協議し、定期健康診断等の実施を保険者に委託する又は共同して実施する契約等を締結するなど、円滑な連携を確保いただきたい。なお、健診実施機関と保険者において、特

定健診のデータの作成・提供に係る契約をしている場合には、当該契約を参考に定期健康診断等のデータの作成・提供をしていただきたい。

（※）事業者は個人情報取扱事業者として、個人情報を取り扱うに当たっては、その利用目的をできる限り特定しなければならず（個人情報保護法第17条）、被保険者等記号・番号等の取扱いが当該利用目的の範囲内であることを明確にすること。また、個人情報取扱事業者は、個人データの取扱いを委託する場合は、その取扱いを委託された個人データの安全管理が図られるよう、委託を受けた者に対する必要かつ適切な監督を行わなければならず（同法第 25 条）、同法第 23 条に基づき自らが講ずべき安全管理措置と同等の措置が講じられるよう監督を行うこと。詳しくは、「個人情報の保護に関する法律についてのガイドライン（通則編）」（平成 28 年 11 月（令和 4 年 9 月一部改正）個人情報保護委員会）等を参照いただきたい。

（３）個人情報保護についての配慮

高確法の規定に基づき、事業者が保険者からの求めに応じて、同法及び関係法令に定める検査項目（別表参照）に対応する定期健康診断等の記録の写しを提供することは、個人情報保護法第 27 条第 1 項第 1 号の「法令に基づく場合」に該当し、第三者提供に係る本人の同意は不要である（※１）。また、健保法等の規定に基づき、事業者が保険者からの求めに応じて定期健康診断等に関する記録の写し（特定健康診査及び特定保健指導の実施に関する基準（平成 19 年厚生労働省令第 157号。以下「実施基準」という。）第２条に定める項目に含まれない項目を含む。）を提供する場合についても同様である。併せて、事業者から高確法及び健保法等に基づく保険者への定期健康診断等の結果の提供を委託された健診実施機関についても同様である。

その際、事業者は個人情報取扱事業者として、安全管理措置（同法第 23 条）等を講じるほか、健診実施機関に対して保険者への定期健康診断等の結果の提供を委託した場合には、当該健診実施機関に対する監督（同法第 25 条）を行う必要がある。

なお、保険者が事業者から定期健康診断等の実施についての委託を受けている場合又は事業者と共同で定期健康診断等を実施している場合には、保険者が保健事業の実施に記録を利用することは、事業者から保険者への個人情報の第三者提供には該当しないが、この場合も保険者は、個人情報保護法や個人情報の適切な取扱いのためのガイダンス等を踏まえ、個人情報保護に十分に配慮して取り扱う必要がある（※２）。

（※１）健保法では、全国健康保険協会及び健康保険組合の役職員又はこれらの職にあった者は健康保険事業に関して職務上知り得た秘密を正当な理由なく漏らしてはならないこととされ、これに違反して秘密を漏らした者は、１年以下の懲役又は 100 万円以下の罰金に処することとされている。

（※２）事業者と保険者が共同で定期健康診断等や事後指導を実施する場合な

ど、データの共同利用における個人情報の取扱いについては、「健康保険組合等における個人情報の適切な取扱いのためのガイダンス」（平成29年4月（令和4年3月一部改正） 個人情報保護委員会、厚生労働省）において、個人データの共同での利用における留意事項として、「健康保険組合と労働安全衛生法に規定する事業者が共同で健康診断を実施している場合又は共同で事業主健診や特定健康診査、特定保健指導等の情報を用いて保健事業を実施している場合など、あらかじめ個人データを特定の者との間で共同して利用することが予定されている場合、（ア）共同して利用される個人データの項目、（イ）共同利用者の範囲（個別列挙されているか、本人から見てその範囲が明確となるように特定されている必要がある）、（ウ）利用する者の利用目的、（エ）当該個人データの管理について責任を有する者の氏名又は名称及び住所並びに法人にあっては、その代表者の氏名、をあらかじめ本人に通知し、又は本人が容易に知り得る状態においておくとともに、共同して利用することを明らかにしている場合には、当該共同利用者は第三者に該当しない。この場合、（ア）、（イ）については変更することができず、（ウ）、（エ）については、本人が想定することが困難でない範囲内で変更することができ、変更前、本人に通知又は本人の容易に知り得る状態におかなければならない。なお、共同利用でない場合は、健康保険組合と労働安全衛生法に規定する事業者は、異なる主体となるため、健康保険組合が事業者に健診結果を提供するに当たっては、被保険者又は労働者の同意を要することとなる。（なお、健康保険法第150条第2項に基づき、健康保険組合が事業者に対して健診結果の提供を求め、事業者がこれに応じて健診結果を提供する場合は、被保険者又は労働者の同意は不要。）」と整理されている。

3．特定保健指導等の円滑な実施の確保

（1）就業時間中における特定保健指導等の実施等

特定保健指導及び特定保健指導の対象ではない者に対する保健指導（以下「特定保健指導等」という。）は、保険者による保健事業として実施され、労働者個人の意思により利用されるものであって、業務遂行との関連において行われるものではないことから、その受診に要した時間の賃金を事業者が負担する義務を負うものではない。

しかしながら、特定保健指導等を受けるための機会の拡充や実施率の向上は、労働者の健康の保持増進につながり、医療費適正化等を通じて事業者の保険料負担にも関係することから、事業者におかれては、就業時間中の特定保健指導等に要した時間の賃金等の取扱いについて、特段の配慮をいただき、協力いただきたい。

なお、就業時間中における特定保健指導の実施の配慮は、実施率の向上において重要な要素であるので、保険者と事業者の連携の取組を後期高齢者支援金の加算・減算制度におけるインセンティブで評価する項目の一つに位置づけられている。

6

（2）事業者が実施する保健指導と併せて特定保健指導を実施する場合の費用負担

事業者が定期健康診断等の実施後の保健指導と併せて特定保健指導も行う場合、特定保健指導の費用として事業者が保険者に請求できる範囲は、その趣旨及び法定の実施内容に鑑み特定保健指導とみなすことができる部分に限られ、明確な区分けに基づく費用の算定が求められる。

このため、事業者と保険者との間で事前に十分な協議・調整を行い、円滑な実施を確保いただきたい。その際、事業者が実施する保健指導と特定保健指導との棲み分けや一体実施の方法等について、具体的に整理しておく必要があることに留意いただきたい。

4．被保険者及び被扶養者の住所情報の保険者への情報提供

被保険者及び被扶養者（以下「被保険者等」という。）の住所情報は、保険者が円滑に特定健康診査をはじめとする保健事業を行う上で重要な情報であるほか、平成29年11月から本格運用が開始された個人番号を活用した情報連携事務においては、被保険者等が居住する市町村を特定した上で、該当の市町村に情報照会を行うなど、近年、保険者が被保険者等に係る住所情報を把握・管理することの重要性が高まっている。

この点、健康保険法施行規則（大正15年内務省令第36号）においては、被保険者は、その住所を変更したときは、原則として、速やかに、変更後の住所を事業主に申し出なければならないこととされており、当該申出を受けた事業主は、遅滞なく住所変更の届書を厚生労働大臣又は健康保険組合（以下「厚生労働大臣等」という。）に提出しなければならないこととされている。また、被扶養者についても、その住所に変更があった場合には、被保険者はその都度、事業主を経由して厚生労働大臣等に届け出なければならないこととされている。

労働者やその家族等の住所に変更があった場合には、保険者が被保険者等の住所を把握・管理できるよう、これらの規定に基づく届出を行われたい。

7

別表

労働安全衛生法に基づく定期健康診断の項目と高齢者の医療の確保に関する法律に基づき
保険者が事業者等に対して提供を求めることができる項目との関係

		労働安全衛生法（定期健康診断）	高齢者医療確保法（実施基準第２条）
	既往歴	○	□
	業務歴	○	
	自覚症状	○	□
	他覚症状	○	□
	身長	○#1	□
	体重	○	□
	ＢＭＩ	○#2	□
	腹囲	○#3	□
	視力	○	
	聴力	○	
	胸部エックス線検査	○	
	喀痰検査	○#4	
	血圧	○	□
貧血検査	血色素量	○	□
	赤血球数	○	□
肝機能検査	AST(GOT)	○	□
	ALT(GPT)	○	□
	γ-GT(γ-GTP)	○	□
血中脂質検査	LDL コレステロール （Non-HDL コレステロール）	○#5	□
	HDL コレステロール	○	□
	血清トリグリセライド（空腹時中性脂肪）	●#6	□
	血清トリグリセライド（随時中性脂肪）	●#6	□
血糖検査	空腹時血糖	●#7	□
	HbA1c	●	□
	随時血糖	●#7	□
尿検査	尿糖	○	□
	尿蛋白	○	□
心電図検査		○	□
血清クレアチニン検査（eGFR）		△	□
質問票	服薬歴	※	□
	既往歴	※	□
	貧血	※	□
	喫煙	※	□
	20 歳からの体重変化	※	□
	30 分以上の運動習慣	※	□
	歩行又は身体活動	※	□
	歩行速度	※	□
	食べる時の状態	※	□
	食べ方	※	□
	食習慣	※	□
	飲酒	※	□
	飲酒量	※	□
	睡眠	※	□
	生活習慣の改善	※	□
	保健指導の希望（令和６年度からは特定保健指導の受診歴）	※	□

○・・・ 労働安全衛生法の定期健康診断の必須項目
●・・・ 労働安全衛生法の定期健康診断の選択実施項目
□・・・ 高齢者医療確保法で保険者が事業者等に対して提供を求めることができる項目
△・・・ 医師が必要と認めた場合に実施することが望ましい項目
※・・・ 特定健康診査の検査項目であるため、別添１の問診票を活用して同時に聴取すべき項目
#１・・医師が必要でないと認めるときは省略可。
#２・・・算出可。
#３・・・以下の者については医師が必要でないと認める時は省略可。
　１　妊娠中の女性そのほかの者であって、その腹囲が内臓脂肪の蓄積を反映していないと判断されたもの
　２　ＢＭＩ（次の算式により算出したものをいう。以下同じ。）が 20 未満である者
　　ＢＭＩ＝体重（kg）/身長（m）^{2}
　３　自ら腹囲を測定し、その値を申告した者（ＢＭＩが 22 未満の者に限る。）
#４・・胸部エックス線検査により病変及び結核発病のおそれがないと判断された者について医師が必要でないと認めるときは省略可。
#５・・・血清トリグリセライド（中性脂肪）が 400mg/dl 以上である場合又は食後採血の場合は、ＬＤＬコレステロールに代えて Non-HDL コレステロール（総コレステロールからＨＤＬコレステロールを除いたもの）で評価を行うことができる。
#６・・・　食事開始時から何時間後に採血したか、健康診断結果として記載することが必要。
#７・・・　食直後（食事開始時から 3.5 時間未満）の採血は避けることが必要。また、食事開始時から何時間後に採血したか、健康診断結果として記載することが必要。

注１）「標準的な健診・保健指導プログラム」（厚生労働省健康局）第２編別紙３に定められている質問項目中の以下の項目の聴取は必須ではないが、事業者が情報を入手していた場合には、保険者は事業者に提供を求めることができる。
　貧血、20 歳からの体重変化、30 分以上の運動習慣、歩行又は身体活動、歩行速度、食べる時の状態、食べ方、食習慣、飲酒、飲酒量、睡眠、生活習慣の改善、保健指導の希望（令和６年度からは特定保健指導の受診歴）
注２）健康保険法に基づき保険者が事業者等に対して提供を求めることができる健康診断に関する記録の写しは、実施基準第２条各号に掲げる項目に関する記録の写しその他同法第 150 条第１項の規定により被保険者等の健康の保持増進のために必要な事業を行うに当たって保険者が必要と認める情報である（健康保険法施行規則第 153 条の４）。
注３）血中脂質検査の取扱いについては、「定期健康診断等における血中脂質検査の取扱いについて」（令和５年３月 31 日付け基発 0331 第 12 号）により、令和６年４月１日からの取扱いとする。

（別記）

中央労働災害防止協会会長
陸上貨物運送事業労働災害防止協会会長
林業・木材製造業労働災害防止協会会長
仮設工業会会長
日本建設業連合会会長
合板仮設安全技術協会会長
産業安全技術協会会長
生命保険協会会長
全国火薬類保安協会会長
全国警備業協会会長
全国建設業労災互助会理事長
全国森林土木建設業協会会長
全国中小建設業協会会長
全国登録教習機関協会会長
全日本シティホテル連盟会長
日本鍛造協会会長
情報通信エンジニアリング協会会長
日本溶接協会会長
日本鋳造協会会長
全国ＬＰガス協会会長
日本化学物質安全・情報センター会長
日本機械工業連合会会長
日本金属プレス工業協会会長
日本クレーン協会会長
日本建設機械施工協会会長
日本建設業経営協会会長
日本型枠工事業協会会長
日本港湾福利厚生協会会長
日本砕石協会会長
日本作業環境測定協会会長
日本新聞協会会長
日本生産技能労務協会会長
日本造園建設業協会会長
日本造船工業会会長
日本鉄鋼連盟会長

建設業労働災害防止協会会長
港湾貨物運送事業労働災害防止協会会長
船員災害防止協会会長
建設産業専門団体連合会会長
建設荷役車両安全技術協会会長
日本旅館協会会長
信託協会会長
セメント協会会長
全国クレーン建設業協会会長
全国建設業協会会長
全国建築コンクリートブロック工業会会長
全国地方銀行協会会長
全国中小建築工事業団体連合会会長
全国ビルメンテナンス協会会長
全国労働保険事務組合連合会会長
大日本水産会会長
全日本トラック協会会長
東京ガラス外装クリーニング協会会長
日本埋立浚渫協会会長
日本化学工業協会会長
日本ガス協会会長
日本橋梁建設協会会長
日本空調衛生工事業協会会長
日本経済団体連合会会長
日本建設機械工業会会長
日本建設躯体工事業団体連合会会長
日本港運協会会長
日本在外企業協会会長
日本左官業組合連合会会長
日本産業機械工業会会長
日本自動車工業会会長
日本新聞販売協会会長
日本造園組合連合会会長
日本造船協力事業者団体連合会会長
日本中小型造船工業会会長

日本電気協会会長
日本電設工業協会会長
日本塗装工業会会長
日本人材派遣協会会長
日本プラントメンテナンス協会会長
日本保安用品協会会長
日本ボイラ整備据付協会会長
日本民営鉄道協会会長
日本労働安全衛生コンサルタント会会長
ビール酒造組合会長
プレハブ建築協会会長
林業機械化協会会長
建設業振興基金理事長
産業医学振興財団理事長
あんしん財団理事長
化成品工業協会会長
高齢・障害・求職者雇用支援機構理事長
石油化学工業協会会長
全国仮設安全事業協同組合理事長
全国基礎工業協同組合連合会会長
全国木材組合連合会会長
全国社会保険労務士会連合会会長
全国森林組合連合会会長
全国段ボール工業組合連合会理事長
全国生コンクリート工業組合連合会会長
全日本交通安全協会会長
電機・電子・情報通信産業経営者連盟理事長
全国銀行協会会長
日本麻紡績協会会長
日本化学繊維協会会長
日本鉱業協会会長
日本商工会議所会頭
日本醤油協会会長
日本生活協同組合連合会会長
日本ソーダ工業会会長
日本鋳鍛鋼会会長

日本鉄道車輌工業会会長
日本電機工業会会長
日本道路建設業協会会長
日本鳶工業連合会会長
日本フードサービス協会会長
日本ベアリング工業会会長
日本ボイラ協会会長
日本ホテル協会会長
日本民間放送連盟会長
日本ロボット工業会会長
プレストレスト・コンクリート建設業協会会長
ボイラ・クレーン安全協会会長
安全衛生技術試験協会理事長
建設業福祉共済団理事長
地方公務員安全衛生推進協会理事長
日本フルハップ会長
日本製紙連合会会長
石油連盟会長
全国管工事業協同組合連合会会長
全国建設業協同組合連合会会長
全国産業廃棄物連合会会長
全国商工会連合会会長
全国石油商業組合連合会会長
全国中小企業団体中央会会長
全国農業協同組合連合会会長
電気事業連合会会長
電線工業経営者連盟理事長
日本肥料アンモニア協会会長
日本火薬工業会会長
日本ゴム工業会会長
日本消防協会会長
日本伸銅協会会長
日本洗浄技能開発協会理事長
日本チェーンストア協会会長
鉄道建設・運輸施設整備支援機構理事長
日本百貨店協会会長

事務連絡
令和６年１月31日

別記　関係団体　御中

厚生労働省保険局医療介護連携政策課　保険データ企画室
医療費適正化対策推進室

特定健診・保健指導に係るオンライン資格確認（資格確認限定型）の導入等について
（周知）

特定健康診査及び特定保健指導（以下「特定健診・特定保健指導」という。）の推進につきましては、平素から格段の御配慮を賜り、厚く御礼申し上げます。

昨年 11 月９日の第 170 回社会保障審議会医療保険部会において、令和６年 12 月２日より健康保険証の新規発行が停止し、マイナ保険証（保険証の利用登録を行ったマイナンバーカードをいう。以下同じ。）を基本とする仕組みに移行することを見据えて、特定健診・特定保健指導の実施機関（以下「健診・保健指導機関」という。）において、オンライン資格確認（資格確認限定型）の導入を任意で可能とする方針及びマイナポータルの資格情報画面の確認、マイナ保険証と資格情報のお知らせの組み合わせ又は資格確認書により、受診券・利用券に記載の資格情報の確認を行う方法も可能とする方針をお示ししたところです[1]。

その詳細については、下記のとおりですので、御理解いただくとともに、管下関係団体に周知のほどよろしくお願いいたします。

なお、これに伴い、今後「特定健康診査・特定保健指導の円滑な実施に向けた手引き（第４版）」（令和５年３月厚生労働省保険局医療介護連携政策課医療費適正化対策推進室。以下「実施の手引き」という。）の改正を予定しておりますので、御承知おきください。

【オンライン資格確認等システムに係る照会先】
厚生労働省保険局医療介護連携政策課
保険データ企画室　中村、梶原
TEL:03-5253-1111（内線 3161）
nakamura-kei.cn7@mhlw.go.jp
kajiwara-katsuya.ke0@mhlw.go.jp

【特定健診・特定保健指導に係る照会先】
厚生労働省保険局医療介護連携政策課
医療費適正化対策推進室　中村、春日、倉永
TEL:03-5253-1111（内線 3161）
tekiseika01@mhlw.go.jp

1 第 170 回社会保障審議会医療保険部会資料
https://www.mhlw.go.jp/content/12401000/001165395.pdf

日本フェロアロイ協会会長	日本紡績協会会長
日本無機薬品協会会長	日本証券業協会会長
日本羊毛産業協会会長	全国ハイヤー・タクシー連合会長
日本基幹産業労働組合連合会中央執行委員長	石炭エネルギーセンター会長
全国法律関連労組連絡協議会	日本ＪＡＴＩ協会会長
日本橋梁・鋼構造物塗装技術協会会長	日本ＬＰガス協会会長
全日本紙製品工業組合会長	日本下水道事業団理事長
日本小型貫流ボイラー協会会長	せんい強化セメント板協会会長
産業医科大学理事長	日本損害保険協会会長
全国労働基準関係団体連合会会長	全国都市清掃会議会長
日本医療法人協会会長	日本ゴルフ場事業協会理事長
日本産業カウンセラー協会会長	全国素材生産業協同組合連合会会長
日本精神科病院協会会長	全日本紙器段ボール箱工業組合連合会会長
中小企業基盤整備機構理事長	２１世紀職業財団会長
港湾労働安定協会会長	日本砂利協会会長
日本産業衛生学会理事長	国民健康保険中央会会長
健康保険組合連合会会長	全国健康保険協会理事長
全国国民健康保険組合協会会長	共済組合連盟会長
日本私立学校振興・共済事業団理事長	地方公務員共済組合協議会会長
独立行政法人地域医療機能推進機構理事長	労働者健康安全機構理事長
社会保険診療報酬支払基金理事長	全国労働衛生団体連合会会長
日本医師会会長	日本歯科医師会会長
日本薬剤師会会長	日本看護協会会長
日本栄養士会会長	結核予防会理事長
日本総合健診医学会理事長	全日本病院協会会長
日本病院会会長	日本人間ドック学会理事長
予防医学事業中央会理事長	全国知事会会長
全国市長会会長	全国町村会会長
日本労働組合総連合会会長	全国建設労働組合総連合中央執行委員長

記

第１　概要

１　オンライン資格確認の概要

オンライン資格確認とは、医療機関等を受診等した患者等が、社会保険診療報酬支払基金・国民健康保険中央会（以下「オンライン資格確認実施機関」という。）が管理するオンライン資格確認等システムを通じてマイナンバーカードに記録された利用者証明用電子証明書を送信することにより資格情報の照会を行い、当該資格情報を当該医療機関等に提供し、当該医療機関等から被保険者であることの確認を受ける仕組みをいいます。

オンライン資格確認（資格確認限定型）の概要

オンライン資格確認（資格確認限定型）とは、オンライン資格確認実施機関が配信する専用のアプリ（マイナ資格確認アプリ）を、事前に「医療機関等向け総合ポータルサイト」または「施術所等向け総合ポータルサイト」を通じて利用申請したPC、スマートフォンやタブレットに入れていただき、市販の汎用カードリーダーと組み合わせることにより、既存のインターネット回線で資格確認を行うものです。

医療機関等にすでに導入されているオンライン資格確認（既存型）の仕組みとは異なり、健診・保健指導機関において独自に閉域回線を準備する必要はなく、通常のインターネット回線で利用が可能です。なお、受診者の健康・医療情報の閲覧はできません。

（参考１）オンライン資格確認の仕組み

	種類	本人確認	ネットワーク
保険医療機関、薬局	資格確認や健康・医療情報を取得・活用できる仕組み 【既存型】 （令和５年４月より原則義務化）	顔認証付きカードリーダー ＋ 顔認証・暗証番号入力・目視確認	IP-VPN 方式又は IPsec+IKE 方式を利用
紙レセプト等の医療機関・薬局、柔道整復師、あん摩マッサージ指圧師、はり師、きゅう師の施術所、健診・保健指導機関など	資格確認のみを行う簡素な仕組み **【資格確認限定型】** （令和６年４月より運用開始）	ＰＣ＋汎用カードリーダー ｏｒ モバイル端末 ＋ 暗証番号入力・目視確認	通常のインターネット回線を利用 （Web サービス経由） ※インターネット回線で Web サービスを経由してオンライン資格確認等システムに接続。Web サービスとオンライン資格確認等システムの間は閉域回線。
訪問診療、訪問看護、オンライン診療など	資格確認や健康・医療情報を取得・活用できる仕組み **【居宅同意取得型】** （令和６年４月より運用開始）	ＰＣ＋汎用カードリーダー ｏｒ モバイル端末 ＋ 暗証番号入力 （初回のみ）	

２　健診・保健指導機関におけるオンライン資格確認導入の概要

現在、健診・保健指導機関においては、実施の手引きにおいて「健診・保健指導機関において、受診者が訪れた際に当該受診者が契約相手先の保険者の加入者であるか否かを判別するため、受診券・利用券と被保険者証の両方を照合・確認することにより、有資格者か否かを判別する」とされています。

また、「マイナンバーカードと健康保険証の一体化に関する検討会最終とりまとめ」（令和５年５月８日）においては「訪問診療・訪問看護・訪問服薬指導をはじめ、柔道整復師、あん摩マッサージ師・はり師・きゅう師の施術所、特定健診実施機関等でのオンライン資格確認の用途拡大について、令和６年度からの運用開始に向けて、着実に推進する」とされています。

これらの記載及び令和６年 12 月２日より健康保険証の新規発行を停止し、マイナ保険証を基本とする仕組みに移行することを踏まえ、保険資格の確認を必要とする場合のために、健診・保健指導機関においては、①令和６年４月から、オンライン資格確認（資格確認限定型）の導入を任意で可能とする[2]こととしました。

健診・保健指導機関においては、オンライン資格確認の導入により、

- マイナンバーカードでの資格確認が可能となり、健診・保健指導機関や受診者において利便性が向上する
- 最新の正確な資格情報の確認が可能となり、保険者との電話連絡等の手間が減り、事務の円滑化につながる
- すでにオンライン資格確認を導入している医療機関等においても、健診センター棟が別棟にある場合など、導線が異なる等の理由により既存の顔認証付きカードリーダー及びオンライン資格確認を使用することが困難な場合においても簡素な仕組み（モバイル端末等とインターネット回線）により資格確認を行うことが可能となる

といったメリットがありますので、導入をご検討ください。

なお、オンライン資格確認以外で受診券・利用券の有効性を確認する方法については、第２の２を御参照ください。

オンライン資格確認（資格確認限定型）の概要は、オンライン資格確認実施機関が運営する「医療機関等向け総合ポータルサイト」および「施術所等向け総合ポータルサイト」に資料を掲載予定です。また、導入方法については同ポータルサイトに掲載中ですので御確認ください。

[2] すでにオンライン資格確認（既存型）を導入している医療機関等においては、特定健診・特定保健指導の実施の際に、引き続き、導入済みのオンライン資格確認を利用いただけます。

（参考２）オンライン資格確認（資格確認限定型：簡素な資格確認の仕組み）の概要

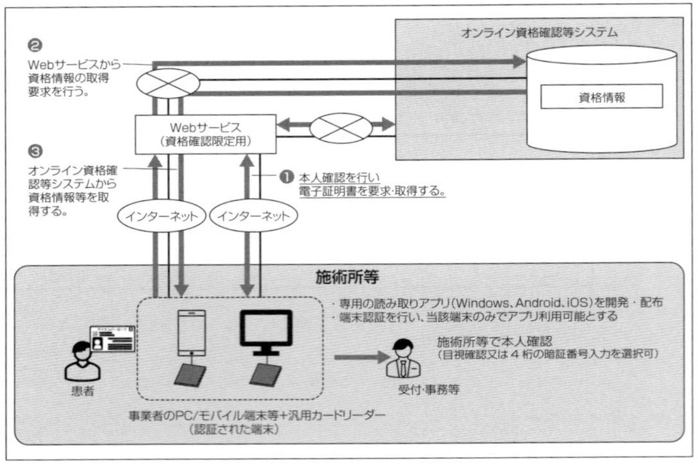

（参考３）医療機関等向け総合ポータルサイト
保険医療機関（医科）の健診実施機関がオンライン資格確認の利用に係る申請等を行うことができるポータルサイト
https://iryohokenjyoho.service-now.com/csm

（参考４）施術所等向け総合ポータルサイト
保険医療機関（歯科）、薬局、保険医療機関以外の施設、保険者の健診実施機関がオンライン資格確認の利用に係る申請等を行うことができるポータルサイト
https://iryohokenjyoho.service-now.com/omf

（参考５）オンライン資格確認（資格確認限定型）導入に向けた準備作業の手引き
https://iryohokenjyoho.service-now.com/sys_attachment.do?sys_id=6fc91f1fc3e6b950a4c939511501314f

第２　その他・留意点等

１　保険者が自ら特定健診・特定保健指導を実施する場合の届出

特定健診・保健指導機関については、社会保険診療報酬支払基金に番号取得申請を行っていただくことにより、健診・保健指導機関番号が付番されておりますが、保険者が直接特定健診・特定保健指導を実施する場合については、当該番号が付番されていません。

今般、オンライン資格確認（資格確認限定型）を導入する特定健診・保健指導機関をオンライン資格確認実施機関において一元的に把握するために、健診・保健指

導機関番号を用いますが、直接特定健診・特定保健指導を実施する保険者においては、健診・保健指導機関番号が付番されていないため、オンライン資格確認（資格確認限定型）を導入する場合は、別途「オンライン資格確認導入届（保険者）」（別添１）を記入の上、社会保険診療報酬支払基金に提出いただくこととします。提出後、社会保険診療報酬支払基金において「オンライン資格確認用コード」を付番します。「オンライン資格確認用コード」はオンライン資格確認（資格確認限定型）の導入手続きに必要となりますので、御留意ください。

また、各保険者から社会保険診療報酬支払基金へのオンライン資格確認導入届の提出については、保険者団体にて各保険者の届出をとりまとめ、一括で申請を行うことも可能です。

なお、オンライン資格確認を導入後、オンライン資格確認を廃止する際には、別途「オンライン資格確認廃止届（保険者）」（別添２）の提出が必要となります。

届出様式や提出先については、施術所等向け総合ポータルサイトを御確認ください。

２　保険証廃止後における特定健診・特定保健指導に係る資格情報の確認方法について

実施の手引きにてお示ししている「受診者が訪れた際に当該受診者が契約相手先の保険者の加入者であるか否かを判別」のためには、上記でお示ししたオンライン資格確認（資格確認限定型）を用いた方法のほか、

・　マイナポータルの資格情報画面を受診者に提示してもらう方法
・　マイナ保険証と資格情報のお知らせを受診者に提示してもらう方法（令和６年 12 月２日の保険証廃止後）
・　資格確認書を受診者に提示してもらう方法（令和６年 12 月２日の保険証廃止後）

により、受診券・利用券に記載の資格情報の確認を行う方法も可能とすることとします。

マイナポータルの資格情報画面を受診者に提示してもらう方法については、実施の手引きの「受診券・利用券と被保険者証の両方を照合・確認することにより」という記載にかかわらず、本日から可能とします。

なお、各健診・保健指導機関においてオンライン資格確認による受診券・利用券に記載の保険資格の確認が可能かどうかについて、被保険者に対して一元的な情報提供・周知を可能とするため、「特定健康診査・特定保健指導の円滑な実施に向けた手引き（第４版）」（令和５年３月厚生労働省保険局医療介護連携政策課医療費適正化対策推進室）付属資料１－４「集合契約における標準的な契約書の例」別紙「実施機関一覧表」を別添３に変更いたしますので、お知らせします。

3　バス健診対応

特定健診等については、現在、バスによる巡回健診を実施している場合があるところ、その際も、バスに端末認証したPC、スマートフォン又はタブレット及び市販の汎用カードリーダーを搭載いただくことで、オンライン資格確認（資格確認限定型）の活用が可能です。

巡回健診の実施前にあらかじめ機器の設置場所、動線や機器の動作について確認の上、受診者に周知いただくことをお勧めします。

4　人間ドックにおけるオンライン資格確認の取扱い

人間ドックにおいては、現在、

- 保険者との契約に基づき、受診者が加入している保険者の確認のため又は
- 本人確認のため

受診者の保険証を確認する運用が確認されています。

この運用に関して、健診・保健指導機関が、保険者との契約に基づき受診者が加入している保険者の確認のために資格情報を確認する必要がある場合は、オンライン資格確認（資格確認限定型のほか、すでにオンライン資格確認を導入している医療機関においては導入済みのものを含む。）を利用した資格確認も可能ですので活用を御検討ください。

また、本人確認を目的とした場合においてはオンライン資格確認を利用することはできませんが、マイナンバーカードの提示により本人確認が可能です。

（別記）

団体名
保険者及びその中央団体
国民健康保険中央会
全国国民健康保険組合協会
健康保険組合連合会
全国健康保険協会
共済組合連盟
日本私立学校振興・共済事業団
地方公務員共済組合協議会
都道府県
都道府県国民健康保険主管課
健診・保健指導実施機関等
日本医師会
日本歯科医師会
全国労働衛生団体連合会
全日本病院協会
日本人間ドック学会
予防医学事業中央会
結核予防会
日本病院会
日本総合健診医学会
日本看護協会
日本栄養士会
日本保健指導協会
その他関係団体
社会保険診療報酬支払基金
保健医療福祉情報システム工業会

特定健康診査・特定保健指導に関するＱ＆Ａ

1．特定健康診査について

【受診券・利用券の配布について】

問１　特定健康診査の受診券や特定保健指導の利用券を、紙ではなく、電子媒体にて対象者に配布することは可能か。

（答）　特定健診・特定保健指導実施機関において、有資格者か否かの判別や、契約で定めた実施内容、保険者への請求額を算定するための各保険者が設定する窓口負担額を確認するために、必要な情報の確認及び保管ができるように対応していれば可能。

なお、必要な情報については、特定健康診査・特定保健指導の円滑な実施に向けた手引き（第４版）にて示している受診券及び利用券の様式を参考にすること。

【検査項目について】

問２　尿検査で４＋以上の結果が出た場合、実績報告時はどのように記録すれば良いか。

（答）　「５．+++」と記録すること。

【標準的な質問票について】

問３　標準的な質問票において、「条件１：最近１ヶ月間吸っている」はどのように考えたら良いか。

（答）　健診前１ヶ月間に１本以上吸っている場合は、条件１を満たす。

2．特定保健指導について

【遠隔面接について】

問１　ICT を活用して遠隔で初回面接を行う場合、最低面接時間は対面で実施する場合と同じか。

（答）同じ。なお、ICT を活用して遠隔で実施する場合、情報通信機器の接続に要する時間や本人確認に要する時間は面接時間にはカウントできない。

【遠隔支援について】

問２　ICT を活用して遠隔で個別支援を行う場合、ポイントは対面で実施する場合と同じか。

（答）同じ。

【初回面接の早期実施に係るポイントについて】

問３　健診当日に初回面接を実施した場合、健診当日の初回面接 20 ポイントだけでなく、継続的支援のポイントを算定することは可能か。

（答）不可。初回面接は、特定健康診査の結果や対象者の生活習慣・行動変容の状況等を踏まえて、対象者が実践可能な行動目標・行動計画を作成するためのものであり、個別支援には当たらないため、70ポイントの算定はできない。

ただし、初回面接を分割して実施する場合であって、全ての検査結果がそろった後に行動計画を完成させるため、初回面接　１　回目では、それまでに把握している情報をもとに暫定的に行動計画を作成し、２回目に１回目で暫定的に作成した行動計画に対する実施状況の把握等、１回目から２回目までの経過について確認し、２回目の初回面接に引き続いて同一日に継続的な支援を実施する場合においては、実施した個別支援について算定対象とすることが可能。

【初回面接の早期実施に係るポイントについて】

問４　初回面接を健診当日に実施する場合は 20 ポイント、健診当日から１週間以内に実施する場合は 10 ポイントの算定対象となるが、分割実施の場合はポイント算定できるか。

（答）それぞれ、初回面接１回目を健診当日に実施している場合に 20 ポイント、初回面接１回目を健診当日から１週間以内に実施している場合に 10 ポイントを算定できる。

【初回面接の早期実施に係るポイントについて】

問５　初回面接１回目の支援を健診当日に実施、初回面接２回目の支援を健診当日から１週間以内に実施した場合には、併せて 30 ポイントの算定が可能か。

（答）不可。初回面接のポイントは、１回目の初回面接の実施時期に応じたポイントの算定となる。なお、初回面接を分割して実施する場合の初回面接２回目は、初回面接１回目の実施後、遅くとも３ヶ月以内に実施すること。

【初回面接の早期実施に係るポイントについて】

問６　初回面接を健診当日に実施し、その後中断となった場合、健診当日の初回面接 20 ポイントを踏まえた請求はいつ行うことになるのか。

（答）完了した特定保健指導の早期実施に係るポイントについては、途中終了時の請求の際に行う。

【実績評価について】

問７　アウトカム評価の腹囲２ｃｍ・体重２ｋｇ減を、初回面接時に達成している場合、180 ポイントの算定対象とすることが可能か。

（答）不可。アウトカム評価の評価時期は、初回面接から３ヶ月以上経過後の実績評価時であり、初回面接時に達成している場合でも、その状態を維持する目標を立てること等を通じて、実績評価時に特定健康診査の結果から腹囲２ｃｍ・体重２ｋｇ減である場合に 180 ポイントの算定対象となる。

【実績評価について】

問８　腹囲２ｃｍ・体重２ｋｇ減が達成できない場合、プロセス評価のみの合計で 180 ポイントを達成する、又はアウトカム評価とプロセス評価の合計で 180 ポイントを達成することは可能か。

（答）可能。

【アウトカム評価について】

問９　「腹囲 2.0cm 以上かつ体重 2.0kg 以上減少」の評価の際には、「0.024 を乗じた体重」以上の減少も評価の対象となるが、「腹囲 1.0cm 以上かつ体重 1.0kg 以上減少」の評価の際には「0.012 を乗じた体重」も評価の対象とすることが可能か。

（答）不可。

【アウトカム評価について】

問 10　腹囲２ｃｍ・体重２ｋｇ減や行動変容のアウトカム評価について、実施者が対象者から聞き取るという方法で評価することも可能か。

（答）実績評価時の体重や腹囲の評価にあたっては、保健指導実施者による測定や、ICT の活用等により、客観性を担保して実施することが基本となる。対象者個別の事情において、実施者による測定が困難である場合は、初回面接において説明した体重及び腹囲の計測方法に基づき対象者が測定していることを確認する、測定画面を実施者と対象者で共有する等の方法を用いて、可能な限り客観性が担保されるよう、実施機関･保険者において適切に実施すること。

【アウトカム評価について】

問 11　初回面接時の計画策定時に、腹囲 2.0cm 以上かつ体重 2.0kg 以上の減少を目標に設定しなかったが、実績評価の際に、腹囲 2.0cm 以上かつ体重 2.0kg 以上の減少が確認できた場合、ポイントの算定対象とすることが可能か。

（答）　可能。腹囲 1.0cm 以上かつ体重 1.0kg 以上減少した場合も同様。

【アウトカム評価について】

問 12　約 10,000kcal 減らす行動変容の目標を設定した場合で、目標を達成することができなかったが、当該目標について、約 7,000kcal 分の行動変容を達成できた場合、ポイントの算定対象とすることが可能か。

（答）　可能。

【アウトカム評価について】

問 13　腹囲・体重のアウトカム評価については、実績評価を行う時点において、当該年度の特定健康診査の結果に比べて腹囲 2.0cm 以上かつ体重 2.0kg 以上減少している場合、又は当該年度の健診時の体重の値に、0.024 を乗じた体重（kg）以上かつ同体重（kg）と同じ値の腹囲（cm）以上減少している場合に、180 ポイント算定となるが、2.0cm・2.0kg と 0.024 を乗じた値のどちらを用いて評価すれば良いのか。

（答）　実績評価者が対象者個人の身体状況を踏まえた上で、どちらかの値を用いて評価することで差し支えない。

【プロセス評価について】

問 14　音声自動応答を用いた電話支援、AI 等によって生成された支援文を送信する電子メール支援など、自動化した支援についても、電子メール・チャット等支援のポイントの算定対象となるのか。

（答）不可。専門職による支援とは考えられないため、ポイントの算定対象とはならない。

【プロセス評価について】

問 15　電子メール・チャット等の支援において、画像や絵文字のみなど、簡易的な方法による支援はポイントの算定対象となるか。

（答）不可。継続的な支援は「食事、運動等の生活習慣の改善に必要な事項について実践的な指導をすること」が条件となっているため、画像や絵文字の送付のみやそれに相当する簡易的な方法による支援は、ポイントの算定対象とはならない。

【行動変容の評価について】

問 16　標準的な健診・保健指導プログラム（令和６年度版）に行動変容の目標例が記載されているが、「目標（例）」から達成できそうな目標をいくつか選んで目標を設定して良いのか。

（答）　行動目標は、具体的に実践可能であり、かつ評価可能な目標を対象者に合わせて個別に設定するものである。

特定保健指導において標準的な健診・保健指導プログラム（令和６年度版）P271「表６特定保健指導において目標設定及び評価を行うための行動変容の例」を参考として目標を設定することは差し支えないが、ポイントの算定においては、特定健康診査・特定保健指導の円滑な実施に向けた手引き（第４版）や Q&A に示す事項に留意した上で、適切な行動変容の目標を設定し、客観性を担保して評価すること。

また、特定保健指導の主要達成目標は腹囲 2.0cm かつ体重 2.0kg 減少としていることから、行動変容のポイント算定においては当該年度の特定健康診査の結果と比べて実績評価時点で腹囲及び体重が減少していること等について、実績評価者が専門的見地から評価すること。

【行動変容の評価について】

問 17　「食習慣の改善」及び「運動習慣の改善」に関する行動変容の目標の達成はどのように評価するのか。

（答）　特定健康診査・特定保健指導の円滑な実施に向けた手引き（第４版）及び標準的な健診・保健指導プログラム（令和６年度版）に記載のとおり、対象者が２ヶ月間、行動変容を継続することにより、腹囲 1.0cm 以上かつ体重 1.0kg 以上の減少と同程度の効果が期待されるよう目標を設定する必要がある。

実績評価においては、例えば腹囲 1.0cm 以上かつ体重 1.0kg 以上の減少が確認される等を、実績評価者が専門的見地から評価すること。

運動については、２ヶ月毎日ではなく、１週間に数回等の定期的な運動を行うことで差し支えない。

食事については、１週間の目標とする当該エネルギー制限の結果等に影響を与えない範囲で、目標とする摂取エネルギー量を超える日が短期的に生じることは差し支えない。

【行動変容の評価について】

問 18　飲酒に関する行動目標は「食習慣の改善」と「その他の生活習慣」のいずれの項目で目標設定すれば良いか。

（答）　「その他の生活習慣」の項目で目標設定する。なお、「食習慣の改善」の項目で削減するエネルギー量に酒類のエネルギーを含める等、重複して評価することはできない。

【行動変容の評価について】

問 19　標準的な健診・保健指導プログラム（令和６年度版）において、休養習慣の目標例として、毎日の睡眠時間について記載があるが、どのような目標が達成されていれば休養の行動変容についてのポイントの算定対象となるのか。

（答）　対象者個人の課題や生活環境を踏まえ、２ヶ月間以上継続することにより、健康状態の改善が見込まれる睡眠時間を確保した場合に算定可能。

【行動変容の評価について】

問 20　標準的な健診・保健指導プログラム（令和６年度版）において、その他の生活習慣については、どのような目標がその他の目標例として、ポイントの算定対象となるのか。

（答）　休日や不規則な勤務形態にかかわらず、体重や血圧について毎日計測・記録されている場合に算定可能。評価者が評価時において２～３日程度実施できなかった日が確認されるが、当該行動変容が継続していると判断できる場合は、算定しても差し支えない。

【行動変容の評価について】

問 21　減塩のみの目標設定について達成した場合、ポイントの算定対象とすることが可能か。

（答）　特定保健指導においては、体重・腹囲・BMI とリスク因子によって対象者を階層化しており、食塩摂取量に問題があると認められる者については、多くの場合、エネルギー摂取量の観点での課題も有していることが考えられる。初回面接においては、減量の観点からも食事の課題のアセスメントを行った上で、エネルギー収支バランスや、食塩摂取と血圧の関係等、対象者の生活習慣の現状と課題に対応するよう、実践可能な内容にして、エネルギー摂取量と食塩摂取量の両方を含めた目標を設定し、達成することにより算定可能。

【行動変容の評価について】

問 22　特定健康診査・特定保健指導の円滑な実施に向けた手引き（第４版）P20 において、「行動変容別に各１回までの評価（例：食習慣の改善の目標が複数設定されている場合、複数達成してもポイント算定は 20p）」とされているが、「食習慣の改善」及び「運動習慣の改善」の目標をそれぞれ達成した場合、それぞれポイントの算定対象とすることが可能か。

（答）　可能。ただし、行動変容による削減目標エネルギー量の設定が可能な行動変容については、それぞれ約 7,000 kcal の削減と同程度以上の目標が設定されている場合に限る。

【行動変容の評価について】

問 23　初回面接以降に、対象者自身が独自に設定した行動変容の目標を、２ヶ月以上継続できた場合、ポイントの算定対象とすることが可能か。

（答）　不可。ポイントの算定対象となる目標は、対象者個人の課題等を踏まえ、初回面接において設定するものであり、対象者が具体的に実践可能であり、かつ評価可能な行動目標及び行動計画を設定すること。

【行動変容の評価について】

問 24　「食習慣の改善」・「運動習慣の改善」等の行動変容の評価について、１つの行動変容が２ヶ月間以上継続するのではなく、複数の行動変容の合計で２ヶ月間以上の改善（食習慣の改善を１ヶ月継続、運動習慣の改善を１ヶ月継続）が確認できれば、20 ポイントの算定対象とすることは可能か。

（答）不可。

7

【行動変容の評価について】

問 25　「食習慣の改善」・「運動習慣の改善」等の行動変容の評価について、計画策定時に設定した行動変容の目標以外にも、達成できた行動変容がある場合、20 ポイントの算定対象とすることが可能か。

（答）不可。計画策定時に設定した目標がポイントの算定対象となる。計画策定時に設定した目標以外の行動変容は、ポイントの算定対象にはならない。

【行動変容の評価について】

問 26　標準的な健診・保健指導プログラム（令和６年度版）において、喫煙習慣の目標例として、「たばこを吸わない」が挙げられているが、実績評価時に禁煙中であることが確認できれば、30 ポイントの算定対象とすることが可能か。

（答）不可。健診時に喫煙状態であった者が、評価時において非喫煙状態が２ヶ月以上継続していることを確認できた場合のみ対象となる。

【行動変容の評価について】

問 27　喫煙習慣について、減煙はポイントの対象とすることが可能か。

（答）不可。

【行動変容の評価について】

問 28　喫煙習慣の改善については、禁煙の他に、どのような目標が達成されていれば、ポイントの算定対象となるのか。

（答）　保健指導の目標として、紙巻きたばこを加熱式たばこにする等の目標設定が考えられるが、ポイントの算定対象となるのは、加熱式たばこを含む全ての喫煙をやめられたときのみ。

【行動変容の評価について】

問 29　「食習慣と運動習慣」のように、生活習慣についての複数の目標の合計により「腹囲 1.0cm 以上かつ体重 1.0kg 以上減少と同程度」となる場合、達成できた場合の評価はどのように行えば良いのか。

（答）食習慣と運動習慣のうち、主たる行動変容についてのみ算定対象となる（20 ポイントのみの算定）。

8

【行動変容の評価について】

問 30　「2ヶ月以上の継続」とは、実績評価（初回面接から3ヶ月以上経過後）までの期間における、どの期間を指すのか。

（答）実績評価時点から逆算して2ヶ月以上の期間を指す。なお、初回面接（途中で目標を変更した場合は変更した時点）から実績評価までの間に2ヶ月以上継続した期間があるが、実績評価時点で継続していない場合は行動変容として評価できない。

【服薬が判明した対象者の取扱いについて】

問 31　特定保健指導の対象者について、特定健診実施後・特定保健指導開始後に糖尿病等の生活習慣病に係る服薬をしていることが判明した場合、実施率の計算についてはどのようすればよいか。

（答）特定健診実施後・特定保健指導開始後に服薬が判明した対象者については、保険者は、服薬指導を行っている医師と連携し、特定保健指導の対象とせずに医師による服薬指導を継続するのか、本人の意向も踏まえながら判断すること。特定保健指導を実施せずに服薬指導を行う場合、または特定保健指導を途中で終了した場合は、実施率の分母（対象者）と分子（実施完了者）には含めないことが可能である。

特定健康診査・特定保健指導の
円滑な実施に向けた手引き
第４版

令和６年５月20日　　初版第１刷発行

発行者　髙　本　哲　史
発行所　株式会社　社会保険出版社
〒101-0064　東京都千代田区神田猿楽町1-5-18
Tel.03-3291-9841㈹

ISBN978-4-7846-0366-4

出版物のご案内

実務書籍

●弊社では、皆様の事業推進にお役立ていただくために、製品の定価を据え置いております。

標準的な健診・保健指導プログラム
［令和6年度版］巻頭解説収載

【令和6年3月発行】
■A4判／412頁／本文2色

厚生労働省健康局公表の「標準的な健診・保健指導プログラム　令和6年度版」を書籍化しました。巻頭解説にて、特定健診・特定保健指導導入のあらましを掲載。さらには、第4期の主な変更点を詳しく解説しています。特定健診・特定保健指導のご担当者等必携の保存版です。

定価 3,850円（本体 3,500円+税）〈114033〉

国保の データヘルス計画 策定・推進ガイド
［第3期版］

【令和5年8月発行】
■A4判／180頁／本文2色
■著　福田吉治
（帝京大学大学院 公衆衛生学研究科 研究科長・教授）

国保のデータヘルス計画「第2期計画の評価」と「第3期計画の策定」についてすっきりと理解し、データヘルス計画策定と今後の保健事業の推進ができるようサポートする実践的なガイドブックです。

定価 3,080円（本体 2,800円+税）〈117051〉

ナッジを応用した 保健事業実践BOOK

【令和5年11月発行】
■A4判／88頁カラー
■編著　福田吉治
（帝京大学大学院 公衆衛生学研究科 研究科長・教授）
杉本九実
（帝京大学医療技術学部看護学科 非常勤講師）

知らず知らずに望ましい行動の選択を促すナッジは、保健事業への活用とその効果が期待されています。ナッジを保健事業に生かすためのフレームワークやこれを使った事業の取り組み、その評価方法など、ナッジによる保健事業の実践的ノウハウが詰まったガイドブックです。

定価 2,640円（本体 2,400円+税）〈118031〉

生活習慣病のしおり2024
－データで見る生活習慣病－

【令和6年3月発行】
■A4判／62頁カラー・119頁1色

本書籍は、健康日本21をはじめとする、生活習慣病の重症化予防・生活習慣の改善に関するすべての方々のために作成されたデータ集です。主要な生活習慣病のポイント、関連データなどを網羅的にまとめた実務者必携の一冊です。

定価 1,540円（本体 1,400円+税）〈115023〉

がんのしおり2024
－データで見るわが国のがん－

【令和6年3月発行】
■A4判／66頁カラー・52頁1色

今や2人に1人はなるといわれる「がん」。この書籍は、「がん」に対する国の各種対策、さまざまな施策などを多様な視点からまとめてあります。がんに関する各種データなどを取りまとめた、関係者必読の一冊です。

定価 1,540円（本体 1,400円+税）〈116024〉

国保担当者ハンドブック2024

【令和6年6月発行予定】
■改訂28版
■A5判／約900頁1色

国保制度の概要や国庫補助金等を詳しく解説。法律条文等を用いた構成で、国保行政の事業運営機構、国保制度の沿革について掲載。国保業務に携わるすべての方に必携の一冊です。

定価 4,620円（本体 4,200円+税）〈112052〉

運営協議会委員のための 国民健康保険必携2024

【令和6年6月発行予定】
■改訂30版
■A5判／約200頁1色

国保制度の概要や国民健康保険運営協議会のしくみを詳しく解説しています。事業年報等の資料を用いて、国保事業の動きについても説明しています。委員の方だけでなく、新任職員の方にも最適の一冊です。

定価 3,080円（本体 2,800円+税）〈112082〉

後期高齢者医療制度 担当者ハンドブック2024

【令和6年6月発行予定】
■改訂17版
■A4判／約400頁2色・1色

後期高齢者医療制度について、制度のしくみや実際の事務処理を中心に解説しています。制度の理解に、ご担当者の業務に、ご活用いただける一冊です。

定価 4,840円（本体 4,400円+税）〈111059〉

普及啓発用パンフレット・リーフレット

●弊社では、皆様の事業推進にお役立ていただくために、製品の定価を据え置いております。
また、一部製品においては従来の価格を見直し、値下げを実施中です（□で表示）。

●特定健診の受診勧奨に

509039 国保版 508077 国保組合版
509082 共済組合版 509152 健保組合版

忘れず受けよう 特定健診

■B6変型判／8頁カラー／リーフレット

本体 各36円+税

505041

さあ行こう! 特定健診
毎年受けるからこそ健康状態がハッキリ見えてきます!!

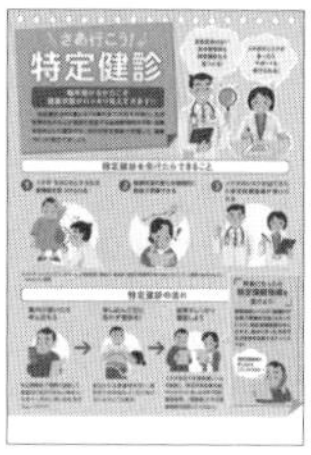

■A4判／2頁カラー

本体 22円+税

505071

40～74歳の皆さまへ 行って安心! 受けてイキイキ! 特定健診

■A4判／4頁カラー／リーフレット

本体 36円+税

500063

このチャンスを逃さないで 受けてみませんか? 特定健診

■A4判／4頁カラー／リーフレット

被扶養者向け

本体 36円+税

●特定健診の情報提供に

503045

活かしてますか? あなたの健診結果

■A4判／2頁カラー

本体 22円+税

271091

あなたの変わりどきは今! 健康づくり はじめの一歩

■A4判／4頁カラー／リーフレット

本体 36円+税

507056

特定健診を受けた後は 今日から実践! 生活習慣改善

■A4判／12頁カラー

本体 120円+税

501070

記入&チェックで健康づくりをスタート! 特定健診結果活用BOOK

■A4判／20頁カラー
■監修　髙谷典秀
（医療法人社団 同友会 理事長 公益社団法人 日本人間ドック学会 理事）

本体 200円+税

●特定健診の未受診者対策に

502092

今年の特定健診は もう受けましたか?

■A4判／2頁カラー

本体 20円+税

505031

未受診のみなさまへ 受けないのはもったいない! いいことたくさん特定健診

■A4判／4頁カラー／リーフレット

本体 36円+税

●特定保健指導の利用勧奨に

506011

今なら守れる! あなたの未来 健診結果を活かして健康に

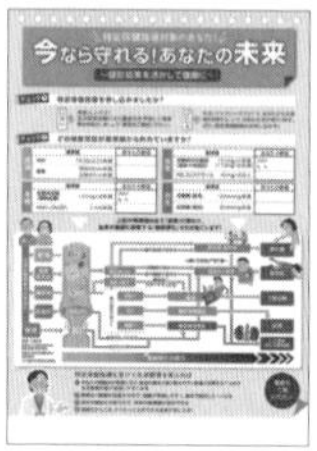

■A4判／2頁カラー

本体 22円+税

505021

より充実した 特定保健指導を利用して無理なく賢く健康に!

■A4判／4頁カラー／リーフレット

本体 36円+税

●重症化予防に

507092

健診の異常値を 放置していませんか?

■A4判／4頁カラー／リーフレット
■監修　髙谷典秀
（医療法人社団同友会 理事長・公益社団法人 日本人間ドック学会 理事）

本体 36円+税

313023

早めにSTOP! 生活習慣病の重症化を防ごう メタボじゃなくても要注意!

■A4判／8頁カラー／リーフレット
■監修　久保　明
（医療法人財団百葉の会 銀座医院 院長補佐／東海大学医学部客員教授／日本臨床栄養協会 副理事長／医学博士）

本体 72円+税

●要治療者への受診勧奨に

508056

今ある生活が失われる前に 医療機関を受診してください

■A4判／2頁カラー

本体 22円+税

502006

放っておくとどうなる? 健診結果「要精検」「要治療」は必ず病院へ

■A4判／4頁カラー／リーフレット

本体 36円+税

見本進呈 ご検討のためパンフレットやリーフレットの見本が必要な際はお気軽にお申し込みください。無償で見本をお届けいたします（原則 1 部）。